평온의 기술

평온의 기술

'남을 위한 삶'보다
'나를 위한 삶'에 몰두하기

강준만 지음

행복하지 않아도 평온할 수 있다면

나는 행복한가? 모르겠다. 도대체 무슨 기준으로 행복을 측정하고 평가할 수 있단 말인가. 남들이 뭐라고 하건 자기 기준만으로 스스로 행복하다고 생각하거나 말할 수도 있겠지만, 혼자 사는 세상이 아니므로 그것도 좀 이상하다. 어떤 사람에 대해 남들은 다 불행할 것이라고 말하는데, 그 사람만 "나는 행복하다"고 외치면 이른바 '정신 승리'이거나 '자기중심주의'라는 의혹을 받을 수 있다. 그런 의혹이 문제될 건 없더라도, 홀로 외치는 행복이 그리 자연스러운 것 같지는 않다.

　내가 선뜻 "나는 행복하다"고 말하기 어려운 이유다. 나에 대해 "무슨 재미로 세상을 사는지 모르겠다"고 말하는 사람들이 주변에 더러 있는 걸로 보아 나는 일반적인 의미의 행복과는 거리가 좀 있는 사람인 것 같다. 그럼에도 이렇게는 말할 수 있으리라. 무엇에 주된 가치를 두느냐에 따라 행복의 정의는 달라질 수 있는데, 나는 '평온'을 중시하는 행복을 추구한다고 말이다.

행복은 좀 뜬구름 잡는 이야기지만, 평온은 행복에 비해 비교적 구체적인 개념이다. '평온平穩'은 '조용하고 평안함'이란 국어사전의 정의가 썩 마음에 드는 건 아니지만, 그리 말해도 안 될 건 없다. 나는 '조용'을 좋아한다. 줄을 서가면서까지 북적이는 맛집을 찾는 사람들을 이상하게 볼 정도는 된다. '평안平安'은 "걱정이나 탈이 없음. 또는 무사히 잘 있음"이란 뜻인데, 나는 걱정이나 탈을 만들지 않기 위한 삶을 추구한다는 점에서 이 단어도 내게 잘 들어맞는다. 물론 그간 나를 좀 보아온 사람들은 고개를 갸우뚱거릴 수도 있겠지만 말이다.

아니 화를 낼 사람들도 있을 것 같다. 과거에 거친 독설로 남의 평온을 깨트렸던 사람이 이제 와서 자신은 평온을 추구한다고 이야기하는 게 말이 되느냐고 말이다. 그분들껜 늘 죄송한 마음이지만, 나 역시 그간 어지간히 많은 비판과 비난을 받아왔고, 지금도 악플 공세를 가끔 받고 있다. 그렇다고 해서 "나도 똑같이 당하고 있으니 봐달라"거나 자신이 저지른 일의 결과를 자신이 감수한다는 자업자득自業自得의 형평성을 말하려는 게 아니다.

나는 처음엔 비판·비난·악플에 평온할 수 없었지만, 생각을 바꿔 먹으면서 곧 평온을 유지할 수 있었다. 비판·비난·악플은 공적인 일에 대해 비판적인 글을 쓰고 말을 하는 사람이 당연히 치러야 할 최소한의 비용이라는 생각을 하게 되고, 평온에 대해 깊게 생각해볼 수 있는 기회마저 갖게 되자, 심지어 그런 수고를 해준 사람들이 고맙기까지 했다.

나는 누가 내 등을 떠밀어서 세상에 대한 글쓰기를 했던 게 아니다. 그건 순전히 나의 자발적인 뜻에 의해 이루어진 것이다. 나는 그 덕분에 이름도 좀 얻었고 인세도 좀 챙길 수 있었다. 세상에 공짜가 어디에 있겠는가. 나 스스로 공론의 무대에 뛰어든 이상 생각을 달리 하는 사람들에게서 어떤 식으로건 공격을 받는 건 너무도 당연한 일이다.

나의 그런 자세에 대해 내 주변의 누군가는 '늙은 탓'이라고 했다. 늙어서 기가 빠졌기 때문에 사실상 너그러움을 강요당한 것이라나. 일리 있는 진단이긴 한데, 문제는 평온 역시 그런 대접을 받고 있는 개념이라는 점이다.

헨리 루이 멩켄Henry Louis Mencken, 1880-1956은 가장 뿌리 깊고 가장 널리 퍼져 있는 인간의 약점으로 "소심하게 정신적 평온과 안락만 추구하고 사물의 이치를 따져보는 걸 두려워하는 지적 비겁함"을 지적한 바 있다. 표현의 차이만 좀 있을 뿐, 이건 많은 사람이 하는 생각이다. '평온' 옆에 자주 따라붙는 말이 바로 '안락'이고, 그것들을 추구하는 건 소심하거나 이기적인 것으로 간주되기도 한다.

그런가 하면 "심리 법칙에 따르면 평온에 크게 매력을 느끼는 사람은 실제로 쉽게 자극 받고 천성적으로 불안 수준이 높은 사람일 가능성이 크다"고 주장하는 사람들도 있다. 요즘 심리 전문가가 좀 많은 세상인가. 행여 그렇게 보일까봐 평온을 원하면서도 평온을 멀리하는 척하는 사람들이 있을지도 모르겠다.

어디 그뿐인가. "사람들이 나이가 들면 자극보다 평온을 찾기 시작하는 까닭은 자극에 대처하기가 어렵기 때문인지도 모른다"는 주장도 속설로 널리 통용되고 있다. 늙음이 주홍글씨처럼 여겨지는 세상에서 늙은 티를 안 내려면 한사코 평온을 거부해야 하는 건지도 모르겠다. 그런데 나는 이렇듯 스스로 늙은 티를 내고 있으니, 아직도 세상 물정을 모르는 건가?

2017년 봄 가수 수지는 24세를 맞아 어느 인터뷰에서 이런 말을 했다.

"10대엔 제 자신보다 타인들의 시선을 의식했었던 것 같아요. 20대인 지금은 한결 마음의 여유가 생겼어요. 마음에 찾아오는 평온, 그것이 제가 제일 행복한 순간이에요."

반가웠다. 살인적인 스케줄에 시달려야 하는 젊은 톱스타 연예인인지라 나와 처지가 크게 다르긴 하지만, 동지를 만난 듯 반가웠다. 이런 동지가 많아지면, 이른바 '감정 전염emotional contagion'에 의한 '행복 전염'이 충분히 입증되었듯이, '평온 전염'도 얼마든지 가능해질 것이다. 그런 '평온 전염'을 위해서라도 평온에 대한 편견은 역사적 산물이기도 하다는 점을 짚고 넘어갈 필요가 있다.

평온에 대한 부정적 인식은 국가적 슬로건으로 '다이내믹 코리아'를 외쳤던 한국에서 특히 심하다. 평온은 그간 한국에선 전혀 환영받지 못한 개념이다. 아니 의도적으로 평온을 방해하기 위한 국가·사회적 차원의 '음모'가 있었다고 보는 게 옳다. 세계 최빈곤 국가 중 하나였던 한국이 불과 반세기만에 오늘의 번영을 이루는 데엔 평온을 적으로 여기는 정신 상태가 필요했다. 아무리 가난해도 평온한 마음을 가진 사람들이 허리띠를 졸라매면서 전쟁하듯이 치열하게 살 리는 만무하다. '다이내믹 코리아'라는 슬로건이 말해주듯, 역동성을 주요 가치로 여기는 사회에서 평온은 현실에 안주하는 게으름이나 무기력으로 간주되었다.

그러나 세상이란 참으로 묘한 것이어서 한때는 성공과 축복의 원인이었던 것이 세월이 흘러 환경과 조건이 바뀌면 실패와 저주의 원인이 되기도 한다. 지금 우리가 바로 그런 상황에 처해 있다. 고성장 시대의 종언은 세계 최고 수준의 자살율과 최저 수준의 출산율로 대변되는 국가 존망의 위기마저 불러왔다. 사망자 수가 출생아 수를 추월하는 '출산율 1.05' 쇼크에 대해 '두려운 미래', '또 하나의 핵폭탄', '국가적 재앙' 등과 같은 비명이 터져나오고 있는 상황이 아닌가. 그럼에도 우리의 의식과 행동 양식은 여전히 평온을 적으로 여기던 시절에 머물러 있다.

특히 2030세대는 10대 시절 '교육 지옥'을 거쳐 이제 '취업 지옥'과 '주거 지옥'에 직면해 '헬조선'을 외칠 정도로 고통스러운 상황에 처해 있다. 한국이 과연 '지옥과 비견될 정도로 살기 나쁜 나라'인 헬조선인지에 대해선 논란이 있겠지만, 우리가 평온을 다시 생각해보아야 할 임계 상황에 처해 있다는 건 분명하다.

평온에 대해 다시 생각해보기 위해선 평온은 소심하거나 이기적인 사람, 불안 수준이 높은 사람, 늙은 사람이 좋아하는 것이란 미신의 벽부터 넘어서는 게 필요하다. 그런 관련성이 전혀 없다고 주장하는 게 아니다. 평온을 그렇게 철저히 개인의 심리적 문제로 환원시키려는 발상이 잘못되었다는 것이다.

'저녁이 있는 삶'이란 슬로건이 많은 사람의 심금을 울린 건 무슨 이유 때문이었을까? 해외여행을 사랑하는 사람들이 가장 감명 깊었다고 말하는 장면이나 순간들이 한결같이 평온과 관련된 것은 왜일까? 노인들 중에 활동적이고 역동적인 삶을 꿈꾸는 사람이 많은 건 노인들의 평온이 사실상 사회에서 강요된 것임을 말해주는 게 아닐까?

똑같이 평온을 추구하더라도 평온의 기준과 그 실천 방식은 사람에 따라 다를 수 있다. 이른바 '무소유의 행복'을 말할 때 평온이라는 단어가 꼭 약방의 감초처럼 등장하는데, 내가 생각하는 평온은 무소유와 거리가 멀다. 나는 많이 갖고 싶어 하는 사람이기 때문이다. 다만 많이 갖기 위해 치열하게 애쓰지 않을 뿐, 물질은 다다익선多多益善이라는 생각은 늘 갖고 있다. 나는 물질적 행복을 정신적 행복에 비해 낮춰 말하는 도사들의 행복론에 동의하지 않는다. 둘 사이의 균형이 중요하다는 입장이다.

단순하게 사는 게 좋다며 자기 주변의 것들을 다 버리라고 말하는 일부 행복 전도사들의 주장에도 동의하지 않는다. 내게 소중한 것은 악착같이 끼고 살아야 직성이 풀린다. 내가 말하는 평온은 명상을 하면 얻을 수 있다는 유형의 평온도 아니다. 금욕과 평온을 중시한 스토아학파 사상과도 다르다. 실리적으로 이모저모 따질 건 따져보는 이성적이고 합리적인 평온이다.

내가 생각하는 평온의 핵심은 '나를 위한 삶'이다. 누구는 '나를 위한 삶'을 살지 않느냐고 반문할 수 있겠지만, 남들의 눈치를 보고, 남들의 인정을 받으려고 몸부림치고, 남들 하는 대로 따라 하지 않으면 불안해하고, 남들보다 조금이라도 많이 갖거나 누리지 못하면 괴로워하고, 삶의 모든 영역에서 끊임없이 남들을 의식하는 삶을 진정 '나를 위한 삶'이라고 할 수 있을까? 그건 나를 위한 것 같지만, 실은 '남을 위한 삶'으로 보아야 하는 게 아닐까?

사실 그렇게 '남을 위한 삶'을 사는 사람들도 내심 "이건 아닌데……"라는 생각을 하기 마련이다. 그러면서도 "남들도 다 그렇게 하는 데 뭘"이라는 생각 때문에 그 굴레에서 빠져나오지 못한다. 이건 '벌거벗은 임금님' 이야기와 비슷한 이치다. 이 동화는 권력 앞에서 진실을 이야기하지 못하는 어른들의 어리석은 모습을 꼬집어 표현한 것으로 널리 알려져 있지만, 그들의 심리 상태를 파고들면 그렇게만 단정하기는 어렵다.

'벌거벗은 임금님' 이야기를 심리학적으로 해석하자면, "누구도 믿지 않지만 모두 다 남들은 믿을 거라고 믿는" 착각이다. 즉, 나는 그렇게 생각하지 않지만, 남들은 다 그렇게 생각할 것이라는 믿음, 이 믿음은 우리로 하여금 어떤 일이나 사건에 대해 침묵하게 만들거나 남들의 생각에 동조하게 만드는 힘을 발휘할 수 있다. 우리의 실제 생활에서 자주 벌어지는 일이다. 우리가 '나를 위한 삶'보다 '남을 위한 삶'에 몰두하는 이유이기도 하다.

나는 이 책에서 말하는 평온을 누리는 데에는 매우 유리한 대학교수라는 직업을 갖고 있다. 즉, 내 주장을 일반화하기는 어렵다는 것이다. 삶과 인생에 대해 말하는 모든 책이 다 그렇긴 하겠지만, 나는 그 점이 마음에 걸린다. 독자들께서 능동적이고 비판적인 독해를 통해 각자 알아서 공감할 수 있고 자신의 삶에 적용하거나 참고할 수 있는 최소한의 접점만 찾아내 주신다면 더 바랄 게 없겠다.

나는 모두가 평온을 추구하는 세상을 바라진 않는다. 그건 가능하지도 않거니와 바람직하지도 않다. 우리에게 필요한 건 다양성과 균형이다. 평온한 삶을 추구하는 사람들과 그렇지 않은 사람들의 평화 공존이다. 각자의 기질과 인생관에 따라 알아서 판단할 일이지만, 사회 분위기라든가 가치관·문화·풍토 등은 개인의 선택을 통제하면서 사실상 어느 한쪽으로 쏠릴 것을 강요한다. 바로 이게 문제라는 것이다.

나는 평온을 누리는 사람이 많아지기를 바란다. 그것이 우리 사회가 조금은 평온으로 나아가는 데에 다른 그 어떤 방법보다 큰 힘이 되리라고 믿기 때문이다. 알베르트 슈바이처^{Albert Schweitzer, 1875-1955}는 "나만 이렇게 행복해도 좋은 것인가?"라는 걱정을 했다는데, 나는 부디 이런 걱정을 하는 사람이 많아지기를 바란다. "나만 이렇게 평온해도 좋은 것인가?"

2018년 5월

강준만

차례

평온한 삶을 위하여

◇◇◇◇◇◇◇◇◇◇◇

"욜로, 휘게, 소확행, 카르페디엠 또는
그 어떤 새로운 라이프스타일이 지속가능성을 가지려면
그 기본 바탕엔 평온이 있어야 한다."

욜로, 휘게, 소확행, 카르페디엠

한 번 사는 인생인데
사람 사는 세상인데
평생을 가시밭 걸었으니
꽃길도 걸어 봐야지.

김종환의 〈결국엔 내 인생〉이라는 노래의 가사다. "한 번 사는 인생인데……." 누구나 주변에서 한 번쯤 들어보았을 말이다. 사는 게 팍팍해서 그런지 이 말을 입에 올리는 사람이 많다. "오직 단 한 번뿐인 내 인생인데"라거나 "처음 살고 한 번 사는 인생인데"라는 식으로 강조되기도 한다.

그런데 이 말이 영어 약자로 둔갑해 한국에 수입된 이후로 젊은 사람들 사이에서 열풍 비슷한 것으로 바뀌었다. 이른바 '욜로 YOLO, You Only Live Once'다. 캐나다의 래퍼인 드레이크Drake가 2011년 부터 유행시킨 말이다. 네이버를 검색해보니 박문각에서 나온 『시사상식사전』은 "현재 자신의 행복을 가장 중시하고 소비하는 태도"라고 정의하면서 다음과 같이 풀이하고 있다.

"미래 또는 남을 위해 희생하지 않고 현재의 행복을 위해 소비하는 라이프 스타일이다. 욜로족은 내 집 마련, 노후 준비보다 지금 당장 삶의 질을 높여줄 수 있는 취미 생활, 자기계발 등에 돈을 아낌없이 쓴다. 이들의 소비는 단순히 물욕을 채우는 것을 넘어 자신의 이상을 실현하는 과정에 있다는 점에서 충동구매와 구별된다."

그런가? 어느 네티즌의 댓글을 보면서 웃었다.

"현재를 즐기는데 이상 실현이라는 거창한 말은 또 뭐냐. 박문각 선비 코스프레 역겹다. 사전 정의에 니들 가치관 집어넣지 말라고. 어디서 감히 개수작이야."

욜로를 실천하더라도 그건 미래를 기약할 수 없어서 사실상 강요당한 것인데, 거기에 '이상 실현'이 웬 말이냐는 강한 반감이 읽힌다. 댓글들이 재미있어 모두 다 읽어보았는데, 긍정도 있지만 부정적인 의견도 많다. 몇 개 소개해보자면 다음과 같다.

"괜히 중2병 걸려서 나중에 폐지 주음."

"시집 장가 못 가는 만년 솔로들 좋게 포장한 단어."

"소비가 미덕인 시대에 소비 실종에 대한 사회 계몽운동의 일환?"

"뱁새가 황새 따라가단 뒈져요~ 욜로도 믿는 구석이 있어야 욜로지."

"한심한 거지 포장하고 있어. 결혼할 때 되면 모은 돈 없이 부모한테 손 벌리지. 그게 욜로냐 배때지가 불렀지."

"말은 인도 말 같아서 멋있는데, 포장만 돼 있지 실제는 경제 침체 속에 청년들이 돈이 안 벌리니까 욜로족이 되서 더욱더 망가지는 것 아닌가요."

"내 주위에 욜로로 사는 사람이 많았으면 좋겠다~~ㅋㅋ. 나중에 쪽박 차고 돈 빌려 달라고 하면 인생 패배자 취급하고 몇 십만 원 쥐어주면서 베짱이 같이 살 땐 좋았지? 하면서 개무시해야지."

"우리 아버지가 시대를 앞선 1세대 욜로인이었구나. 재산을 모을 생각도 없고 일할 생각도 없고 가족 내팽개치고 자기 먹는 거랑 노는 거랑 몸 관리하는 거밖에 관심 없었음. 평생. 놀고먹기만 하고 근로는 전혀 하지 않는 아버지 때문에 식구들 수십 년간 고통받았다."

이런 부정적인 댓글들은 우리 사회에 욜로에 대한 반감과 오해가 만만치 않게 존재한다는 걸 말해준다. 미디어가 사실상 사회적 의미를 부여할 정도의 규모로는 존재하지 않는 가상의 욜로족을 만들어 흥밋거리 기사로 소비한 게 아니냐는 의혹을 제기할 만하다. 특히 '헬조선'을 외칠 정도로 고통을 겪고 있는 2030세대가 스트레스로 홧김에 돈 쓰는 걸 가리켜 욜로족 운운하는 게 말이 되느냐는 비판도 나온다.

욜로보다 덜 알려지긴 했지만, 욜로 이전에 덴마크산 '휘게 hygge(안락함)'가 있었다. 휘게의 핵심은 '작은 것에도 감사하고 만족하는 마음'과 '물질에 얽매이지 않고 단순하게 사는 기쁨'이어서 일부 사람들에게 큰 인기를 누렸다. 하지만 그렇게 사는 게 한국에선 영 쉽지 않다.

북유럽 이민을 알아보고 있다는 한 젊은이는 "휘게 라이프를 헬조선에서 억지로 찾아내는 데는 지쳤다. 모두가 평등하고 행복하다는 나라에서 살고 싶다"고 했다는데,[1] 사실 평등하지 않은 사회와 휘게는 잘 어울리지 않는다. 불평등과 서열에 익숙한 한국인들 중에 휘게의 하부 원칙이라 할 이른바 '얀테의 법칙Law of Jante'을 실천할 뜻이 있는 사람이 얼마나 있겠는가 말이다. "자신이 다른 사람보다 더 낫다고 믿거나 그들을 가르칠 수 있다고 생각해서는 안 된다."[2]

덴마크식 평등이 마냥 좋은 것만도 아니다. 영국 저널리스트 마이클 부스Michael Booth는 지난 몇 년 사이 휘게를 깊이 알게 되면서 혐오하게 되었다고 말한다. 그가 밝힌 다음과 같은 이야기는 한국의 휘게는 덴마크의 휘게를 겉모습만 흉내낸 시늉에 불과한 것일 수 있다는 걸 시사해준다.

"중간 합의점을 향한 휘게의 압제적이고도 끈질긴 추진력, 논란이 될 만한 대화 주제는 무조건 피하려는 고집, 모든 상황을 가볍고 경쾌하게 만들어야 한다는(시종일관 편안하고 자기만족적이고 소시민인 척하는 잘난 체) 필요에 질려서였다."[3]

이 말은 비아냥에 가까운 풍자로 볼 수도 있겠지만, 휘게는 모임 중심이며 그런 모임에서 합의를 지향하는 것이 '강압에 가까울 정도로 규범적'이어서 다양한 적극적 사교술이 요구된다는 것은 분명해 보인다. 휘게는 '나'보다는 '우리'를 강조하는데,[4] 한국에서 '우리' 중심의 인간관계에서 치이는 것을 싫어하는 사람들이 휘게를 누리고자 한다면 '나홀로 휘게'라는 한국형 휘게를 재창조하는 수밖엔 없을 것이다.

최근엔 일본이 원산지인 '소확행小確幸(작지만 확실한 행복)'이라는 것도 유행인데, 꽤 그럴 듯하거니와 바람직해 보인다. "이 작은 마카롱 하나로 행복감을 느낄 수 있으니 얼마나 좋아요."[5] 충분히 공감할 수 있는 소확행이지만, 커피나 디저트 시장 등 외식업계 트렌드로만 그치지 않고, 다양한 소확행이 이루어지면 좋겠다. 마광수가 역설한 이런 행복론처럼 말이다.

"행복은 지극히 가벼운 것에서부터 온다. 무더운 여름날 소나기가 쏟아져내릴 때 우리는 행복하고, 향기로운 커피의 냄새를 음미할 때 우리는 행복하고, 땀으로 뒤범벅이 된 몸뚱아리를 샤워의 물줄기로 시원하게 씻어낼 수 있을 때 우리는 행복하다."[6]

족보를 거슬러 올라가보자면, 욜로 · 휘게 · 소확행의 원조는 '카르페디엠carpe diem'이다. carpe diem은 라틴어로 "Catch the day!"의 의미다. 지금, 여기의 순간을 잡아라, 즉 현재를 소중히 하라는 뜻이다. 로마 시인 호러스Horace, 즉 퀸투스 호라티우스 플라쿠스Quintus Horatius Flaccus, B.C.65-B.C.8가 『송가頌歌: Odes』에서 처음 쓴 말이다.

요한 볼프강 폰 괴테Johann Wolfgang von Goethe, 1749-1832는 "오 찰나여, 멈추어다오, 너는 그토록 아름다우나니"라고 노래했는데, 이게 바로 카르페디엠의 기본 정신이기도 하다. 카르페디엠 예찬론자들의 주장을 몇 개 감상해보자.

"당신이 과거와 미래에 초점을 맞출수록 당신은 가장 소중한 '지금 여기'를 잃어버리게 됩니다."(에크하르트 톨레)[7]

"'난 나중에 행복해질 거야'라고 말하거나 생각하고 있다면, 그것은 잘못된 것이다! 당신의 그 말은 '지금은 할 수 없지만 나중에는 하겠다'는 뜻이다. 그 말은 지금 해야 할 일을 미루고 있는 것이다."(리처드 칼슨)[8]

"목표를 의식하고 계획대로 사는 사람은 좌우를 돌아보지 않고 오직 일에만 매진한다. 바로 지금을 즐기는 것을 미루는 이유다. 이런 실수를 피하라! 현재 원하는 삶을 미래로 미루어서는 안 된다. 그 미래는 당신도 알 수 없으며 아무도 모르는 것이다. 그러므로 지금 바로 여기에

서 당신이 훗날 계획하려 했던 그 삶을 열정적으로 살아야 한다."(호르스트 코넨)[9]

다 좋은 말들이긴 한데, '카르페디엠'을 외치는 사람들은 나름 성공한 유명 인사들이라는 점이 마음에 걸린다. 그건 드레이크가 성공한 래퍼로서 그간 번 돈을 자기 마음대로 써보겠다는 뜻으로 욜로를 외친 것과 비슷하다.

성공한 사람들은 성공을 위해 다른 하고 싶은 일들을 뒤로 미루는 '만족의 지연'에 매우 익숙한 사람들이다. 그렇게 했기 때문에 유명 인사가 될 수 있었다. 너무도 바빠 일에 치이는 경향이 있는 그들은 이젠 돈 좀 쓰면서 살아야 되는 게 아니냐는 자기 설득을 위해 '카르페디엠'을 외쳐댄다.

비극은 그런 사정과 배경은 무시한 채 덩달아 '카르페디엠'을 실천하고자 하는 보통 사람들에게서 일어난다. '카르페디엠'을 오·남용하면서 '만족의 지연'을 불온시하는 것이다. 아니 몰라서 그렇게 한다기보다는 희망이 보이지 않으니 세상 사는 맛을 조금이라도 느끼기 위해 그렇게 할 수밖에 없다고 보는 게 옳을 것이다.

그 어떤 문제와 한계가 있건 한국처럼 노동시간이 많고 '일중독'이 보편화된 나라에선 '만족의 지연'보다는 '카르페디엠'이 외쳐지는 게 바람직할 수 있다. 우리가 '카르페디엠'의 원리를 좋은 방향으로 따르고 그것이 문화로 정착된다면, 내가 보기엔 세 가지가 좋아진다. 세계적으로 하위권에 속해 있는 우리 국민의 행복감이 높아질 것이고, 목숨 걸고 싸우는 입시 전쟁이 완화될 것이고, 공직자들의 부정부패가 감소할 것이다.

특히 세 번째 부정부패가 중요하다. 우리는 부정부패가 더러운 것처럼 말하지만, 그걸 저지르는 사람들은 대부분 가족을 끔찍하게 아끼는 사람들이다. 내 새끼 잘되게만 할 수 있다면, 자신의 '만족의 지연'을 넘어 자신 한 몸 버리는 것도 마다 않겠다는 지극한 부성애거나 모성애의 주인공들인 것이다.

어디 부정부패뿐인가. 우리는 독재정권 시절 민주화 인사들을 대상으로 잔인한 고문을 했던 고문 기술자들을 '피도 눈물도 없는 인간'으로 생각하기 쉽지만, 그들의 자식 사랑은 남들보다 더하면 더했지 결코 덜하지 않았다. 1985년 12월 19일, 김근태는 법정에서 자신이 받은 고문 사실을 낱낱이 진술해 방청객들을 통곡하게 만들었다.

"그들은 고문을 하면서 '시집간 딸이 잘사는지 모르겠다', '아들놈이 체력장을 잘 치렀는지 모르겠다'는 등 자신의 가족들에 대한 애정 어린 말들을 주고받았으며 본인에게도 이야기를 했습니다. 어떻게 이처럼 고문과 폭력적 행위를 자행하는 자들이 개인의 가족들에게는 인간적인 사랑을 줄 수 있단 말입니까? 이렇게 양면성이 공존할 수도 있단 말입니까?"[10]

제1장 평온한 삶을 위하여

아, 너무도 슬프고 너무도 유감스럽게도 그런 공존이 가능한 동물이 바로 인간이다. 오늘이 삶의 마지막이라면 결코 하지 않았을 일들을 미래를 생각한답시고 당당하게 해내는 인간이 좀 많은가. 그들이야말로 '카르페디엠'을 실천해야 할 인간들이 아닌가.

물론 우리는 '카르페디엠'의 실천이 광범위하게 일어나진 않으리라는 걸 잘 안다. 모두 동시에 다 그렇게 한다면 해볼 수도 있겠지만, 자신만 그렇게 했다간 큰 손해를 본다고 생각하기 때문이리라. 그래서 우리는 '카르페디엠'을 긍정하는 척하면서도 사실상 외면하는 이중적 감정을 갖고 살아간다. 욜로도 마찬가지다. "욜로? 좋지! 팔자 좋은 너나 해라"는 식으로 말이다.

그렇지만 일부 사람들에겐 은밀하게 시도하는 나름의 '욜로'는 있다. 그게 무언가? 가장 대표적인 게 불륜不倫이다. 한국에서 살다 간 일본 여자들이 낸 책들을 보면 한결같이 "한국의 개방된 성性 문화에 깜짝 놀랐다"는 증언들이 담겨 있다. 한국을 폄하하기 위해 한 말 같진 않다.

욜로, 휘게, 소확행, 카르페디엠 또는 그 어떤 새로운 라이프스타일이 지속가능성을 가지려면 그 기본 바탕엔 평온이 있어야 한다. 사회적으로 큰 성공을 거둔 이들이 부정부패 혐의로 구속되는 장면을 지켜볼 때마다 이런 생각을 한다. "아, 저들이 평온을 눈곱만큼이라도 사랑했더라면!"

강물에 떠가는 한 점 이파리

'평온의 골프 여왕Golf's Queen of Serene.' 2013년 7월 1일 한국 여자 골프 선수 박인비가 제68회 US여자오픈에서 우승함으로써 메이저 대회 3연승의 '괴력'을 발휘하자, 『월스트리트저널』이 박인비를 가리켜 한 말이다. 어떤 상황에도 흔들리지 않는 한결같은 퍼트로 자신이 '심장 멎은 사람' 같다는 걸 증명했다는 것이다.

영어에서 평온을 뜻하는 단어는 여러 개를 찾을 수 있지만, 가장 어울리는 건 아무래도 'serenity'라는 단어다. 'serenity'의 형용사인 'serene'은 어원상으론 '세레나데serenade'와 같은 족보를 갖고 있다. 오늘날 '저녁 음악'이라는 뜻으로 쓰이는 세레나데는 어원상으론 '저녁'과 아무런 관계가 없지만 평온한 느낌과는 잘 통하는 말이다.

'평온' 하면 가장 먼저 떠오르는 건 스토아학파다. 스토아학파는 기원전 3세기 제논Zeno of Citium, B.C.334-B.C.262에서 시작되어 기원후 2세기까지 이어진 그리스 · 로마 철학의 한 학파로, 무엇보다도 금욕과 평온을 중시했다. 이들은 평온을 유지하기 위한 방법으로 통제할 수 있는 것과 통제할 수 없는 것의 구분을 추천했다. 당신이 어떻게 해볼 수 있는 것과 그렇지 않은 것을 구분해서 어떻게 해볼 수 있는 것에 대해서는 조치를 취하면 되고, 영향을 끼칠 수 없는 일은 더는 생각하지 말아야 한다는 것이다.[11]

평등 개념이 없던 시절에 나온 이런 주장을 오늘날의 세상에 적용하는 데엔 무리가 있다는 반론이 있을 수 있다. 알렉시스 드 토크빌Alexis de Tocqueville, 1805-1859이 잘 지적했듯이, 신분에 따른 불평등이 자연 질서처럼 여겨지던 신분 사회에서 낮은 신분에 속하던 사람들은 그런 질서에 반감을 품지도 않았고 모욕감을 느끼지도 않았다. 불평등에 대한 불만은 신분의 장벽을 해체해버린 민주주의 체제하에서 폭발하기 시작한 것이다.[12]

그럼에도 어떤 메시지는 시공을 초월해 나름의 설득력을 누리기 마련이다. 스토아학파의 방법이 꽤 그럴듯하다고 생각한 사람이 많았던 것 같다. 통제할 수 있는 것과 통제할 수 없는 것의 구분은 여러 지식인에 의해 다소의 변주를 거치면서 오늘날까지 인기를 누리고 있으니 말이다. 예컨대, 독일 철학자이자 시인인 프리드리히 실러Friedrich Schiller, 1759-1805는 「숭고함에 대하여」에서 다음과 같이 노래했다.

"자신이 바꿀 수 없는 것을 감당하며, 구할 수 없는 것은 품위 있게 포기할 줄 아는 법을 배운 사람에게 축복 있으라."[13]

이 취지를 잘 살려 오늘날 가장 많이 애송되는 말은 미국의 신학자이자 정치학자인 라인홀드 니부어^{Reinhold Niebuhr, 1892-1971}의 「평온을 비는 기도^{Serenity Prayer}」다.

신이시여,

제가 바꿀 수 없는 것을

받아들일 수 있는 평온함을

제가 바꿀 수 있는 것들을

바꾸는 용기를

그리고 그 둘의 차이를 알 수 있는

지혜를 제게 주시옵소서.

미국에서 큰 인기를 누리고 있는 이 기도문은 교회에서 주최하는 벼룩시장의 머그잔, 포스터, 손뜨개 모자에 자주 새겨지며, 알코올중독자 모임에서 곧잘 낭송되기도 한다.

「평온을 비는 기도」는 자기계발서에도 자주 등장한다. 그리고 니부어는 비교적 보수적인 현실주의자였다. 이런 점들을 들어 「평온을 비는 기도」를 보수적인 것으로 보는 사람들도 있지만,

나는 여기에 무슨 '보수-진보'의 구분이 필요한지 모르겠다.

영국 총리를 지낸 '철의 여인' 마거릿 대처^{Margaret Thatcher, 1925-2013}는 "사회라는 것은 없다. 남자와 여자, 개인 그리고 가족만이 있을 뿐이다"고 주장했다. 사회복지와 같은 진보적 정책에 반대하기 위해 제시된 이 보수적인 주장에 대응하기 위해 "개인이나 가족이라는 것은 없다. 사회만이 있을 뿐이다"고 해야 진보적인 게 되는 걸까? 둘 다 과도한 주장이 아닐까?

사회적 차원에서 보자면, 보수와 진보의 차이는 바꿀 수 있느냐 없느냐 하는 걸 평가하는 차이에서 비롯된다고 해도 과언이 아니다. 보수는 바꿀 수도 있는 것을 바꿀 수 없다고 생각하기 십상이고, 진보는 바꾸기 어려운 것을 쉽게 바꿀 수 있다고 확신하기 십상이다.

주로 개인을 말하는 사람들이 사회는 없는 것처럼 생각하는 것도 문제지만, 주로 사회를 말하는 사람들이 개인은 없는 것처럼 생각하는 것도 문제다. 개인과 사회의 균형 또는 평화 공존이 필요하다는 시각에서 보자면, 「평온을 비는 기도」의 이념성을 따질 필요는 없는 것이다. 그런 이유로 나는 「평온을 비는 기도」를 좋아하는데, 내가 이 기도를 적용한 대상 중의 하나는 나이였다.

가수 김광석은 〈서른 즈음에〉에서 "또 하루 멀어져 간다"며 "머물러 있는 청춘인 줄 알았는데"라고 한탄했다. 이 노래가 발표되었을 때 나는 마흔 즈음이었는데, 겨우 서른 즈음에 멀어져

가는 청춘을 한탄하다니 해도 너무했다는 생각을 했다.

서른 즈음과 마흔 즈음의 아쉬움도 크지만, 아쉬움을 넘어 충격을 느끼는 즈음의 나이가 기다리고 있다. 여성도 마찬가지겠지만, 50대 남성들은 모르는 사람에게서 '할아버지'란 말을 처음 들었을 때 충격을 받는다. 올해 우리 나이로 63세가 된 나는 이젠 '할아버지'란 말을 담담하게 받아들일 수 있지만, 50대 중반쯤인가 아파트 엘리베이터에서 '할아버지'란 말을 듣고 가슴속이 휑해진 느낌을 받았던 기억이 생생하다. 어린 자녀에게 "자 할아버지께 인사해야지!"라는 어느 엄마의 말을 들으면서, 충격을 받은 동시에 내심 "이럴려면 차라리 서로 모르는 척해주는 게 진짜 예의가 아닌가" 하는 짜증마저 냈다.

나는 한동안 머리를 검게 염색하는 등 젊게 보이려고 애를 썼지만, 곧 바꿀 수 없는 것은 받아들이는 평온의 법칙을 실천하는 길로 들어섰다. 때론 너무 잘 받아들이는 게 아닌가 하는 생각이 들 정도로 말이다. 그렇게 해서 내가 누리게 된 선물이 바로 평온이다.

이제 내게 남은 야망은 '곱게 죽는 것'이다. 명랑한 얼굴로 웃으면서 하는 말이니, 아직 '새파란' 나이에 못하는 말이 없다고 흉보진 마시기 바란다. 늙음의 문턱에 서 있는 50대의 증언들을 들어보면 그런 심정이 이해가 갈지도 모르겠다.

시인 T. S. 엘리엇T. S. Eliot, 1888-1965은 "50세에서 57세 사이가 가

장 혹독하다"고 했다. "이런저런 일들을 하라는 요구를 받는데, 아직 충분히 노쇠하지 않아서 그것들을 거절할 수가 없다." 가수 닐 영Neil Young은 59세 되던 해에 이런 말을 남겼다. "20대 때에는 나와 내 세계가 세상에서 가장 중요했고, 세상만사가 내 일을 중심으로 돌아갔다. 이제야 내가 강물에 떠가는 한 점 이파리라는 것을 알겠다."[14]

강물에 떠가는 한 점 이파리를 본 적이 있는가? 한동안 물끄러미 주시해본 적이 있는가? 만감이 교차하면서 "헛되고 헛되며 헛되고 헛되니 모든 것이 헛되도다"는 누군가의 말이 떠오른 경험이 내겐 있다. 나만 그런 게 아니다. 내 또래의 사람들에게 이런 취지의 말을 귀가 닳도록 들었다.

물론 자신이 '강물에 떠가는 한 점 이파리'라는 것에 기죽지 않는 50대도 있다. 소설가 김훈은 55세가 된 2002년 어느 인터뷰에서 "아웃사이더 같은 느낌을 주는데, 친구는 있나요?"라는 질문에 다음과 같이 답했다.

"친구가 없어요. 또래 친구들은 나를 좋아하지 않아요. 다 10살 아래죠. 우리 마누라도 이상하대요. 그런데 쉰다섯 먹은 사내새끼들이라는 것은 대부분 썩고 부패해 있거나, 일상에 매몰된 아주 진부한 놈들이거든요. 그래서 상대할 수가 없어요. 그럼 내가 젊은 놈들하고 통하나? 그렇지도 않아요. 난 사실 20대도 싫어. 젊은 놈들을 보면 그런 놈들의 나이를 다 졸업했다는 것이 참 다

행스럽게 여겨져. 저런 무지몽매한 자식들하고는 이젠 상종할 일이 없으니까, 얼마나 다행이냐고?(그는 '킥' 웃었다.) 그놈들이 뭐 부럽다는 생각은 추호도 해본 적이 없어요. 그 시절로 절대로 돌아가고 싶지도 않아요. 그런 무질서와 몽매 속에서 사는 걸 '청춘은 아름답다'고 하는 것 같은데, 나는 그렇게 생각 안 해."[15]

당시 나는 40대 중반의 나이였는데, 김훈의 그런 패기와 박력을 부러워하면서도 그의 말을 온전히 이해하진 못했다. 특히 "쉰다섯 먹은 사내새끼들이라는 것은 대부분 썩고 부패해 있거나, 일상에 매몰된 아주 진부한 놈들이"라는 독설의 의미를 말이다.

그러나 이젠 좀 알 것 같다. 나 역시 아마도 50대 중반부터였겠지만, 비슷한 또래의 사람들과 나누는 대화에 질려가고 있었다. 주요 대화 메뉴는 늘 노후를 대비한 돈과 건강이었다. 그런 대화를 지겨워했던 이면엔 그런 대화가 유발하기 마련인 자기 연민의 감정이 싫어서였는지도 모른다.

올해 71세가 된 김훈이 여전히 같은 생각을 하고 있는지는 모르겠지만, 나는 이젠 그런 대화를 지겨워하지 않는다. 아니 오히려 능동적으로 임한다. 돈은 어차피 틀려먹은 일인지라, 내가 관심을 기울이는 건 건강에 관한 이야기다.

나는 그간 건강 염려증과는 정반대로 건강 둔감증을 갖고 있었는데, 이젠 건강을 염려하는 사람들과도 소통을 잘한다. 아직도 흡연을 할 정도로 철이 덜 들긴 했지만, 그들의 이야기엔 실전 경험담이 많아 의사들의 말보다 실감이 나거니와 건강의 실천 지침을 얻는 데에도 도움이 된다. 나는 "일상에 매몰된 아주 진부한 놈들" 중의 하나가 되어가는 내가 기특하고 대견스럽다.

나의 정신적인 재고 조사

당신이 누리는 축복을 세어보고 하나씩 말해보세요

당신이 누리는 축복을 세어보고 하느님이 하신 일을 보세요

당신이 누리는 축복을 세어보고 하나씩 말해보세요

하느님이 하신 일은 당신을 놀라게 만들 거예요.

존슨 오트먼Johnson Oatman, Jr., 1856-1922이 1897년에 만든 찬송가 〈당신의 축복을 세어보세요Count Your Blessings〉의 가사다. 기독교를 믿지 않는 독자는 다소의 거부감을 느낄 수도 있겠지만, 마음을 좀 여는 게 좋겠다. 종교가 무엇이건, 자신이 큰 어려움과 고통에 빠져 있을 때, 자신이 그나마 누리고 있는 축복을 일일이 열거해 보는 건 놀라울 정도로 평온한 마음을 선사해주기 때문이다. "당

신의 축복을 세어보세요"를 영어 속담으로 알고 있는 사람이 많은 것도 그런 이유 때문일 게다.

　과학적으로 따져보더라도, 자신이 누리는 축복을 세어보고 하나씩 말해보라는 건 괜한 말이 아니다. 심리학자들이 실제로 그런 실험을 해보았더니 사람들의 행복도가 높아진 것으로 나타났다. 반면 자신이 이루지 못했거나 이룰 수 없는 없는 일들을 열거하고 그것을 말해보게 했더니 정반대의 결과가 나왔다. 또한 자신이 누리고 있는 것에 감사하는 사람은 더 건강하고, 긍정적인 감정을 자주 느끼고, 사회생활도 더 잘하는 것으로 나타났다.[16]

　사실 그렇게까지 하지 않더라도 한방에 해결하는 방법이 있기는 하다. 나는 사석에서 농담으로 병원 위문과 교도소 면회를 자주 다녀야 한다고 말한다. 자신에게 골치 아픈 일이 아무리 많더라도 병원 문과 교도소 문을 나서는 순간 이런 생각을 하게 될 가능성이 높으니까 말이다. "아, 이렇게 살아서 자유롭고 멀쩡하게 걸을 수 있다는 것만으로 얼마나 큰 축복인가!"

　그러나 우리 인간은 워낙 간사한 동물인지라 그런 축복을 금방 까먹고 일상의 골치 아픈 일들로 금방 복귀하고 만다. 사람들은 자신이 누리고 있는 축복을 깨닫지 못한 채 살아가고 있다고 해도 과언이 아니다. 일부 행복학 전도사들이 이 '축복 열거론'을 강조하고 나선 것도 그런 이유 때문일 게다.

스티븐 샤피로Stephen M. Shapiro는 아침 일찍 일어나 내 인생이 얼마나 훌륭한지를 찬찬히 생각해보는 '정신적인 재고 조사'를 하는 게 어떻겠느냐고 제안한다. 그는 그런 재고 조사를 하고 나면 내 인생에서 그동안 정말 황홀한 경험이 많이 일어났다는 걸 깨달으면서 놀라게 된다고 말한다.[17]

'정신적인 재고 조사'라는 말이 꽤 그럴듯하다. 재고 조사는 큰 기업이건 작은 구멍가게건 장사를 하는 사람들이 반드시 해야만 할 일이다. 남아 있는 상품이 적어도 문제고 많아도 문제다. 적정 수준을 유지해야만 한다. 이런 이치를 우리 인생에 적용해보는 것도 좋을 것 같다.

리처드 칼슨Richard Carlson은 가끔 사람들에게 "당신이 고마움을 느끼는 일을 종이에 써보세요"라고 제안한다는데, 거의 대부분 10개도 채우지 못한다나. 그는 "당신은 몇 개나 적을 수 있는가?"라는 질문을 던지면서 다음과 같이 말한다.

"우리는 이곳에 존재하고 있다는 자체가 고마움이며 행복이라는 사실을 깨달아야 한다. 우리 주위에 고마움을 느끼게 해주는 존재와 일은 헤아릴 수 없이 많다. 아침에 떠오르는 태양은 고마운 존재이다. 태양이 뜨지 않고 비가 내린다 해도 비 역시 고마운 존재이다. 작은 한 그루의 나무, 돌멩이 하나도 고마운 존재이다. 슬픈 일, 기쁜 일, 억울한 일, 분노를 치미게 하는 일도 되돌아보면 고마운 일이다. 그 모든 일들은 우리를 행복하게 한다. 삶은 소중하게 간직해야 할 귀중한 선물이다. 당신이 태어난 것도 선물이었고, 지금까지 살아온 모든 나날, 만났던 모든 사람들이 커다란 선물이다. 그 선물의 귀중한 가치를 깨닫고 그 안에 참된 행복이 있음을 진심으로 받아들여라. 행복은 다른 사람이 주는 것이 아니라 내 마음속에 있는 선물을 꺼내 활짝 펼칠 때 내 앞에 나타난다."[18]

이 무슨 황당한 이야기냐고 반감을 느끼는 사람들이 여전히 있을 것 같다. 아닌 게 아니라 칼슨이 자기도취에 빠져 좀 '오버' 한 느낌이 든다. 돌멩이 하나도 고마운 존재라니 그게 말이 되나? 죽다가 살아난 사람도 그렇게까지 느끼긴 쉽지 않을 것 같다. 그럼에도 이거 하나는 분명하다. 우리는 자신이 이미 갖고 있거나 누리고 있는 것은 당연한 것으로 여긴다는 사실 말이다. 우리가 때로 가까운 가족이나 친구를 소홀히 대하는 이치와 같다.

건강? 아프지 않은 사람은 그건 자신에게 당연히 주어진 디폴트(초깃값)로 간주한다. 그러니 자신의 건강에 감사할 리도 없고 그게 축복이라는 것도 깨닫지 못한다. 그러다가 크게 아파 보면 모든 게 달라진다. 갑자기 철학자가 되고 도인이 된다. 자신의 삶에 대해 너그러워지고 관대해진다.

나는 아직까진 중병에 걸리진 않았지만, 이런저런 작은 병을 앓으면서 평범한 하루하루를 소중하게 여긴 경험을 많이 했다. 이 경험은 건강을 넘어서 다른 분야로까지 확대되었다. 돈, 성공,

명예 등등 세속적인 욕망의 대상이 되는 모든 것에 대해서도 "나는 더 많은 것을 누려야 해"라는 생각에서 "나는 이미 내 몫보다 많이 받았어"라는 생각으로 전환된다.

감사의 생활화를 부르짖는 에이미 모린^{Amy Morin}은 날마다 최소한 한 개씩은 감사한 일을 기록하자고 제안한다. 일기를 꾸준히 쓰지 못하겠다면 무엇에 감사한지 말하는 습관을 들이고, 감사를 주제로 대화를 나누며 다른 사람은 무엇에 고마움을 느끼는지 배우고, 아이에게 주어진 몫에 감사하라고 가르치면 부모도 아이를 거울삼아 자신의 태도를 계속해서 확인할 수 있다는 등의 방법을 제시한다.[19]

감사 일기를 쓰는 습관이 진정한 행복감뿐만 아니라 신체적 건강까지 증진시켜줄 수 있다는 사실을 증명한 연구가 적잖이 나와 있긴 하지만, 이런 연구 결과를 믿건 안 믿건 중요한 건 삶을 대하는 우리의 기본자세일 게다. 아르투르 쇼펜하우어^{Arthur Schopenhauer, 1788-1860}가 잘 지적했듯이, "우리는 이미 가지고 있는 것에 대하여는 좀처럼 생각하지 않고 언제나 없는 것만을 생각한다". 이건 확실히 문제가 좀 있는 게 아닐까?

지금 누리고 있는 축복을 세어보는 생활 자세를 현실에 순응하고 안주하면서 변화를 거부하는 보수적인 것으로 여기는 사람들도 있을 게다. 어느 학자가 행복에 관한 책을 쓰겠다고 했더니, 주변 사람들이 보였다는 다음과 같은 반응처럼 말이다.

제1장 평온한 삶을 위하여

"왜 지금 그런 문제를 연구하느냐, 고통스럽고 불확실한 시대를 살면서 끔찍한 빈곤과 전쟁과 기아와 가뭄과 홍수에 시달리는 사람들이 얼마나 많은데 그런 문제를 연구하다니 사치 아니냐."[20]

하지만 달리 생각해볼 필요가 있다. 고통과 불확실성이 없는 세상은 영원히 기대하기 어렵다. 그래서 그런 세상을 만들기 위한 노력을 포기해야 한다는 것이 아니다. 어느 정도의 고통과 불확실성과 공존하면서도 행복해질 수 있는 길마저 포기할 필요는 없다는 것이다.

감사의 생활화 역시 마찬가지다. 자신의 삶에 감사해야 남들을 돌아볼 수 있는 여유도 생겨나는 법이다. 꽤 잘살면서도 스스로 자신이 죽게 생겼다고 아우성치는 '정신의 빈곤층'에게서 그런 여유는 기대하기 어렵다. 그런 여유가 있을 때에 비로소 더 나은 세상을 만들기 위한 노력에도 동참할 수 있게 되지 않을까?

파란만장한 근현대사를 겪은 한국엔 물질적으론 상위 1퍼센트에 들어가는 부유층이면서도 과거 굶주렸거나 고통스러웠던 경험에 매몰된 나머지 정신적으론 하위 1퍼센트에 속하는 극빈층에 속하는 사람이 의외로 많다. 그들은 이미 가질 만큼 가졌으면서도 여전히 가난의 불안과 공포에 떨면서 더 갖기 위해 수단과 방법을 가리지 않는다. 그러다가 법의 심판을 받게 된 사람들을 우리는 언론 보도를 통해 수시로 보고 있지 않은가.

이런 한국적 현실에 비추어보자면, "당신의 축복을 세어보세요"는 보수 이데올로기의 슬로건이 아니라 '진보 이데올로기'의 슬로건이라고 보아야 하지 않을까? 오늘날 대부분의 한국인들이 "이대론 더이상 안 된다"며 사실상 동의하고 있는 패러다임의 전환을 위해선 발상의 전환이 필요하고, 이런 전환을 위해선 자신이 믿어 의심치 않던 기존 상식과 신념을 의심해보아야 한다.

"다신 사랑 같은 거 하지 않을래"

내게서 멀어진 니 모습이

흐릿하게 보여 눈물이 나나 봐

눈물이 나나 봐

널 많이 그리워할 것 같아

참아야만 하겠지

잊혀질 수 있도록

다신 사랑 같은 거 하지 않을래

내 마지막 사랑은 돌아선 너에게 주고 싶어서

행복하길 바래(행복하길 바래)

나보다 좋은 여자(나보다 좋은 남자)

만나기를.

빅마마의 〈체념〉이라는 노래의 가사다. "다신 사랑 같은 거 하지 않을래"라는 말이 '옥에 티'로 좀 거슬리긴 하지만, "나보다 좋은 여자(나보다 좋은 남자) 만나기를" 비는 마음이 듣는 이로 하여금 안도감을 갖게 한다. 이 노래는 포기와 체념의 차이를 잘 보여준다. 사랑하는 사람을 포기하는 마음으로는 상대의 행복을 빌어주기가 어렵지만, 체념을 하게 되면 그게 얼마든지 가능해진다.

국어사전에 따르면, 체념엔 "희망을 버리고 아주 단념함"과 "도리를 깨닫는 마음"이라는 두 가지 뜻이 있다. 첫 번째 뜻은 포기를 끝까지 밀어붙이는 강한 의미의 포기지만, 두 번째 뜻은 포기 이전에 자신이 처한 상황에 대한 이성적인 분석을 하고 그 결과를 수용하는 마음이다. 포기는 스스로 했을망정 강요당한 느낌이 들지만, 체념은 그렇지 않다. 스스로 깨달은 도리에 따라 결심을 하고 그것을 행동에 옮기는 것이니 미련이 전혀 없진 않을망정 미련으로 괴로워할 일은 없다.

한자로 풀이하더라도 체념諦念의 체諦는 진리 '체'자로 사물의 본질을 명확하게 밝히거나 주관을 단념하고 객관을 받아들이는 것을 말한다. 따라서 체념은 포기하는 마음이라기보다는 자신이 처한 조건을 명확하게 밝힘으로써 새롭게 깨달은 도리에 따라 희망을 만들어가는 적극적 마음이다.[21] 이런 긍정적인 면을 갖고 있는 체념의 두 번째 뜻보다는 포기의 동의어로 쓰이는 첫 번째 뜻만 주로 사용되고 있는 건 안타까운 일이다.

칼 폴라니Karl Polanyi, 1886-1964라는 학자가 있다. 헝가리 출신의 경제학자인 폴라니는 50여 년 전에 사망했음에도 요즘 가장 주목을 받는 지식인이다. 시장경제의 주인이 아닌 노예로 살아가는 데에 지친 사람들이, 시장경제의 환상에서 벗어나야 비로소 인간이 존중받는 사회로 나아갈 수 있다고 역설했던 그의 선견지명에 매료되었기 때문이다.

폴라니의 대표작인 『거대한 전환』이란 책을 읽다가 마지막 페이지의 결론에 눈길이 갔다. "체념은 항상 인간에게 힘과 새로운 희망의 샘이었다"며 체념의 축복을 역설하고 있는 게 아닌가. 그는 "인간은 죽음이라는 현실을 받아들였고, 오히려 그것을 기초로 삼아 자신의 이승에서의 삶의 의미를 쌓아올리는 법을 배웠다"며, 가장 밑바닥의 체념을 받아들이게 되면 다시 새로운 생명이 솟구치고 아무도 꺾을 수 없는 용기와 힘을 얻게 된다고 주장한다.[22]

더는 잃을 게 없다고 생각되면 세상의 불의와 억압을 타도하는 일에도 거침없이 나설 수 있다는 말일까? 폴라니야 세상을 바꾸자는 뜻에서 그리 한 말이지만, 그리 거창한 목표를 세우지 않더라도 체념은 자기 자신을 바꾸는 데에도 용기와 힘의 원천이될 수 있다.

'체념의 지혜'라는 말은 보통 두 가지 용법으로 사용된다. 하나는 세상의 잘못된 구조와 관행에 타협하는 '체념의 지혜', 또 하나는 남의 인정을 받기 위해 투쟁하는 삶과 결별하는 '체념의 지혜'다. "나 하나 바뀐다고 세상이 달라져?"라는 의심에 굴복하면서 나름의 적응력을 키우는 것도 체념이지만, "도대체 내가 무엇을 위해 사는 건가?"라는 근본적인 물음에 스스로 답하면서 남의 인정을 받는 것의 가치를 재평가해 낮추어보는 것도 체념이다.

포기는 상대의 힘을 아는 것인 반면, 체념은 '나 자신을 아는' 것이라는 말이 있듯이,[23] 무엇보다도 자신을 아는 것이 중요하다. 포기는 자신을 모르는 상태에서 쉽게 할 수 있지만, 체념은 자신을 아는 과정을 거쳐야 하는 것이기에 쉽게 할 수 없다. 체념은 나름의 고민과 깨달음이 수반되는 일이다.

그래서 체념을 하면 나를 원치 않는 이성도 흔쾌히 놓아줄 수 있고 행복까지 빌어줄 수도 있다. "다신 사랑 같은 거 하지 않을래"라는 말을 할 필요도 없다. 자신을 아는 것이 자기 편하나 자기 학대는 아니기 때문이다. "내 마지막 사랑은 돌아선 너에게 주고 싶어서"라는 뜻은 가상하지만, 집착은 체념과 어울리지 않으며 그런 집착을 '너'라는 사람이 원할 리 없다. 진정 그의 행복을 원한다면 그가 원치 않는 일은 하지 않는 게 좋다. "그냥 이별한 것일 뿐, 연애에 실패한 것은 아니다It's a Breakup, Not a Breakdown"라는 제목의 책도 있듯이, 이별 하나에 세상이 끝난 것처럼 엄청난 의미를 부여할 필요는 없다.

제1장 평온한 삶을 위하여

내가 좋아하고 원하는 마음만으론 안 된다는 것은 비단 이성 관계뿐만 아니라 우리 삶의 모든 영역에 걸쳐 일어나는 일이다. 일반적인 인간관계도 그렇다.

나는 우연한 기회에 나에 대한 내 주변의 평판에 대해 알게 되었는데, 내가 생각했던 것과는 좀 달라서 내심 놀란 적이 있다. 물론 부정적인 평판도 있었다는 뜻이다. 나는 남들에게 누를 끼치는 걸 몹시 싫어하며 내가 맡은 책임은 성실하게 잘 수행해왔는데, 왜 그러지? 그러나 바로 그게 문제였다.

나는 개인주의자다. 개인주의에 대한 세간의 오해와 비방이 너무 심해 개인주의에 대해 책을 써야겠다고 결심할 정도로 개인주의 옹호론자다. 그런데 현실적으로 개인주의와 이기주의를 명확히 구분하기는 어려우며, 우리처럼 집단주의 문화가 강한 곳에선 개인주의자가 이기주의자의 혐의를 벗기는 어렵다. 이걸 감수하고 체념해야 한다는 게 내가 내린 결론이었다.

사실 개인주의는 평온과 불가분의 관계다. 내가 생각하는 평온의 조건 또는 구성 요소는 크게 보아 세 가지인데, 내 나름의 딱지를 붙여보자면, 공영주의, 개인주의, 개성주의다.

첫째, 공영주의는 더불어 같이 즐겁게 살자는 것이다. 우리가 즐겨 쓰는 말 중의 하나인 '공존공영共存共榮'에서 '공영'만 가져온 것이다. 공존공영은 '함께 살며 함께 번영함'이란 뜻인데, 모든 사람이 공존엔 동의해도 공영엔 동의하지 않을 수 있기에 특별히 공영을 강조하는 것이다. 극심한 빈부 격차와 불공정이 존재하는 사회에서 자신은 피해자가 아니라는 이유만으로 마음이 평온할 수 있을까? 그럴 수 있는 사람이 적지 않겠지만, 나는 그래선 안 되며 그럴 수도 없다고 생각한다. 억울하게 고통 받는 사람을 옆에 두고 어찌 평온할 수 있단 말인가. 실천은 없거나 미미할지라도, 극심한 빈부 격차와 불공정을 없애거나 약화시키기 위해 애쓰는 마음, 이게 내가 생각하는 평온의 첫 번째 조건이다.

둘째, 개인주의는 개인의 자유·자율·자립을 소중히 하자는 것이다. 이기주의와 동의어로도 쓰이는 그런 개인주의가 아니라, 공영주의를 전제로 한 개인주의다. 집단의 가치를 존중하되 그것에 휘둘리지는 않으면서, 집단의 암묵적 압박을 받더라도 그것에 의연히 대처해 이겨내면서, 자기만의 세계와 가치를 존중하는 삶의 태도다. 나와는 다른 집단의 가치를 무조건 수용하고 실행하는 삶의 자세로는 결코 평온할 수 없다. 물론 집단 가치와의 갈등으로 인해 평온한 상태가 깨질 수도 있지만, 그건 일시적인 것이다. 반면 집단 가치에 자신을 종속시키는 건 겉으론 평온할지 몰라도 내면의 세계에선 평온할 수 없는 상태를 영원히 지속시킬 수 있다. 우리에게 필요한 것은 '지속가능한 평온'이다.

셋째, 개성주의는 개인주의에서 한 걸음 더 나아가 남들의 인정을 받기 위한 '인정 투쟁'에서 인정 기준을 자신의 개성으로 재해석하는 것이다. 개인주의자일지라도 자신의 이해관계에 따라 획

일적인 인정 기준을 수용할 수 있으며, 개인의 안정과 발전을 위해 조직과 체제에 순응하는 이른바 '관료주의적 개인주의^{bureaucratic individualism}'의 포로가 될 수 있다. 실제로 스스로 개인주의자라고 주장을 하면서도 속물적인 성공의 기준에 충실한 사람이 좀 많은가. 서열화된 경쟁 체제를 내면화해 열심히 싸우는 사람의 평온은 오직 승리를 했을 때에만 가능한 것인데, 그렇게 위태롭고 아슬아슬한 평온을 진정한 의미의 평온이라고 할 수는 없다.

관료주의적 개인주의와 더불어 과도하게 자립에 집착하는 '폐쇄적 개인주의'도 문제다. 특히 노년에 이르러서 문제가 된다. 개인적 차원에서건 사회적 차원에서건 노인에게 가장 필요한 건 상호 의존인데, 이걸 가로막는 게 개인주의의 자립 이데올로기니 말이다.[24] 하지만 나의 개인주의관은 상호 의존을 배척하지 않는다. 개인주의는 서로 돕고 살지 말자는 주장은 아니니까 말이다.

그런데 이런 수준의 평온을 누리는 데에도 조금은 독한 마음을 먹어야 한다. 남의 시선을 완전히 무시하지는 않더라도 그것에서 자유로워야 하기 때문이다. 파울로 코엘료^{Paulo Coelho}의 표현을 빌리자면, "모든 사람들이 당신을 다 좋아한다고 하면 당신에게 무슨 문제가 있을 것이다. 당신은 모두를 기쁘게 할 수는 없다."[25]

체념하자. 물질적 탐욕만 탐욕이 아니다. 모든 사람에게 다 좋은 말을 듣겠다니, 그건 물질적 탐욕보다 더한 탐욕이다. 그렇게 체념하고 나니 마음이 편해졌다.

나는 자주 체념을 함으로써 마음의 평온을 찾는다. 나 자신을 냉정하게 뜯어봄으로써 지금 내가 누리고 있는 것도 내겐 과분하다는 생각을 하면서 평온의 축복을 누리는 것이다. 자신을 안다는 것이 말처럼 쉬운 일은 아니지만, 자신을 알기 위해 애쓰는 것과 그렇지 않은 것의 차이가 매우 크다는 건 분명하다.

빅마마에게 권하고 싶다. "다신 사랑 같은 거 하지 않을래"라는 말을 취소하고, 차분한 시간을 보낸 후 다시 다른 사람과 뜨거운 사랑의 열병을 앓아보라고 말이다. 그게 바로 진정한 체념이다. 청춘을 체념한 김창완과 그의 젊은 '제자' 김필이 노래했듯이 말이다.

언젠간 가겠지 푸르른 이 청춘

지고 또 피는 꽃잎처럼

달 밝은 밤이면 창가에 흐르는

내 젊은 연가가 구슬퍼

가고 없는 날들을 잡으려 잡으려

빈 손짓에 슬퍼지면

차라리 보내야지 돌아서야지

그렇게 세월은 가는 거야.

제1장 평온한 삶을 위하여

「인빅터스」와 〈아모르파티〉

나를 감싸고 있는 밤은

구덩이 속같이 어둡다

어떤 신에게라도

정복되지 않는 영혼을

내게 주심에 나는 감사하리라

가혹한 상황의 손아귀에서도

나는 움츠러들거나

소리 내어 울지 않으리

운명의 막대기가 날 내려쳐

내 머리가 피투성이가 되어도

나는 굽히지 않으리

분노와 비탄 너머에

어둠의 공포만이 거대하고

절박한 세월이 흘러가지만

나는 두려움에 떨지 않으리

지나가야 할 문이 얼마나 좁은지

얼마나 가혹한 벌이 기다릴지는

문제되지 않는다

나는 내 운명의 주인이며

나는 내 영혼의 선장이다.[26]

영국 시인 윌리엄 어니스트 헨리William Ernest Henley, 1849-1903의 시詩
「인빅터스Invictus」다. '인빅터스'는 라틴어로 '천하무적天下無敵'이
란 뜻이다. 17세 때에 골관절 결핵으로 다리 하나를 잃은 뒤에도
꿋꿋하게 살면서 26세 때인 1875년에 쓴 시다. 이 시는 오늘날
까지도 실패와 좌절에 빠진 사람들에게 큰 희망과 용기를 안겨
주는 불멸의 시로 애송되고 있다. '인빅터스'라는 제목의 책이 여
러 권 나와 있는 것도 그런 이유 때문일 게다.

「인빅터스」는 미국의 성공학 전도사인 나폴레온 힐Napoleon Hill,
1883-1970이 자주 인용한 시이기도 하다. 힐은 자신의 책을 읽을 주
요 독자들이 실패와 좌절에 시달렸을 사람들이라는 걸 염두에
두고 「인빅터스」를 인용하면서 이런 강력한 위로의 메시지를 던

진다.

 "어느 경우든 성공을 거둘 때까지의 인생은 절망과 좌절의 반복이다. 일시적인 패배에서 모든 것을 단념하기란 매우 간단한 일이며, 더욱이 좌절에 그럴듯한 변명을 다는 것은 그다지 어렵지 않다. 대부분의 사람이 일시적인 패배로 곧 소망을 포기하고 마는 이유다.……실패는 마치 사기꾼처럼 교활하고 약다. 성공이 가까이 왔을 때 우리에게 필요한 것은 이 사기꾼에게 현혹되지 않는 명민한 지혜다."[27]

 「인빅터스」를 유명하게 만든 이는 남아프리카공화국의 인종 분리 정책 아파르트헤이트apartheid를 종식시키고 화합과 평화의 새 시대를 연 넬슨 만델라Nelson Mandela, 1918-2013다. 아파르트헤이트에 저항했던 만델라는 무려 27년 6개월간 감옥 생활을 했는데, 그는 철창에 갇혀 있으면서도 「인빅터스」를 되뇌면서 두려움을 이겨내고 희망을 잃지 않았다.[28]

 그 밖에도 오프라 윈프리Oprah Winfrey, 앤드리 애거시Andre Agassi 등 자신의 분야에서 큰 성공을 거둔 사람들 중 「인빅터스」를 자신의 인생 좌우명으로 삼은 이가 많다. 심지어 1995년 오클라호마 테러로 168명을 사망케 한 티머시 맥베이Timothy McVeigh 같은 인간마저 법정 최후 서류 진술에서 「인빅터스」 전체를 인용해 「인빅터스」의 정신을 모독하는 어이없는 경우도 있긴 했지만 말이다.

 그 어떤 상황에서건 "나는 내 운명의 주인이며, 나는 내 영혼의 선장이다"는 말은 아무리 들어도 아름답다. 맞다. 그런 생각으로 세상을 살아가야 한다. 하지만 동시에 헨리나 만델라처럼 우리에게 잘 알려진 사례들을 제외하고, 그게 우리의 현실은 아니며 현실이 되기도 어렵다는 것 또한 분명한 사실이다. 특히 먹고사는 문제와 관련해선 흔히 하는 말로 '목구멍이 포도청'이기 때문이다.

스토아 사상가인 세네카[Seneca, B.C.4-A.D.65]는 '운명의 팔 길이'를 말했다.

"운명의 여신은 우리가 생각하는 만큼 팔이 길지 않네. 그녀는 그저 자신에 매달리려는 자들을 잡을 수 있을 뿐이야. 그러니 우리, 그녀로부터 가능한 한 멀리 떨어져 있도록 하세."

즉, 운명과 싸우지 말라는 것이다.

"운명이 우리를 찾아낼 때 준비되어 있어야 하고 그에 따를 수 있어야 하네. 운명을 받아들이는 자, 거기에 바로 위대한 영혼이 있네. 그에 반해 연약하고 타락한 자들은 운명과 싸우려 들고 세상의 질서를 무시하려 들지. 그들은 자신을 바꾸려고 하지 않고 신의 신수를 바로잡으려 드는 자들이라네."[29]

오늘의 기준으론 수긍하기 어려운 주장이지만, '목구멍이 포도청'임을 실감하면서 사는 사람들에겐 '운명의 팔 길이'가 훨씬 더 현실적인 진단으로 여겨질 것이다. 스토아 사상가들은 자신이 통제할 수 없는 운명에 순응하는 '수용의 예술'을 역설했는데, 이는 주어진 현실을 단순히 받아들이지 말고 즐기라는 뜻이었다.

훗날 프리드리히 빌헬름 니체[Friedrich Wilhelm Nietzsche, 1844-1900]가 이 개념을 받아들여 단 하나의 문장으로 압축시켰다. "아모르파티amor fati(운명을 사랑하라)." '운명애運命愛'라고도 한다. 일어나는 모든 것을 단지 수용만 하지 말고 사랑하라는 것이다.[30]

가수 김연자의 〈아모르파티〉(이건우 작사, 2013)도 바로 그런 취지의 노래다.

산다는 게 다 그런 거지 누구나 빈손으로 와

소설 같은 한 편의 얘기들을 세상에 뿌리며 살지

자신에게 실망하지 마 모든 걸 잘할 순 없어

오늘보다 더 나은 내일이면 돼

인생은 지금이야

아모르파티

아모르파티

인생이란 붓을 들고 서 무엇을 그려야 할지

고민하고 방황하던 시간이 없다면 거짓말이지

말해 뭐해 쏜 화살처럼 사랑도 지나갔지만

그 추억들 눈이 부시면서도 슬프던 행복이여

나이는 숫자 마음이 진짜

가슴이 뛰는 대로 가면 돼

이제는 더이상 슬픔이여 안녕

왔다 갈 한 번의 인생아

연애는 필수 결혼은 선택

가슴이 뛰는 대로 하면 돼

눈물은 이별의 거품일 뿐이야

다가올 사랑은 두렵지 않아

아모르파티

아모르파티.

네이버 '지식인'에 이런 질문이 올라왔다.

"남친이 바람피우고 헤어졌어요. 이런 상황에 맞는 노래 좀 추천해주세요. 에일리의 〈보여줄게〉 이런 느낌 말고요."

이런 답이 제시되었다.

"알리의 〈지우개〉, 린의 〈곰 인형〉, 주니엘의 〈나쁜 사람〉. 이런 발라드 같은 잔잔한 노래는 눈물이 더 나와요. 그래서 김연자 씨의 〈아모르파티〉 추천 드립니다."

답이 정말 훌륭하다.

〈보여줄게〉, 〈지우개〉, 〈곰 인형〉, 〈나쁜 사람〉은 아주 좋은 노래지만, 사랑의 이별을 한 사람에게 이별의 슬픔을 더 진하게 만들어줄 뿐, 홀홀 떨쳐버리고 일어나게끔 기운을 북돋아주는 노래는 아니다. 가사는 노래의 일부에 불과하지만, 노래의 분위기는 가사 내용을 따라가기 마련인지라, 다음과 같은 가사 메시지의 분위기에 빠져들 필요가 무어 있겠는가 말이다.

"더 멋진 남잘 만나 꼭 보여줄게 너보다 행복한 나"(〈보여줄게〉)

"버티다 도저히 죽을 것 같을 때 그때 한 번만 날 안아주겠니"(〈지우개〉)

"함께 산 핸드폰을 버리고 니가 사준 백일반질 빼도 준 건 다 버려도 널 잊지를 못해"(〈곰 인형〉)

"그댄 다신 사랑은 하지 말아요 너무 나쁜 사람이니까 날 버린 그 대가로 행복하지 말아요"(〈나쁜 사람〉)

반면 〈아모르파티〉는 씩씩하다. 이 노래가 니체가 말한 '아모르파티'의 뜻을 다 담고 있는 것은 아니지만, 자신의 삶에서 일어나는 고난과 어려움까지도 받아들이는 적극적인 삶의 태도를 역설한다는 점에선 다를 게 없다. 이별을 했다고 세상이 끝난 것처럼 절규하는 대신 눈물을 '이별의 거품'으로 정의하면서 "다가올 사랑은 두렵지 않아"라고 외치는 게 얼마나 당당한가 말이다.

나는 정말 내 운명의 주인인가? 그렇게 믿으면서 살아가더라도 실제로는 전혀 그렇지 않다고 느낄 때가 더 많을 것이다. 나는 내 운명의 주인이라기보다는 노예라고 느낄 수도 있다. 「인빅터스」와 〈아모르파티〉 중에서 어떤 노선을 택할 것인지는 각자 알아서 할 일이지만, 둘은 제로섬^{zero-sum} 관계가 아니라 논제로섬 nonzero-sum 관계라고 믿는 여지는 남겨두는 게 좋다. 일단 「인빅터스」의 정신으로 세상을 살아가되, 여의치 않을 땐 〈아모르파티〉를 흔쾌히 수용하는 것이다.

평온한 척하면 평온해진다

우리 인간은 슬프기 때문에 울고, 무섭기 때문에 떤다. 당연하게 여겨지는 이 상식에 대해 미국 심리학자 윌리엄 제임스^{William James, 1842-1910}는 이의를 제기하고 나섰다. "울기 때문에 슬프고, 떨기 때문에 무섭다"고 하는 것이 합리적인 설명이라는 것이다. 달리 말하자면, 감정은 순전히 몸에서 기원하는 본능적인 것이지 정신에서 기원하는 인지적인 것이 아니라는 이야기다. 이게 바로 제임스가 1884년에 발표한 '감정 이론^{theory of emotion}'의 핵심 내용이다.[31]

제임스는 이 이론의 연장선상에서 '그런 척하기 원칙^{As If principle}'이라는 걸 제시했다. "어떤 성격을 원한다면 이미 그런 성격을 가지고 있는 사람처럼 행동하라"는 것이다. 이는 달리 말해 감정이 행동을 만들기보다는 오히려 행동이 감정을 만든다는 점을 강조하기 위한 것으로 볼 수 있다.

시대를 앞서간 사람은 고난에 시달리기 십상인데, 제임스도 예외는 아니었다. 오늘날엔 감정이 행동을 만들고 행동도 감정을 만든다는 쌍방 통행로가 널리 받아들여지고 있지만, 다른 통행로를 처음 제시한 제임스는 일부 심리학자들에게서 가혹한 비판을 받아야만 했다.

학계의 평가와 관계없이, 제임스의 이론은 미국의 대표적인 성공학 전도사들에 의해 1930년대부터 줄기차게 인용되었다. 행동이 감정을 만든다는 것이야말로, 성공학 전도사들이 바라마지 않던 성공학의 제1계명이었기 때문이다.

그래서 당대의 내로라하는 성공학 전도사들, 즉 데일 카네기 Dale Carnegie, 1888-1955, 나폴레온 힐Napoleon Hill, 1883-1970, 노먼 빈센트 필 Norman Vincent Peale, 1898-1993 등은 사실상 제임스를 그들의 이론적 사부로 모셨다.

이런 성공학 전도사들은 제임스의 이론을 "꿈꾼 대로 이루어진다"는 식의 극단으로까지 끌고 가 비판의 대상이 되기도 하지만, 이들이 과장은 저질렀을망정 사기를 친 건 아니다. 제임스의 이론을 이어 받은 대릴 벰Daryl Bem은 한 걸음 더 나아가 행동이 감정뿐만 아니라 믿음까지도 바꾼다는 '자기지각 이론self-perception theory'을 제시했다.

벰이 연구를 위해 주목한 사건은 1954년 5월 17일 연방 대법원의 브라운 사건 판결이었다. 이 판결에서 연방 대법원은 흑인에 대한 그간의 '분리 평등' 원칙을 뒤집고 교육 시설의 분리에 위헌 판결을 내렸다. 이 판결 10여 년 전인 1942년에 실시된 조사 자료에 따르면, 학교 통합 정책, 주거 통합 정책, 대중교통 통합 정책에 찬성한 백인들의 비율은 각각 30퍼센트, 35퍼센트, 44퍼센트 수준에 머물러 있었다. 그러나 연방 대법원 판결 후 2년 뒤인 1956년 자료에서는 그 비율이 49퍼센트, 51퍼센트, 60퍼센트로 크게 증가했다.

이 변화는 무엇을 의미하는 걸까? 대법원의 판결은 미국인들 스스로 차별 폐지를 지지하는 사람처럼 행동하도록 만들었다고 볼 수 있다. 그리고 이는 다시 무의식적인 차원에서 "나는 차별 폐지를 지지하고 있군. 그러면 나는 분명 평등한 사회가 더 좋다고 믿고 있을 거야"라고 믿도록 만들고, 이러한 과정을 거쳐 미국인들은 인종 문제에 대해 새롭고 긍정적인 인식을 갖게 되었다는 이야기다.

우리 인간은 타인의 행동을 보고 그 사람을 규정짓는 것처럼 자신의 행동을 보고 자신을 규정하는데, 이게 바로 '자기지각'이다. 자기지각 이론에 따르면, 우리의 많은 태도가 자신의 행동과 행동이 일어나는 상황에 대한 우리의 지각들에 근거한 것이다. 특별한 생각이나 계획 없이 어떤 행위를 한다면 행위자는 그 행위를 바탕으로 자신의 내적 특성을 추리해낸다는 것이다.

예컨대, 어느 저녁 좋은 시간을 보내고 싶은 마음에 연극을 보러 가는 경우를 생각해보자. 연극을 꼭 보겠다는 생각은 없었다. 중요한 건 좋은 시간을 보내고 싶다는 것이었고, 어쩌다가 선택된 게 연극이었을 뿐이다. 그렇지만 연극을 보러 가는 자신의 모습을 보고 무의식적으로 이렇게 생각할 가능성이 높다. "지금 나는 연극을 보러 가고 있군. 그렇다면 영화보다 연극을 더 좋아하는 게 틀림없어." 그리고 이러한 생각은 연극에 대한 긍정적인 느낌으로 이어질 수 있다.

자기지각 이론을 연애에 활용해보는 건 어떨까? 드라마나 영화에선 아직은 연인 관계라고 할 수 없는 두 남녀가 우연한 기회에 신체 접촉이 일어날 때에 정적이 흐르면서 두 사람의 눈에서 불꽃이 튀는 듯한 모습이 그려진다. 이건 단지 픽션일 뿐일까? 친구도 아니고 연인도 아닌 모호한 관계를 발전시키고 싶다면, 상대방에게 연인이 할 만한 행동, 예컨대 스킨십을 경험하게 하면 어떤 일이 일어날까? 따귀를 맞을 정도의 관계가 아니라면 말이다. 적극적인 스킨십을 여러 번 하면 "이런 것을 하는 것을 보니 내가 이 사람을 사랑하기는 했나 보구나" 하는 마음이 들 수도 있고, 결국 이 마음은 사랑의 감정으로 발전할 수 있다.[32]

평온 역시 다를 게 없다. 다시 윌리엄 제임스의 말을 인용하자면, "나는 행복해서 노래하는 게 아니다. 노래를 불러서 행복한 것이다". 이후 여러 연구자가 평온한 것처럼 행동함으로써 분노의 감정을 신속하게 누그러뜨릴 수 있다는 사실을 실험을 통해 입증해 보였다. 평온한 것처럼 행동함으로써 실제로 평온함을 느낄 수 있으며, 평온한 자세를 취함으로써 실제로 평온한 감정을 만들어낼 수 있다는 것이다.

물론 다른 의견도 있다. C. S. 루이스[C. S. Lewis, 1898-1963]는 우리가 파티에 가서 좋은 인상을 남기겠다고 의식적으로 애쓰면 오히려 성공하지 못할 확률이 높을 거라고 했다. 우리는 운동선수들에게서 이런 증언을 수없이 많이 듣는다. 매우 중요한 시합이기 때문에 잘하려고 애쓰는 마음이 오히려 평정심을 잃게 해 좋지 않은 결과를 낳더라는 증언 말이다.

이는 '아닌 척하기 원칙'이라고 할 수 있겠다. 이 원칙에 따르자면, 평온 따위는 아예 잊고 살아야 오히려 평온해질 수 있다는 주장도 가능해진다. 하지만 '아닌 척하기'와 '그런 척하기'가 꼭 상충하는 건 아니다. 어떤 상황에선 '아닌 척하기'가 더 나을 수 있지만, 평범한 일상에선 '그런 척하기'가 도움이 된다.

우리는 감정이 행동을 만든다는 법칙을 한 치의 의심도 없이 믿고 있다. 이 믿음을 고수하는 한 평온은 영영 기대하기 어렵다. 생각해보라. 먹고사는 일이 얼마나 힘든데 평온한 마음이나 감정을 가질 기회가 오겠는가 말이다. 평온한 척함으로써 평온해지는 가능성을 부정하지 않는 게 좋겠다.

평온한 척하는 데에 가장 큰 도움을 주는 건 단연 '자연'이다. 사실 이건 이미 모든 사람이 알고 있거니와 실천하고 있는 것이다. 골치 아픈 일이 많을 때 훌훌 털고 대자연을 찾아 여행을 떠나는 경험을 누구나 한 번쯤은 갖고 있지 않을까?

대자연 앞에서 경외감을 느끼면서 마음이 평온해지는 효과에 대해 심리학자들은 오랫동안 연구해왔는데, 그런 효과를 가리켜 '황무지 효과wilderness effect'라고 한다. 미국에서 수 년 동안 시행된 여론조사에서는 응답자의 82퍼센트가 '자연의 아름다움에 깊이 감동한 적'이 있으며, 45퍼센트가 자연 속에서 '심오한 영적 체험'을 했다고 답변했다. 왜 그럴까?

우리 인간은 자신이 삶을 통제할 수 있다는 '통제력 착각'으로 세상을 살아가는데, 실제로 통제할 수 없다는 게 너무 많다는 걸 깨닫게 되면 스트레스를 받고, 심지어 절망까지 하게 된다. 자연에서 멀리 떨어져 사는 우리는 현실 감각을 잃기 쉬운데, 바로 대자연이 우리에게 이 현실 감각을 돌려준다. 자신의 이해관계에서 자유로운 상황에서 우리는 자신이 얼마나 왜소하고 무기력한 존재인지 확실하게 깨달으면서 오히려 평온을 누리게 된다는 이야기다.[33]

따라서 일시적이라도 평온을 원한다면 대자연과 접할 수 있는 여행을 떠나는 게 가장 좋다. 그렇게 할 수 있는 돈과 시간적 여유가 없는 사람이 손쉽게 대용품으로 할 수 있는 건 텔레비전의 자연 다큐 프로그램 시청이다. 자연 다큐를 보는 것만으로도 인간의 왜소함을 느끼면서 겸허해지는 마음과 더불어 평온을 누릴 수 있게 된다. 자연 다큐는 노인들이 좋아하는 것으로 알려져 있지만, 그게 무슨 상관인가.

그게 상관이 있다고 생각하는 사람이 일상에서 가장 쉽게 평온한 척할 수 있는 행동은 등산이다. 등산이 힘들거나 시간이 없어서 곤란하다면 산책을 하면 된다. 산책을 즐긴다고 해서 '겉멋'이라거나 '허세'라고 볼 사람도 없으니 그 얼마나 좋은가. 요즘 미세먼지가 산책을 방해하는 복병으로 등장했는데, 참으로 통탄할 일이다. 그래도 굴하지 말고 미세먼지가 없거나 약한 날을 택해 마스크로 중무장을 하고서라도 산책에 나서보자.

평온에 반대하고 성공에 집착하는 사람도 산책을 이용할 수 있다. 어느 자기계발서에 나오는 조언을 읽다가 웃음을 터뜨리긴 했지만, 꽤 그럴듯해 보인다. "고급 주택가를 산책한다. 큰 저택이나 고급 승용차를 바라보고 그 호화로운 분위기를 맛보며 내일은 나도 이 일원이 된다고 마음속에 그린다."[34] 당신이 이 말을 듣고 웃었다면, 당신은 평온에 친화적인 사람일 가능성이 높다.

상처받지 않을 자유

◇◇◇◇◇◇◇◇◇◇◇◇

"세상엔 민감해서 상처를 받는 사람들과
둔감해서 상처를 주는 사람들이 있는데,
왜 우리는 전자를 향해서만 둔감해지라고 권하는 걸까?
후자에게 민감해지라고 말할 수도 있는 게 아닐까?"

솔직을 빙자한 무례

2018년 2월 22일 평창올림픽 쇼트트랙 남자 5,000미터 계주 결승 경기에서 강력한 우승 후보였던 한국은 임효준이 넘어지는 바람에 4위에 그쳤고, 금메달은 헝가리, 은메달은 중국, 동메달은 캐나다에 돌아갔다. 은메달을 딴 중국 선수들이 중국에 돌아가 방송 좌담회에서 "언제 가장 행복했느냐?"는 질문을 받았다. 그러자 런쯔웨이任子威라는 선수가 "임효준이 넘어질 때 행복했다"고 답했다. 그래도 최소한의 양심은 있었던지 스스로 "제가 너무 저급한가요?"라고 묻자, 사회자는 "아니요. 솔직한 겁니다"라고 답했다.

이 장면을 텔레비전 뉴스를 통해서 보면서 '솔직을 빙자한 무례'의 끝판을 보여준다는 생각이 들었다. 아니 그건 솔직도 아니다. 사람들은 자신의 감정을 날 것으로 배설하는 걸 솔직이라고 착각하는 경향이 있는데, 그건 배설이지 솔직이 아니다. 하지만 배설을 솔직으로 여기는 사람이 워낙 많으니, 그것마저 솔직으로 불러주기로 하자. 문제의 중국 선수는 솔직하긴 했지만, 동시에 무례했고 야비했다.

전 세계적으로 솔직을 빙자한 무례의 달인은 단연 미국 대통령 도널드 트럼프Donald Trump다. 널리 알려져 있다시피, 트럼프는 '있는 그대로의 세상을 말하는telling it like it is' 것을 자신의 정치적 자산으로 삼았다. 그는 대선 출마를 선언하는 날부터 멕시코를 겨냥, "그들은 문제가 많은 사람들을 (미국으로) 보내고 있다. 이들은 성폭행범이고 마약, 범죄를 가져오고 있다"고 말해 뜨거운 논란을 불러일으켰다. 이에 다른 공화당 후보들까지 펄쩍 뛰면서 트럼프의 막말을 비판했지만, 이 발언 이후 트럼프의 지지율은 오히려 수직 상승했다. 지지자들은 트럼프의 그런 '솔직함'에 열광했고, 결국 그 덕분에 트럼프는 대통령에 당선될 수 있었다.

있는 그대로의 세상을 보자면, 미국 사회엔 인종차별이 엄연히 존재한다. 차별을 할 수 있는 위치에 있는 사람들의 마음속에 뿌리 깊게 자리 잡고 있다. 하지만 공식적인 사회적 차원에선 인종차별은 해선 안 되는 금기로 간주된다. 이런 경우에 솔직함이란 무엇을 의미하는가? 기존 제도와 사회적 합의를 무시하거나 그 파괴를 꿈꾸면서 차별을 수반하는 욕망을 자유롭게 표현하고 실천할 수 있는 자유인가?

솔직을 빙자한 무례는 인간관계에서 자주 나타난다. 테네시 윌리엄스Tennessee Williams, 1911-1983의 희곡『욕망이라는 이름의 전차』엔 '솔직을 빙자한 무례의 달인'이라고 할 수 있는 인물이 등장하는데, 윌리엄스가 이런 말을 남겼다는 게 흥미롭다. "잔인한 사람은 자신을 솔직함의 본보기라고 말한다."[1]

세상이 갈수록 잔인해지는 걸까? 언제부턴가 솔직을 빙자한 무례가 너무도 당당하게 저질러지고 있는 게 아닌가 하는 느낌을 받을 때가 많다. 이 현상을 사회학적으로 다룬 책이 리처드 세넷Richard Sennett의『공적 인간의 몰락』이다.

공적 인간은 공적 영역에서 정해진 관습에 따라 행동하던, 옛 금기 문화에서 살던 사람들을 말한다. 공적 인간은 다른 사람 앞에서 감정을 내보이며 진정성 있게 행동하기보다는 상대를 배려하는 가면을 쓴다. 그런데 감성과 진정성을 좇는 현대사회에서는 친밀함의 과대평가로 인한 '친밀함의 독재tyranny of intimacy' 현상이 일어나면서 이런 공손한 사회적 관습이 사라져가고 있다. 가면을 쓰는 것이 정중함의 본질임에도 가면을 쓰는 행동은 진실하지 않고 도덕적으로 타락한 행동이라고 오해하는 일이 벌어진 탓이다.[2]

세넷의 이런 '친밀함의 독재' 개념을 발전시킨 스벤 브링크만Svend Brinkmann은 개인 생활에서든 학교에서든 직장에서든 감정을 토대로 한 진정한 만남이 인간관계의 이상이 되지만, 이런 이상 때문에 사람들은 끊임없이 서로에게 상처를 주게 될 뿐이라고 경고한다. 요즘 학교와 직장에서 따돌림 현상이 유행병처럼 번지는 것도 바로 그런 이유와 무관치 않다는 것이다.[3]

청춘 남녀 사이에 유행한다는 '썸'도 그렇게 볼 수 있지 않을까? 최은주는 "어떤 면에서 '썸'은 급변하는 불안정한 현실세계에 밀착된 세대들에게는 감정을 아끼면서 상처를 덜 받기 위한 자구책일 수도 있다"며 '상처받지 않을 자유'에 대해 말한다.[4]

'상처받지 않을 자유'를 훼손하는 최대의 적이 바로 '친밀함의 독재'다. 이게 가장 많이 일어나는 때가 바로 설이나 추석 같은 명절이다. 친족이라는 친밀함을 앞세워 언어폭력이 무차별적으로 일어난다. 한 취업 포털사이트가 1,546명을 대상으로 조사한 결과를 보면, '설 연휴를 앞두고 가장 걱정되는 것'으로 '잔소리 등 정신적 스트레스'(26.7퍼센트)를 꼽은 사람이 가장 많았다. 취업 포털사이트의 조사인 만큼 "너 뭐 먹고살래?", "올해 네가 몇 살이지?", "결혼은 할 수 있겠니?" 등이 가장 듣기 싫은 잔소리로 꼽혔다. 응답자의 37.8퍼센트는 이런 스트레스 때문에 아예 고향에 가지 않을 계획이라고 했다.[5]

한 설문조사에서는 응답자의 10명 중 8명이 '설날' 하면 생각나는 게 '스트레스'라고 답했다. 명절이면 실제로 몸과 마음이 아픈 '명절 증후군'이 고질병이 된 것이다. 최근 5년간(2010~2014

년) 화병으로 병원을 찾은 환자를 분석해보니 설 연휴 다음 달인 3월 환자 수가 가장 많고, 추석 기간인 9·10월이 뒤를 이었다는 것이다. 여성 수가 훨씬 많고 50대 이상에선 여성이 남성보다 두 배나 많았다. 매년 명절 연휴엔 가정 폭력 신고가 평소보다 20~40퍼센트 급증하는 등 친족 간 범죄가 크게 늘어나는 것도 바로 그런 이유 때문이다.[6]

일부 자기계발서들은 내면의 감정을 그대로 따르라는 말을 자주 하는데, 이런 말은 조심스럽게 적용할 필요가 있다. 남들에게 솔직을 빙자한 무례를 저지르지 않기 위해선 결코 그래선 안 된다. 내면의 감정은 발설하라고 존재하는 게 아니다. 우리는 가끔 누군가에 대해 "솔직해서 좋다"는 평을 내리지만, 그건 진심으로 하는 말이 아닐 때가 많다.

롤프 도벨리Rolf Dobelli는 "솔직함은 자신이 약속한 것을 지키고, 자신의 의견을 말하고, 원칙에 따라 행동하기 위해 아껴두라"며 "우리는 상대에게서 어느 정도의 예의범절과 매너, 자기 통제를 기대한다. 문명화된 자기 조절이다. 얼굴과 얼굴을 맞대는 상황에서는 최소한 그렇다"고 말한다.[7]

하지만 그걸 어기는 사람이 있을 땐 어떻게 할 것인가? 샘 혼Sam Horn은 "무례한 말에 대해서도 충격받기보다 즐기는 법을 익힐 필요가 있다"고 했지만, 어떻게 즐길 수 있다는 것인지 이에 대해선 말이 없다. 그저 유머로 대처하라는 말과 겨우 다음과 같은 정도의 처방만 제시한다.

"핵심은 상대의 말에 말려들어가 두 번째, 세 번째 발언이 이어지지 않게 하는 데 있다. 잠시 입을 다물었다가 화제를 다른 곳으로 돌려 새로운 대화를 시작하는 것도 방법이다."[8]

과연 그렇게까지 공을 들일 필요가 있을까? 상대방에게 무례하다고 지적하면 안 되는 걸까? 물론 권력관계가 작동하는 상황에서 내가 '을'의 입장이라면, 그렇게 하긴 어려울 것이다. 그런데 그렇지 않은 상황에서도 무한한 인내심을 발휘하는 사람들도 많다. 아무리 어렵더라도 무례한 말을 듣고 견뎌내느라 내 평온이 손상당하는 것에 비하면, 상대방의 무례를 지적하는 정도의 수고는 감수하는 게 낫다. 솔직을 빙자한 무례를 자주 저지르는 사람은 다른 사람들이 그런 무례를 받아주기 때문에 그런 것이다. 그러니 그 사람을 위해서라도 그런 지적질은 필요하지 않을까?

솔직을 빙자한 무례를 자주 저지르는 사람이 꼭 내세우는 자기 정당화의 논리가 있다. "난 뒤끝이 없다"는 말이다. 이 무슨 후안무치한 논리란 말인가?

뒤끝이란 '좋지 않은 감정이 있은 다음에도 여전히 남아 있는 감정'을 말한다. 가끔 텔레비전 예능 프로그램을 보면 '뒤끝'이란 말을 매우 부정적으로 사용하는 걸 볼 수 있다. 어떤 사람에 대해 "아, 뒤끝이 있네요"라거나 '뒤끝 작렬!'이라고 하면서 그 사람이 소심하고 꽁한 성격의 소유자라고 놀리는 식이다.

분명히 말하지만, 사람은 반드시 뒤끝이 있어야 한다! "난 뒤끝이 없다"는 말은 기분이 상한 피해자가 할 수 있는 말이지, 기분을 상하게 만든 가해자가 해선 안 될 말이다. 피해자가 뒤끝으로 인해 속을 끓인다거나 하는 2차 피해를 스스로 막기 위해 망각의 지혜를 발휘할 순 있을망정 가해자가 뒤끝 없이 지내겠다는 것은 도둑놈 심보다.

그런데도 솔직을 빙자해 무례를 잔뜩 저지르고 나서 "난 뒤끝이 없다"고 말하면 어쩌자는 건가? 그런데 의외로 그런 사람이 많다. 그래서 무슨 사건이 터질 때마다 피해자의 기억은 선명한데, 가해자의 기억은 흐릿하거나 아예 삭제된 것인지도 모르겠다. 하지만 분명히 알아두자. 가해자가 "난 뒤끝이 없다"고 말하는 건 뻔뻔한 망언이다. 가해자가 그렇게 말하면 반드시 답해주어야 한다. "그건 당신이 할 수 있는 말은 아니다"라고 말이다.

내숭 떠는 게 뭐가 어때서?

1위 '연애 경험이 없는 척'

2위 '평소 남자에게 관심이 없는 척'

3위 '무서움이 많고 약한 척'

4위 '많이 못 먹는 척'

5위 '착하고 순수한 척'

어느 네티즌이 열거한 '여자의 내숭 톱 5'다. 내숭은 남자에게
도 있을 텐데, 그건 또 내숭이라 하지 않고 '허세'라고 부른다.
'남자의 허세 톱 5'을 보자.

1위 '쎈 척'

2위 '많이 배운 척'

3위 '경제력이 좋은 척'

4위 '사회 경험이 많은 척'

5위 '분위기를 잘 맞추는 척'

이 네티즌은 아주 멋진 결론을 내렸다.

"내숭이나 허세도 나중에 수습이 가능할 정도이거나 남에게 잘 보이려는 심리를 상대방도 웃고 넘길 정도면 괜찮다고 봅니다."

그런데 세상은 이 네티즌이 생각하는 만큼 너그러운 것 같지는 않다. '내숭'에 대한 사회적 인식은 매우 부정적이다. '겉으로는 순해 보이나 속으로는 엉큼함'이란 국어사전의 정의부터 부정적이니 아무래도 내숭을 좋게 보긴 어려울 것 같다. 하지만 내숭을 부정적으로 보는 정도가 너무 심한 게 아닌가? 여성만을 대상으로 쓰는 것 자체가 성차별적인 게 아닌가? 그런 생각이 든다. 네이버 '지식인'에 오른 다음 세 건의 글이 그걸 잘 말해준다.

문 제가 친근한 선생님께는 활발하게 대하는데 그렇지 않은 선생님께는 조용히 있는 편인데 이게 내숭인가요?

답 친근한 사람에게 활발하게 대하고 그렇지 않은 사람에게 조용한 건 누구나 가진 일반적인 특성이죠. 내숭이란 본디 본마음을 숨기며 행동하여 이익을 챙기는 것을 뜻합니다. 예컨대 속으론 별로 안 좋으면서 겉 행동으론 좋아하는 척하여 상대방의 환심을 사는 행동 같은 것이지요.

문　좀 여성스럽고 얌전한 척하면서 온갖 내숭은 다 떠는 여자들 있는데 그런 여자들은 진짜로 그런 사람이 아니거든요. 여성스럽고 뭐 배운 거 마냥 행동하는 여자들 구분법 좀요.

답　모든 말과 행동에서 진심일까? 아닐까? 긴가 민가 싶다면 좀 확인해볼 내숭녀일 수 있구요. 내숭이라는 것이 속마음을 솔직히 표현하지 않는 성질이라고 할 수 있는데요, 좀 귀여운 것 같아요. 또한 이런 스타일로서 사기성을 띠기도 하니까, 잘 구분하셔야겠습니다.

문　'내숭 떤다'도 모욕죄에 해당하나요? 다른 사람들이 있는 자리에서 '쟤는 내숭이 장난이 아니다'라고 하며 함께 있던 일행에게 제 눈앞에서 이야기했습니다. 당시 녹음이나 동영상은 구하기 힘들 것 같아 다시 자리를 마련하여 이야기했습니다. 당시 다른 사람들 앞에서 그렇게 얘기했던 것도 이야기할 때 인정했고(녹음했음), 자신은 진심이 아니였다 근데 니가 이상하게 받아들인 거라고 하고, 하지만 제가 우울증 걸릴 거 같다라고 하니 콧방귀를 뀌고, 사람 이상하게 만든다며 오히려 다시 화를 냈습니다. 그 외에도 다른 남자의 손을 잡으라고 애교 부리라고 강요했습니다. 본인은 아니라고 하지만 그런 것에 보수적인 편인 저는 회사에서 매일 볼 때마다 스트레스가 쌓여왔습니다. 그로 인해 정신과에 가서 치료를 받을 예정입니다. 신고가 가능할까요?

답 수치심을 주는 모욕 행위에 해당되므로 증거 또는 증인을 준비하여 경찰서에 고소를 할 수 있습니다.

'네이버 지식백과'에 나오는 다음 글도 내숭에 대해 매우 부정적이다.

내숭을 상습적으로 떨고 또 그것을 아무렇지도 않게 생각하는 사람은 '내숭' 중에서도 '왕내숭' 또는 '내숭 원단原緞'이다.⋯⋯다양한 기질의 사람이 섞여 사는 복잡한 사회에 '내숭'이 없을 수야 없겠지만 '왕내숭'이나 '내숭 원단'이 많은 사회는 건강한 사회가 아니다. 눈 가리고 아웅 하듯 엉큼한 마음으로 상대방의 마음을 흐리게 하고, 더 나아가 사회에 불신을 조장하기 때문이다. 그래서 우리는 겉과 속이 언제나 같은 인격자를 그리워한다. 이런 사람은 모든 사람을 진실로 대하고, 또 변함없는 태도로 대한다.

내숭에 대한 부정적인 인식의 선의는 얼마든지 이해할 수 있지만, 과연 겉과 속이 언제나 같은 사람이 진정한 '인격자'인지, 겉과 속이 언제나 같은 게 가능하며 좋기만 한 건지 의문이 든다. 앞서, 공적 인간은 다른 사람 앞에서 감정을 내보이며 진정성 있게 행동하기보다는 상대를 배려하는 가면을 쓴다고 했는데, 내숭도 '상대를 배려하는 가면'이라고 하는 관점에서 볼 수는 없는 걸까?

우리는 '가면'이라고 하면 겉과 속이 다른 이중성을 연상해 부정적으로 생각한다. 하지만 윌리엄 셰익스피어William Shakespeare, 1564-1616가 다음 말에서 쓴 용법으로 생각하면, 자신에게도 그런 가면이 있다는 걸 흔쾌히 인정하게 될 것이다.

"이 세상은 무대이며 모든 남자와 여자는 배우이다. 그들은 각자의 배역에 쫓아서 등장했다가는 퇴장하지만 사람은 한평생 동안 여러 가지 역을 담당한다."

이 말을 사회학적 관점에서 이해하고 현실에 적용하려고 애썼던 학자가 있다. 어빙 고프먼Erving Goffman, 1922-1982이다. 그는 커뮤니케이션을 '상황 조작에 의한 인상 관리 행위'로 정의했는데, 이는 우리가 상황에 따라 다른 '사회적 가면'을 쓴다는 의미다.[9]

나는 개인적으로 그런 사회적 가면이 폭로되어 곤혹스러웠던 경험이 있는데, 거의 30년 전의 일이다. 강원도로 학생들의 수학여행을 따라갔는데, 어느 콘도에서 숙박을 했다. 휴대전화가 나오기 전의 시절인지라 밤늦게 콘도 내에 있는 공중전화 박스에서 아내에게 전화를 했다. 나는 당시 신혼이었기에 얼마나 아내가 보고 싶은지 그걸 내 딴엔 실감나게 표현했다. 온갖 아양을 떨면서 그랬다고 해도 부인하지 않겠다. 사랑하는 내 아내만 듣는 말인데, 무슨 말인들 못하겠는가.

그런데 이게 웬일인가. 늦은 밤이었던지라 학생들이 콘도 안에 있을 거라고 생각한 게 실수였다. 공중전화 박스 옆엔 작은 숲이 있고 그 숲엔 벤치가 있었는데, 학생들이 그 자리에서 나의 온갖 아양을 다 들은 것이다! 그건 정말이지 학생들에게 보여주고 싶지 않은 모습이었다. 수학여행을 다녀온 후에도 한동안 학생들은 나만 보면 뭘 안다는 듯 슬그머니 미소를 짓는 방식으로 나를 괴롭혔다.

생각해보자. 교수가 학생들에게 보이고 싶어 하는 인상과 자신의 아내에게 보이고 싶어 하는 인상은 전혀 다를 것이다. 학생들도 마찬가지다. 교수를 만날 때, 가족을 만날 때, 이성 친구를 만날 때 보이는 인상은 각기 다르며, 달라야만 한다. 그렇게 각기 다른 인상을 '가면'이라고 부르는 것이다. 그런 다양한 가면을 쓰지 않고 누구를 만나건 똑같은 얼굴과 말투와 제스처를 보인다면, 그거야말로 정신 나간 사람의 행태가 아닐까?

우리는 똑같은 사람을 만나더라도 공적 영역과 사적 영역에서 각기 다른 가면을 쓰기도 한다. 우리는 늘 공과 사의 구분이 중요하다고 말하면서도 그건 좋지 않게 보는 경향이 있다. 달리 말해, 상황에 따라 다른 가면을 쓰는 것에 대해 자신에겐 너그러우면서도 남들에겐 그런 가면 없는 일관성을 요구하는 경향이 있다는 것이다.

어느 정도 이미지 포장이 필요한 연예인은 우연한 기회에 그 포장이 벗겨지면 매우 곤혹스러운 상황에 처하게 된다. 이기적이고 탐욕스러운 이미지를 가진 연예인이 봉사와 기부를 많이 했다는 미담이 알려지면 박수를 받겠지만, 그 반대의 경우가 훨씬 많다.

최근 논란이 된 '워너원 방송사고'도 그런 경우다. 음악 플랫폼 엠넷닷컴의 '스타라이브'에 출연한 이들이 무대에 오르기 전 나눈 대화가 여과 없이 방송되었으니 이 노릇을 어이하랴. 그들의 대화 내용은 그간 알려진 이미지와는 많이 달랐다. 하지만 그들의 '민낯'이 공개되었다며 '인성'까지 거론하고 나서는 비판은 지나친 것 같다.

상황에 따라 각기 다른 인상을 보여야 할 필요성은 남녀노소를 막론하고 누구에게나 다 해당되는 것이다. 그런데 왜 유독 젊은 여자가 남자들 앞에서 쓰는 가면만을 내숭이라고 부르면서 온갖 부정적 평가를 해대는 걸까? 이거 좀 이상하지 않은가?

고프먼은 자신의 논지를 전개하기 위해 여대생들의 예를 자주 드는데, 아마도 자신의 이론에서 매우 중요한 위치를 차지하고 있는 내숭이 남자보다는 여자에게 발달되어 있다고 생각한 것 같다. 고프먼은 "종종 미국의 대학교 여학생들은 데이트할 만한 남학생 앞에 있을 때, 자신들의 지성과 재능, 결단력 등을 낮추어 보이고자 한다"며 다음과 같이 말한다.

"그들은 자기들이 이미 알고 있는 것들을 남자 친구들이 지겹게 설명할 때 참고 들어주는 공연자들이라는 것이다. 또한 그들은 수학이 서투른 애인들 앞에서는 수학을 더 잘할 수 있음을 숨기기도 하고, 탁구 경기에서는 끝나기 직전에 져주기도 한다. 때때로 긴 단어의 철자를 틀리게 쓰는 것은 가장 멋진 기교 중의 하나이다. 그러면 내 남자 친구는 굉장한 쾌감을 느끼고서 답장을 보내주게 된다. '얘, 넌 정말로 철자도 잘 모르는구나!' 이런 모든 것을 통해 남자의 자연스러운 우월성이 과시되어지고 여성의 약한 역할이 확인된다."[10]

텔레비전 예능 프로그램에선 여자들의 이런 내숭이 종종 이야깃거리가 되면서 그걸 까발리는 걸 재미의 포인트로 삼고 있지만, 실제 세계에선 '내숭 까발리기'는 위험한 일일 수 있다. 프라이버시 보호 차원에서 말이다. 사실 고프먼의 이론은 프라이버시 보호의 필요성을 강하게 주장하는 사람들의 논거로 이용되기도 한다. 사생활의 공개를 주장하는 사람들은 사람들이 사회적 활동을 위해 쓰고 있는 가면이 우리의 진정한 자아를 가리고 있다고 주장한다. 이런 주장에 대해 제프리 로즌Jeffrey Rosen은 다음과 같이 반론을 편다.

"교수인 나는 학생들을 대할 때, 동네 세탁소 주인을 대할 때 각각 다른 사회적 가면을 이용한다. 만약 이 가면들을 모두 강제로 벗겨버린다면 남는 것은 진정한 자아가 아니라 방어 능력을 잃어버린 상처 입은 인간일 것이다. 고프먼은 또한 사람들이 무대에 서는 배우들처럼 무대 뒤의 공간을 필요로 한다고 주장했다. 이 공간에서 사람들은 남들 앞에서 쓰고 있던 가면을 벗어버리고 추잡한 농담을 지껄이기도 하면서 사회생활의 불가피한 일부인 긴장을 털어낸다."[11]

내숭이 남자보다는 여자에게 발달되어 있다면, 그것은 남자의 우월성이 과시되고 여성의 약한 역할이 확인될 것을 요구하는 사회 시스템과 풍토의 탓이지, 여자들의 탓이 아니다. 그런 시스템과 풍토로 인한 여자의 언행마저 여자의 책임으로 묻는다면, 그거야말로 전형적인 '피해자 탓하기'가 아닐까? 이런 문제의식을 갖고 내숭 떨기에 강한 사람은 좀더 당당하게 내숭에 임하기를 바라마지 않는다. 물론 세상을 진짜 연극 무대처럼 생각하고 행동하는 이른바 '연극성 성격장애'의 근처에까진 가지 않을 수준에서 말이다.

제2장 상처받지 않을 자유

'민감'을 탄압하는 사회

"너 민감하구나!" 민감한 사람이 이런 말을 들으면 무척 억울해한다. 그 어떤 상황에서 벌어진 일에 대한 그 사람의 반응은 전적으로 민감한 성격 탓으로 돌려지니 어찌 억울해하지 않을 수 있겠는가. 그래도 그렇게 말하는 것은 점잖은 편이다.

"너는 매사에 어쩜 그렇게 예민하고 유난스럽게 구니?" 이건 걱정이 아니라 아예 욕이나 다를 바 없다. 전체 인구의 20퍼센트가량이 민감한 성향을 갖고 있는 것으로 추산된다는데, 적지 않은 규모임에도 민감한 사람들은 2퍼센트의 극소수자나 되는 것처럼 유별난 사람으로 취급받으며 살아가야 하니 이건 영 정의롭지도 않다. 아니 2퍼센트인들 그래서야 쓰겠는가.

사람들은 민감한 사람을 내향적인 사람일 것이라고 지레 짐작하지만, 민감한 사람 중 30퍼센트가 외향적인 성향을 갖고 있다. 민감하면서도 외향적인 사람은 성장해온 환경 때문에 많은 사람과 어울리는 것에 익숙한 것일 뿐, 혼자 조용히 자기만의 시간을 갖는다는 점에서 다른 외향적인 사람들과는 구분된다.[12]

민감하면서도 외향적인 사람은 사회적 탄압의 대상은 아니다. 이는 민감성에 대한 사회적 탄압이 사실상 내향성에 대한 탄압이라는 걸 말해준다. 심리치료사인 일자 샌드Ilse Sand에 따르면, 내담자들에게 그들이 내향적이라고 이야기하면 "나는 내향적인 사람이 아니에요. 혼자 있거나 가만히 앉아 있는 걸 좋아하지 않는걸요"라고 하면서 부정하는 경우가 대부분이라고 한다.[13]

외향성이 강한 미국에서도 내향적인 사람은 전체 인구의 3분의 1 혹은 2분의 1가량이나 된다. 두세 명 중 한 명은 내향적이라는 이야기다. 그럼에도 지금 우리는 외향성을 찬양하고 내향성을 탄압하는 사회에 살고 있다. 특히 행동, 속도, 경쟁, 추진력 등에 높은 가치를 두는 사회에선 "너는 밖으로 나가 사람들과 더 어울려야 해!" 증후군이 존재하기 때문에,[14] 내향성은 곧 '루저'의 자질로 간주되는 것이다.

일자 샌드는 "지금은 내향적이라는 말이 모욕적인 단어로 받아들여지는 시대인 것 같다"며 "내향적이라는 표현은 말을 걸기 어렵고, 남들에 대해 무관심하고, 자기 망상에 사로잡히거나, 사이버공간에 빠져서 혼자 시간을 보내는 사람을 연상시킨다"고

제2장 상처받지 않을 자유

말한다.[15]

수전 케인Susan Cain은 "내향성은 (그 친척뻘인 섬세함, 진지함, 수줍음과 함께) 이류로 여겨지고 있는 성격 특성으로, 실망스러운 일 아니면 병적인 것 사이의 어딘가에 있다"며 "'외향성 이상'을 떠받드는 세상에서 살아가는 내향적인 사람은 남자들의 세상에 사는 여자처럼, 정체성의 핵심을 이루는 특성 때문에 무시당한다"고 말한다.[16]

물론 한국도 미국 못지않게 민감을 탄압하고 둔감을 예찬하는 사회다. 그렇게 된 이유는 다르지만, 우리에겐 그럴 수밖에 없었던 세월이 너무 길었다. 멀리 갈 것도 없이 1970년대와 1980년대만 해도 인권에 민감했다간 감옥에 끌려가기 십상이었던지라 둔감해야만 나와 가족의 안녕을 보장받을 수 있었다. 그런 세상은 지나갔지만, 그때 집단적으로 형성된 둔감의 습속은 오늘날 우리의 일상적 삶을 여전히 지배하고 있다.

물론 일상적 삶에서 둔감은 바람직한 면도 있다. 너무 민감해서 자주 상처받는 사람이 좀 많은가. 일본의 의사이자 작가인 와타나베 준이치渡邊淳一가 『둔감력』이라는 책에서 요즘 같은 세상에서 살려면 좀 둔해져야 한다며 '둔감력鈍感力'의 장점을 역설한 것도 바로 그런 사람들을 위한 것이다.[17] 같은 취지에서 한국의 이시형도 『둔하게 삽시다』에서 둔하게 사는 삶의 장점을 역설한다.[18]

둘 다 좋은 책이지만, 모두가 다 둔하게 사는 세상의 문제는 없을지 한 번쯤 생각해보는 것도 좋을 것 같다. 세상엔 민감해서 상처를 받는 사람들과 둔감해서 상처를 주는 사람들이 있는데, 왜 우리는 전자를 향해서만 둔감해지라고 권하는 걸까? 후자에게 민감해지라고 말할 수도 있는 게 아닐까? 전자를 향해서만 해법을 제시하다 보면 민감한 사람은 내내 둔감을 훈련해야 하는 상황에 처하게 되고, 세상은 영영 바뀌지 않을 것이다. 이대로 좋은가?

국민적 지탄을 받는 한국 정치가 바뀌기 어려운 이유는 법이나 제도만의 문제가 아니다. 정치인이 될 수 있는 첫 번째 자격을 둔감력으로 보는 걸 당연하게 여기는 우리의 풍토에 있다. 그걸 가리켜 '정치적 근육'이라고 부르기도 하는데, 그걸 가져야만 정치판에 뛰어들 수 있고 성공할 수 있다는 게 어느덧 상식처럼 자리 잡고 말았다.

그 선의는 어느 정도 이해할 수 있다. 정치가 좀 힘든가. 무엇보다도 수많은 인신공격성 비판을 견뎌내고 위기 상황에 의연하게 대처할 수 있는 맷집과 뚝심이 있어야 한다는 뜻으로 그리 말하는 것이겠지만, 뒤집어서 생각해볼 필요도 있다. 그런 자질은 좋은 방향으로만 작동하는 게 아니다. 나쁜 방향으로 작동하면 그건 비판에 둔감해져야 한다는 것이고, 이게 습관으로 굳어지면 '후안무치厚顔無恥'가 된다.

물론 대통령과 같은 정치 지도자처럼 정치적 지위가 높아질수록 비판에 일일이 반응할 수 없다는 건 이해할 수 있거니와 당연한 일이기도 하다. 정치권엔 "금배지를 다는 순간 모두 다 대통령을 꿈꾼다"는 속설이 있다지만, 문제는 거의 모든 정치인이 대통령 흉내를 낸다는 점이다. 비판에 둔감한 것을 정치인의 자격요건인 양 생각하고 행동하는 사람이 너무 많다는 것이다.

지금 한국 정치가 욕을 먹는 가장 큰 이유는 정치인들의 후안무치가 아닌가. 그런데 기질적으로 비판에 민감하고 후안무치를 할 수 없는 사람은 아예 정치판에 뛰어들 수도 없다는 이야기이니, 이러고서야 정치가 어찌 바뀔 수 있겠는가. 아니 정치인만 탓할 일이 아니다. 모든 분야에 걸쳐서 우리는 '강한 멘탈'과 '강한 정신 근육'을 가진 사람만이 살아남고 성공할 수 있는 조직 문화를 키워가고 있다. 우리는 사회적으로 누가 덜 민감한가 하는 경쟁을 하고 있는 셈이다.

그게 거스를 수 없는 인간 세계의 법칙이라면 내키지 않아도 따라야 하겠지만, 그건 결코 그렇지 않다. 정치인과 관료가 시민의 요구와 비판에 민감하게 반응하는 정도는 나라마다 다르다. 한국이 세계적인 '시위 공화국'이 된 것은 정치인과 관료가 시민의 요구와 비판을 둔감력으로 대처하는 것을 기본자세로 삼고 있다가 언론 보도가 될 정도의 집단적 시위에 나설 때에 다소 민감한 척하는 행태를 보이기 때문이다.

지금 일어나고 있는 미투 열풍은 크게는 약자를 탄압하고 착취하는 인권유린에 대한 저항이지만, 작게는 바로 그런 풍토가 조성해온 '둔감한 사회'에 대한 저항이라고 볼 수 있다. 남성일지라도 일상적 삶에서 여성에 대한 성희롱이나 성추행의 소지가 다분한 언행에 대해 이의를 제기하면 주변에서 "예민해졌다"는 말을 듣기 십상이다.[19] 그런 말을 들을까봐 침묵하는 남자도 많다. 교수의 성추행에 저항하지 못했던 어느 여학생은 졸업 후 그 이유에 대해 스스로 "제가 너무 유난이고 예민한 것이라고만 생각했었다"고 털어놓았다.[20]

실제로 가해자 측은 피해자의 '민감'을 방어 논리로 활용하기도 한다. 성폭력 혐의로 재판을 받고 있는 어느 대학교수의 변호인은 재판부에 보낸 의견서에서 피해자에 대해 "민감한 성격", "피해의식이 보통 사람들보다 강하다"며 피해자 탓을 했다. 게다가 피해자는 가해자를 옹호하는 주변 사람들부터 왜 피고인을 용서하지 않느냐는 비난까지 듣고 있다니, 이 정도면 적반하장賊反荷杖이 아니고 무엇이랴.[21]

민감을 탄압하는 둔감한 세상에선 일상의 '마이크로어그레션 microaggression(아주 작은 공격)'에 이의를 제기하는 사람은 무조건 '프로불편러'로 찍히기 십상이다. 마이크로어그레션은 하나하나는 너무 작아 티가 나지 않아 쌓이고 나서야 보이는 미세먼지 같은 차별이라고 해서 국내에선 '먼지차별'이라고도 불린다. 일상에

서 여성에 대해 흔히 저질러지는 '먼지차별'은 다음과 같은 발언
들이다.

> "여자는 능력 없으면 그냥 취집(취업+시집)가."
>
> "넌 살만 빼면 남자들한테 인기 많을 거야."
>
> "직업이 교사면 나중에 시집 잘 가겠네."
>
> "안 그렇게 생겼는데 담배를 피워?"
>
> "얼굴 예쁘면 3개월, 요리 잘하면 평생 사랑받아."[22]

민감한 사람의 모든 행동이 다 바람직하거나 옳다는 이야기가
아니다. 민감한 사람은 일반적으로 보통 사람들에 비해 더 창의
적이고, 세심하며, 협력적이고, 인과관계를 잘 파악하는 장점이
있지만, 주변에서 벌어지는 일을 빠르고 정확하게 인지하다 보
니 지나친 자극을 받을 수 있으며, 남들의 반응에 무척 큰 영향
을 받기 때문에, 자신의 가치를 평가절하하거나 큰 상처를 받을
수 있다.[23] 그러다가 어느 임계점을 넘어서면 전혀 다른 사람으로
변할 수도 있다. 오래전 카를 구스타프 융Carl Gustav Jung, 1875-1961은
이 점을 예리하게 포착했다.

"극도의 민감성은 인격을 풍요롭게 만든다. 단지 비정상적이
고 어려운 상황에서만 이러한 장점이 매우 심각한 단점으로 바
뀐다. 그것은 민감한 사람들의 침착하고 신중한 성향이 갑작스

러운 상황으로 인해 혼란을 겪기 때문이다. 그러나 극도의 민감성을 본질적으로 병적인 성격의 구성 요소로 간주하는 것은 심각한 오류다. 그렇다면 우리는 인류의 4분의 1을 병적으로 규정해야 할지도 모른다."[24]

민감성을 병적으로 규정하거나 부정적으로 보는 데엔 '질'보다는 '양'을 우대하는 사회 풍토도 적잖은 영향을 미치고 있다. 우리는 친구가 많으냐 적으냐만 따질 뿐, 어떤 깊이로 친구를 사귀느냐는 별로 따지지 않는다. 성공에 큰 영향을 미치는 '인맥'이라는 개념 자체가 양적인 발상이 아닌가. 이는 매사에 질 위주의 사고방식과 기질을 갖고 있는 민감한 사람에겐 불리하게 작용할 수밖에 없다.

내향성과 민감성을 탄압하는 사회의 병폐를 바꿔나가는 노력은 지속적으로 하되, 우선 당장 개인 수준에서 대처할 수 있는 방안은 무엇일까? 우선 자신의 비교 우위를 확실하게 아는 게 좋을 것 같다. 일자 샌드는 "자기 자신을 양으로 측정하지 않고 질로 측정하는 방법을 배워야 한다"며 "당신은 남들처럼 생산적이거나 효율적이지는 못하지만, 질적으로 우수한 일을 해낼 수 있고, 좁은 폭을 깊이로 상쇄할 수 있다"고 말한다.[25]

어떤 사람들은 스스로 무뎌지는 법을 연습해서 사회적 탄압을 피해가려고 시도하기도 하지만, 모두가 다 그렇게 할 필요는 없다. 사실 정작 중요한 것은 외부의 탄압보다는 내면의 탄압이다.

계속 민감하게 살면서 사회적 탄압을 받더라도 자신에 대한 부정적인 생각이나 느낌에 사로잡히지 않고 상처도 받지 않으면 된다. 스스로 주눅 들지 말자는 것이다. 그래야 부당한 일을 당하면서도 자신이 너무 유난스럽거나 예민한 게 아닌가 하는 자책에서 벗어날 수 있고, 화를 내거나 저항하는 다음 단계로 나아갈 수 있다. 민감한 사람에게 중요한 것은 '문제는 내가 아니라 사회'라는 인식을 확고히 하는 것이다.

남들은 그렇게 한가하지 않다

"그렇게 입고 가면 어떡해?" "여보, 남들은 내게 그렇게까지 신경 안 써." 좀 차려입고 나가야 할 일이 있을 때마다 아내와 나 사이에서 주고받는 대화의 전형이다. 아내는 옷의 색이 안 맞는다는 등 이모저모 신경을 써주려고 애쓰지만, 대충 입고 가려는 나의 한결같은 주장은 내가 그렇게 대단한 사람이 아니라는 것이다.

과연 누가 옳은지는 모르겠지만, 이런 상황과 관련해 심리학엔 '조명 효과spotlight effect'라는 게 있다. 조명 효과는 연극 무대 위에서 조명을 받는 배우처럼 자신이 다른 사람들의 관심을 집중적으로 받고 있다고 생각하는 현상을 말한다. 실제로는 전혀 그렇지 않은데, 다른 사람이 자신의 외모와 행동을 주시하고 있어

사소한 변화도 다른 사람들이 알아차릴 것이라고 생각하는 것이다.[26]

'조명 효과'라는 말을 만든 토머스 길로비치Thomas Gilovich는 1998년 '가장 볼품없어 보이는 연예인' 1위를 차지한 가수 배리 매닐로Barry Manilow의 얼굴이 새겨진 티셔츠를 입은 학생들을 강의실로 들여보내는 실험을 했다. 티셔츠를 입은 학생들은 부끄러워했지만, 그런 몰취향의 티셔츠를 눈여겨본 학생은 별로 없다는 사실이 드러났다. 티셔츠를 입은 학생들은 자신의 티셔츠에 그려진 사람을 알아보는 사람이 46퍼센트일 거라고 예측했지만, 실제로 해당 집단에서 그 수치는 21퍼센트에 불과했다. 인기 없는 인물이나 이미 사망한 사람의 사진이 찍힌 티셔츠를 입었던 경우에는 그것을 기억하는 비율이 8퍼센트로 아주 낮았다.[27]

이건 무얼 말하는가? 다른 사람들은 우리가 생각하는 만큼 그렇게 한가하지 않다는 걸 말해준다. 그 누구건 집 밖의 장소에선 고개를 이리저리 돌리며 주변의 풍경이나 사람들에게 시선을 주기 마련이다. 어쩌다 그 시선과 마주쳤다고 해서 그 사람이 나를 주시하고 있었다고 생각하면 큰 착각이다. 게다가 그 시선이 자신을 '째려보는' 것으로 착각하면 불상사가 빚어진다. 포털사이트에서 "왜 째려봐"로 검색을 해보면 수많은 기사가 뜬다.

「"왜 째려봐" 화장실로 팬 데려가 위협한 걸그룹 매니저 논란」.

「"왜 째려봐" 30대 여, 대낮에 도심서 흉기 휘둘러」.

「"왜 째려봐"…식당서 옆 테이블 손님 폭행 20대 벌금형」.

「"왜 째려봐"…버스에서 내려 묻지마 폭행 30대 구속」.

「"왜 째려봐" 고교생 오토바이 차로 들이받은 20세 남」.

「"왜 째려봐" 행인과 시비…말리는 아버지도 찔러」.

「"왜 째려봐!" 고교생 선후배 3명 주먹질 입건」.

"기분 나쁘게 쳐다본다"로 검색을 해봐도 수많은 기사가 뜬다.

「"기분 나쁘게 쳐다본다" 클럽서 만취 흉기 난동…14명 부상」.

「"기분 나쁘게 쳐다본다" 중장년들 패싸움…흉기 찔린 2명 중상」.

「"기분 나쁘게 쳐다본다"…중학생 폭행한 40대 구속」.

「"기분 나쁘게 쳐다본다", 70대 노인 폭행 여성 구속」.

「"기분 나쁘게 쳐다본다" 시비 몸싸움 하다 의식불명」.

「"기분 나쁘게 쳐다본다" 3시간 동안 때리고 옷 벗겨」.

'시선의 재앙'이라고나 할까? 신문에 나지 않은 자잘한 사건들까지 포함하면 매일같이 전국 방방곡곡에서 이와 같은 일이 무더기로 벌어지고 있다고 보아도 무방하다. 물론 그런 일로 폭력을 쓴 사람들은 대부분 폭력을 쓰고 싶은 건수를 잡기 위해 안달한 사람들로 '조명 효과'와는 무관하겠지만, 우리가 남들의 시선

제2장 상처받지 않을 자유

에 지나치게 민감하다는 건 분명하다.

조명 효과는 자기중심주의에서 비롯된다. 우리는 자신은 물론 자신이 하는 모든 일을 중요하게 생각하며, 그래서 다른 사람들 역시 자신을 주의 깊게 관찰하고 있다고 여기는 경향이 있다. 자신도 주변을 두리번거렸던 경험을 떠올리면서 일순간만이라도 다른 사람의 입장이 되어보면 남들이 나에게 별 관심이 없다는 것을 분명히 알 수 있음에도 그러니, 참으로 답답한 노릇이다. 하지만 그걸 잘 알면서도 남들의 시선을 의식하지 않을 수 없는 게 있으니, 그건 바로 에티켓이다.

미국 유학 시절, 내가 존경했던 어느 노 교수는 반바지 차림으로 백팩을 메고 꾀죄죄한 모습으로 학교에 오가며 공부에만 미쳐 있었다. 그런 실용주의적 차림새가 어찌나 마음에 들었던지 나는 내심 나중에 나도 그렇게 하겠노라고 결심했다. 나는 1989년 전북대학교에 오자마자 감히 반바지는 시도하지 못했지만 늘 백팩을 메고 걸어다니는 학생 차림새를 유지했고 지금도 그런다. 아파트 엘리베이터에서 자주 "산에 가느냐?"는 인사를 받는 게 좀 불편하긴 하지만, 그런 스타일이 공부 외에 다른 곳에 신경 쓰지 않는 자세를 유지하는 데엔 큰 도움이 되었다.

하지만 그렇게 하는 게 결코 쉬운 일은 아니었다. 내 차림새는 교수로서 에티켓에 위반되는 일로 여겨졌기 때문이다. 지금은 달라졌지만, 1990년대 초반까지도 "교수는 반드시 정장 차림을 해야 하며 그게 학생들에 대한 에티켓이다"라고 공공연히 주장하는 원로 교수들이 있었다. 적어도 초기엔 내 나름으론 상당히 강심장이었기에 가능했던 일이다.

내가 "에티켓은 쓸모없고 바람직하지 못한 사회화의 절묘한 예"라는 웨인 다이어Wayne W. Dyer의 주장에 내심 박수를 보낸 것은 그런 종류의 에티켓과는 거리가 먼 내 라이프 스타일 때문일 게다. 다이어는 좋은 에티켓에는 다른 사람에 대한 배려가 들어 있음이 틀림없지만, 그중 90퍼센트는 일회성의 임시적이며 의미 없는 규칙들이라고 주장한다. 그는 "올바르다고 정해져 있는 방식 같은 것은 없다. 오직 내 결정이 나에게 온당하다. 그 결정 때문에 다른 사람들과 더불어 살기 어려울 정도가 아니라면 말이다"라며 다음과 같이 말한다.

"사람들을 어떻게 소개하든 그건 내 마음대로다. 팁을 어떻게 주든, 무얼 입든, 어떤 식으로 말하든, 어디에 앉든, 어떻게 먹든 철저하게 내 마음 가는 대로 하면 되는 것이다. '뭘 입어야 하지?' 또는 '어떻게 행동해야 하지?'의 덫에 빠질 때마다 우리는 자신의 많은 부분을 포기하는 것이다. 사회에 대해 반항심을 길러야 한다고 주장하려는 것이 아니다. 반사회적 행위는 관습에 복종하지 않으면서 남의 관심을 끌기 위한 행동일 수도 있다. 하루하루를 다른 사람이 아닌 자기 자신이 주도하는 삶으로 꾸려나가라고 호소하고 있는 것이다."[28]

속 시원한 말이긴 한데, 그게 어디 말처럼 쉬운가. 그래도 그 방향으로 가도록 애는 좀 써보자. 조지프 캠벨Joseph Campbell, 1904-1987 은 "우리가 더없는 행복을 느끼기 위해서는 다른 사람이 나를 어떻게 생각할까 하는 생각을 내려놓아야 한다"고 말한다.[29] 일본 철학자 기시미 이치로岸見 一郎와 작가 고가 후미타케古賀史健가 오스트리아 심리학자 알프레트 아들러Alfred Adler, 1870-1937의 심리학을 대화 형식으로 풀어낸『미움받을 용기』에 한국 사회가 뜨겁게 반응한 것도 바로 그런 이유 때문이 아닐까? 이 책엔 이런 이야기가 나온다.

"내가 아는 젊은 친구는 소년 시절에 거울 앞에서 오랫동안 머리를 빗는 습관이 있었다는군. 그러자 할머니께서 그 친구에게 이렇게 말씀하셨다고 하네. '네 얼굴을 주의 깊게 보는 사람은 너뿐이란다.' 그날 이후로 그는 삶이 조금 편해졌다고 하더군."[30]

그런 말 한마디로 조명 효과를 포기할 10대는 많지 않을 것 같다. 어쩌면 10대를 비롯한 젊은이들은 남보다 자기만족을 위해 별 관계도 없는 남을 끌어들이면서 자신의 용모에 신경을 쓰는 건 아닐까? 남들이 보는 공공장소에서 당당하게 화장을 하는 사람들이 늘고 있는 것도 그런 이유 때문일까? 얼마 전 서울 지하철에서 서 있는 많은 사람의 시선을 한 몸에 받으면서 열심히 화장을 하는 어느 젊은 여성을 보면서 해본 생각이다.

그렇다고 해서 몇 년 전 논란을 빚은 어느 칼럼처럼 '지하철에서 화장하는 여자'가 추하다는 뜻은 아니다. 오히려 정반대다. 자신의 용모에 신경을 쓰더라도 남보다는 자신을 위해 그리 한다면 그게 오히려 진일보한 것일 수 있다는 이야기를 하려는 것이다. 물론 공공장소에서 안하무인眼下無人 격으로 무례와 몰상식한 짓을 저지르는 유별난 사람들을 제외하고 말이다.

생각해보면 세상은 참 묘하다. 어떤 사람들은 남들이 자신을 신경 쓸 만큼 그렇게 한가하지 않다는 걸 모른 채 살아가는가 하면, 또 어떤 사람들은 남들이 자신의 행동에 불쾌감을 느끼는 것에 전혀 아랑곳하지 않고 무감각하게 살아가니 말이다. 남에게 그 어떤 피해도 주지 않으면서 남의 시선에서 자유로운 삶을 사는 게 그리 쉽지는 않은가 보다.

"너답지 않게 왜 그러니?"

머쓱하게 흘린 미소 힘없이 처진 두 어깨

금방이라도 울 듯한 너의 모습을 봤어

너답지 않게 왜 그러니 나 같은 애도 잘사는데

처음부터 전부 잘되면 재미없어

자 내 손잡고

눈물 콧물 짰던 길었던 밤은 잊고 이젠 웃어.

소녀시대의 〈비타민〉이란 노래의 가사다. 친구를 위로해주기 위해 하는 "너답지 않게 왜 그러니?"는 아름답다. 그러나 이 말이 이런 좋은 용도로만 쓰이는 건 아니다. 예컨대, 화를 낼만 한 일에 화를 낸 사람에게 친구가 "너답지 않게 왜 그러니?"라고 한다면, 이렇게 되받고 싶지 않을까?

"나다운 게 뭔데?"

우리 주변에서 쉽게 볼 수 있는 대화의 한 토막이다.

"그냥 너답게 행동해!"

이 또한 우리가 즐겨 쓰는 말 중의 하나다. 그런데 과연 '너답게' 또는 '나답게'의 실체는 무엇일까? 아무리 생각해보아도 답이 영 나오지 않는다. '나'는 늘 변하는 존재기 때문이다. 매일 바뀌는 건 아니지만, 오랜 기간을 두고 보면 '고정된 나'라는 건 존재하지 않는다는 걸 누구나 알 수 있다.

나는 글쟁이로서 가끔 우연한 기회에 독자들을 만나는데, 좀 당황스럽게 느껴질 때가 많다. 나의 글쟁이 역사가 30년쯤 되는데, 그간 나는 몇 차례 변화를 겪었다. 그런데 일부 독자들은 옛날의 나만을 기억하고 그 연장선상에서 인사를 건네니 나로선할 말이 없어진다. 오늘의 나는 어제의 나가 아닌데도, 잠시나마 어제의 나로 행세해야 한다는 건 당황스러운 일이다.

누구든 한 번쯤 이와 비슷한 경험을 한 적이 있지 않을까? 그래서 시인 T. S. 엘리엇T. S. Eliot, 1888~1965은 「칵테일 파티」에서 다음과 같이 노래했던 건지도 모른다.

우리가 다른 사람들에 대해 안다는 건

우리가 그들을 알았던

순간의 기억에 지나지 않는다네

그들은 그때 이후로 변했고

우리는 그들을 만날 때마다

전혀 새로운 사람을 만나는 거라네.[31]

이렇듯 현실은 끊임없이 변하고 있는데도 과거 경험의 포로가
되어 현실을 과거의 경험에 비추어 평가하는 오류를 가리켜 '정
적 평가의 오류fallacy of static evaluation'라고 한다. 하지만 그게 왜 오류
냐고 반문한 사람도 적지 않을 것이다. 우리는 평소 일관성을 높
게 평가하는 문화적 세례를 받고 자라왔기 때문이다.

말이야 바른 말이지만, 일관성이 없는 사람은 우리를 짜증나게
만든다. 아니 도무지 신뢰할 수 없다는 생각마저 갖게 한다. 우리
가 정치인들을 비판할 때에 가장 많이 문제 삼는 것도 바로 일관
성 결여다. 뚜렷한 원칙이나 소신이 없이 상황이나 입장에 따라
자신의 예전 주장을 뒤집고 당리당략黨利黨略에 따라 정반대로 말
하는 정치인을 보면 역겹기까지 하다. 그런데 일상적 삶에서 아
는 사람이 그런 행태를 보인다면, 어찌 그 사람을 좋게 볼 수 있
겠는가. 인간관계에서도 마찬가지다. 우리가 누군가를 '한결같은
사람'이라고 했을 땐 그 사람의 좋은 점이 그 어떤 상황 변화에
도 휩쓸리지 않고 일관성이 있다는 것을 칭찬하는 말이다.

우리가 소중하게 여겨야 할 이런 일관성은 '정적 평가의 오류'

와는 관계가 없는 것인데도 우리는 의외로 그런 구분을 하지 않은 채 살아가는 경향이 있다. 정치와 관련해서도 누군가를 한 번 지지했으면 끝까지 지지해야 할 뿐만 아니라 그 사람의 모든 것을 다 지지하는 일관성을 유지하는 것이 당연하거니와 바람직하다고 생각하는 사람이 의외로 많다.

그렇지 않다면, 맹목적이고 절대적인 지지를 기본 행동강령으로 삼는 사람들을 가리키는 이른바 '빠'라는 말도 생겨나지 않았을 것이다. 남녀 사이에서야 누군가를 한 번 좋아하면 끝까지 좋아하는 것은 아름다울 수 있지만, 정치인이나 유명 인사를 한 번 좋아하면 끝까지 좋아하고 그 사람의 일부가 아닌 모든 것을 좋아한다는 건 좀 징그러운 일이다.

그런 일관성을 '막무가내 일관성'이라고 부를 수 있겠는데, 다음 명언들은 바로 그런 유형의 일관성에 대한 평가로 볼 수 있겠다.

"어리석은 일관성은 편협한 마음의 유령이다."(랠프 월도 에머슨)
"일관성은 상상력이 없는 사람의 마지막 도피처다."(오스카 와일드)
"사람들이 유일하게 진정으로 일관적일 때는 죽은 것이다."(올더스 헉슬리)

'막무가내 일관성'을 선호하는 경향은 나이가 들수록 더 짙어지는 경향이 있다. 비일관성은 정서적으로 혼란을 일으키기 때문이다. 그래서 마케팅 전문가들은 나이 든 사람을 대상으로 세일즈를 할 땐 새로운 제품이 어떤 식으로 기존의 가치와 부합하는지에 초점을 맞추어 메시지를 전달하는 것이 좋다고 조언한다.[32]

그 어떤 정서적 혼란이 일어나더라도 '정적 평가의 오류'는 범하지 않는 게 좋다. 그런데 이 오류는 타인뿐만 아니라 자신도 범할 수 있다. 일부 심리학자들은 이런 오류를 극복하는 것을 자기계발의 주요 소재로 삼았는데, 그게 바로 '마인드세트mindset'라는 개념이다. 마인드세트는 삶을 대하는 사고방식, 생각의 틀, 심적 경향을 말한다.

캐럴 드웩Carol Dweck은 '고착형 마인드세트'와 '성장형 마인드세트'라는 두 가지 유형의 마인드세트를 제시한다. 고착형 마인드세트는 자신의 자질이 돌에 새긴 듯 이미 정해져 있다고 믿는 마음, 성장형 마인드세트는 자질은 노력만 하면 언제든지 향상될 수 있는 것이라고 믿는 마음이다. 드웩은 자질이 고정되어 있다고 보는 것이 인간을 스트레스·불안과 같은 고통에 시달리게 하는 결정적 원인이라는 사실을 연구를 통해 입증했다.[33]

쉽게 설명하자면, 이런 이야기다. 아이들에게 간단한 문제를 풀게 한 뒤, "오, 넌 정말 똑똑한 아이로구나"라고 칭찬을 하면 고착형 마인드세트를 강화하고, "정말 잘했다. 열심히 노력했구나"라고 칭찬을 하면 성장형 마인드세트를 강화한다는 이야기다. 즉, 성공이란 선천적인 재능이 아닌 '근성과 수고와 노력의 결과'라고 생각하는 것이 바로 성장형 마인드세트다.[34]

많은 학자가 드웩의 연구 결과를 확장시켜 나갔다. 헤이즐 로즈 마커스Hazel Rose Markus는 성장형 마인드세트와 고착형 마인드세트는 단 며칠간의 연습만으로도 우리 마음속에 집어넣을 수 있다고 주장한다.

"여러분의 배우자와 자녀, 동료가 스스로 변하지 않는 기질에 갇혀 살도록 만들고 싶은가? 그렇다면 칭찬은 그들을 '특별하게' 보이게 하는 재능에 대해 하고, 실패의 원인은 그들의 내면적인 단점에서 찾아 나무라자. 그리고 여러분의 기대 수위를 최대한 낮춰서 그들의 위태로운 자신감을 지켜주자. 반대로 여러분의 배우자와 자녀, 동료가 잠재력을 최대한 발휘하도록 돕고 싶은가? 그렇다면 이들의 노력을 칭찬하고, 실패의 원인을 함께 밝혀내고, 더 높은 기준을 제시함으로써 동기를 부여하자."[35]

이런 마인드세트 연구 결과가 타당하다면, 자신의 모습을 있는 그대로 보여주라는, 즉 "그냥 너답게 행동하라"는 조언은 사실상 무익하다. 올리버 버크먼Oliver Burkeman은 두 가지 이유를 제시한다. "첫째, 우리는 나다운 것, 즉 우리의 모습에 대해 '실제로' 알지 못한다. 둘째, 혹시 자신이 어떤 사람인지 안다 하더라도, 그 내면의 상태를 그대로 행동에 옮기는 것은 불가능하다. 내면 상태

를 행동으로 보여주려는 노력 자체가 인위적일 수 있으므로 그
것이 자신의 모습을 있는 그대로 보여주는 것이라고는 말할 수
없다."[36]

'성장형 마인드세트'를 계발해야 한다는 주장에 대해 "꼭 성장
해야만 하는가?"라거나 "냅둬, 나 그냥 이대로 살래!"라는 반론
이 가능하겠지만, 성장을 꼭 세속적인 자기계발로만 볼 필요는
없다. 우리가 우리의 분명한 단점마저 고치지 않으려는 이유는
대개 "바로 그게 나야!"라는 식으로 자기 정당화를 하기 때문이
라는 걸 감안한다면, 그런 정도의 변화와 성장마저 두려워할 이
유는 없지 않을까?

사실 "너답지 않게 왜 그러니?"의 반대편에 "난 원래 그래!"가
있다. 아주 못된 성격이나 버릇을 갖고 있는 사람이 그걸 지적해
주는 가족이나 친구에게 내놓는 최고의 평계가 바로 "난 원래 그
래!"다. "천성을 바꿀 수는 없잖아. 어쩔 수가 없어!"라는 후렴구
도 빠트리지 않는다.[37] "냅둬. 나 이렇게 살다가 죽을래"라고 말
하는 사람마저 있다. "그래 그렇게 살다가 죽으렴"이라고 축하해
주어야 하나? 그런 사람에게 "너답지 않게 왜 그러니?"라고 말해
줄 수 있는 기회는 영영 없는 걸까?

· 나를 증명할 필요가 없는 공간

〈가스등Gaslight〉(1944)이란 영화가 있다. 잉그리드 버그먼Ingrid Bergman, 1915-1982이 열연해 아카데미 여우주연상을 수상한 영화다. 이 영화에서 남편은 아내 폴라의 유산을 빼앗기 위해 아내를 정신병자로 몰아간다. 그가 폴라의 이모가 남긴 보석을 찾기 위해 다락방에 불을 켜면, 그 때문에 폴라의 방에 있는 가스등이 희미해진다. 폴라가 아무 이유 없이 흐릿해지는 가스등에 대해 이야기하면, 남편은 아내가 미쳤기 때문에 환각을 보는 것이라고 비난한다.

폴라는 혼란스럽고 겁에 질린 나머지 점차 히스테릭하게 행동하고, 남편이 끊임없이 이야기하는 것처럼 실제로도 무기력하고 방향 감각이 없는 사람이 되어간다. 〈가스등〉은 이처럼 자신감

없고 소심한 사람이 자기보다 강한 영향력을 가진 누군가로 인해 어떻게 조종되는지를 보여준 영화다.[38]

이 영화로 인해 '가스등 효과gaslight effect'라는 개념이 탄생했는데, 이는 의식적으로 또는 무의식적으로 상대방을 조종하려는 가해자와 그를 이상화하고 그의 관점을 받아들이는 피해자가 만들어내는 병리적 심리 현상을 뜻한다.

로빈 스턴Robin Stern이 2007년에 출간한 『가스등 이펙트』는 센세이셔널한 반응을 불러일으켰다. 상대방의 영향력 행사gaslighting로 고통을 겪는 사람이 그만큼 많았다는 이야기다. 스턴은 외부에서 받는 영향력에 휘둘리지 않을 수 있는 방법을 다음과 같이 제시한다.

"자신이 이미 좋은 사람이고, 유능하고, 사랑할 줄 아는 사람이므로 상대방의 인정을 받을 필요가 없다는 것을 스스로 이해하는 일이다. 물론 이것이 말하는 것만큼 쉽지는 않다. 하지만 우리가 상대방이 어떻게 생각하더라도 사랑을 받을 자격이 있는 훌륭한 사람이라는 자아 정체감을 가질 때, 우리는 자유를 향한 첫발을 내딛게 된다."[39]

자신의 '사랑받을 자격'을 의심하는 사람이 그렇게 많단 말인가? 물론이다! 1997년에 나온 〈당신은 사랑받기 위해 태어난 사람〉이라는 복음성가가 종교를 초월해 폭발적인 인기를 누린 것도 바로 그런 이유 때문이었을 게다. 사실 '가스등 효과'와는 거리가 먼 보통 사람일지라도 자신의 '사랑받을 자격'을 의심하는 것처럼 들리는 다음과 같은 말을 듣고 마음이 평온하기는 어려운 일이다.

"네가 너무 예민해서 그래."

"네가 그렇게 약한 사람인 줄 몰랐어."

"그게 너한테 그렇게 큰 문제인 줄 미처 몰랐어."

"넌 너무 방어적이야."

"이제부터 네 앞에선 말조심해야겠다."

"그건 다 네 상상에 불과해."[40]

이런 말이 나오는 대화가 오고가다 보면 급기야 "피해의식 버려!"라는 말이 나오기 마련이다. 인간관계 전문가들이 주로 피해의식을 버리는 법에 대해서만 이야기할 뿐, 피해의식이라는 말이 때로 매우 부당한 방식으로 사용되고 있는 현실에 대해 주의를 기울이지 않는 건 참 이상한 일이다.

사회적 약자가 자신이 받는 차별 문제를 제기했을 때 누군가가 "피해의식 버려!"라고 말하면 더는 할 말이 없어진다. 정말 버려 마땅한 피해의식을 가진 사람들이 있다는 것도 분명한 사실이긴 하지만, 그렇지 않은 경우도 있다는 것을 왜 인정하지 않는 걸까?

가스등 효과와 관련해 주변의 누군가 떠오르는 사람이 있을지도 모르겠다. 우리는 비슷한 상황에 처해 있는 사람들을 딱하게 여기면서 동정하기도 하겠지만, 정도의 차이일 뿐 그게 바로 우리 자신의 이야기일 수도 있다는 점은 꿈에서도 생각하지 않는 경향이 있다.

가스등 효과를 사회적 차원으로 확대해서 생각해보자. 우리 인간은 사회적 동물인지라 남들이 나를 인정해주는 맛에 세상을 산다. 삶은 남들의 인정을 받기 위한 투쟁, 줄여서 '인정 투쟁struggle for recognition'의 연속이라고 해도 과언이 아니다. 윌리엄 제임스William James, 1842-1910가 잘 지적했듯이, "인간의 행동을 지배하는 가장 기본적인 원리는, 다른 사람의 인정에 대한 갈구"다.

가스등 효과와 우리 삶의 기본 양식으로서 인정 투쟁의 거리는 그리 멀지 않다. 인정받기 위해 발버둥치는 안쓰러움이라는 점에선 비슷한 게 많다. 에이드리엔 리치Adrienne Rich는 영화 〈가스등〉에 대해 이렇게 썼다.

"수 세기 동안 여성은 남성 사회가 켠 가스등 때문에 자신의 경험과 직관을 부정당해왔다. '미친 여자'는 오로지 남성의 경험에 의해 판정되었다. 우리의 몸과 마음이 바로 우리 자신에게 미스터리였다니! 이제 우리는 스스로를 보살필 의무가 있다. 여성의 인식과 자신감을 믿자, 서로에게 가스등을 켜지 말자."[41]

남녀를 막론하고 우리는 과연 사회생활에서 우리 자신의 인식과 자신감을 믿고 있는가? 혹 그건 남들의 경험에 의해 판정되는 것은 아닌가? 우리는 좀더 유리한 판정을 얻어내기 위해 몸부림치고 있는 건 아닌가? 예컨대, SNS는 그런 용도와 무관한가? 몇 년 전 인기를 끈 「SNS 백태」라는 게시물은 이렇게 말한다.

"미니홈피-내가 이렇게 감수성이 많다. 페이스북-내가 이렇게 잘살고 있다. 블로그-내가 이렇게 전문적이다. 인스타그램(사진공유SNS)-내가 이렇게 잘 먹고 다닌다. 카카오스토리-내자랑+애자랑+개자랑. 텀블러-내가 이렇게 덕후(오타쿠)다"등.[42]

세상은 참 재미있다. 대부분의 인정 투쟁은 자신이 잘나고 중요한 사람으로 대접받기 위한 것이지만, 어떤 인정 투쟁은 억울한 상태에서 벗어나고자 하는 인정 투쟁이니 말이다. 특히 삶의 밑바닥으로 굴러 떨어진 범죄자에게도 나름의 인정 투쟁이 있다는 게 흥미롭다.

제임스 길리건[James Gilligan]은 살인죄로 수감 중인 재소자들을 심층 인터뷰했는데, 범죄의 진짜 이유를 설명할 때 "그놈이 나를 깔보았다[disrespected]"는 표현이 가장 많이 나왔다. 어느 범죄자는 살인을 통해 무엇을 얻고 싶었느냐는 질문에 "자부심, 존엄, 자존감"이라고 대답했다. 길리건은 은행 강도들은 돈보다는 인정받고 싶은 동기가 훨씬 강하다고 했다. 한 재소자는 "누군가에게 총을 겨누었을 때만큼 자신이 '존중[respect]'을 받아본 적이 없다"고 말했다고 한다.[43]

2011년 서울북공업고등학교의 국어 시간에 학생들이 제출한 작품들 가운데 류연우가 쓴 「노스 패딩」이란 시는 인정 투쟁의 다양성에 대한 훌륭한 증언이라 할 수 있겠다.

겨울이 오면 모든 학생들이
노스 패딩을 입는다
왜 노스만 입을까
다른 패딩들도 많은데
노스는 비싼데, 담배빵 당하면 터지는데
노스는 간지템, 비싼 노스 안에 내 몸을 숨기고
무엇이라도 된 듯하게 당당하게 거리를 걷는다
한겨울엔 노스만 입어도 무서울 게 없다.[44]

이렇듯 낮은 단계의 인정 투쟁과 관련해 김찬호가 지금 우리에게 필요한 것은 억지로 나를 증명할 필요가 없는 공간과 안전한 관계라고 말하는 것이 가슴에 와닿는다.

"나를 있는 그대로 받아들여주는 사람들, 억지로 나를 증명할 필요가 없는 공간이다.……내가 못난 모습을 드러낸다 해도 수치스럽지 않고, 다른 사람들이 그것을 가지고 뒷담화를 하지 않으리라고 믿을 수 있는 신뢰의 공동체가 절실하다. 그를 위해서는 자신과 타인의 결점에 너그러우면서 서로를 온전한 인격체로 승인하는 마음이 있어야 한다."[45]

'나를 증명할 필요가 없는 공간'이라는 말에 엉뚱하게도 옛날 생각이 난다. 박정희의 유신 시절엔 젊은이들에 대한 불심검문이 많아 반드시 자신을 증명할 수 있는 신분증을 갖고 다녀야만 했다. 그게 없다고 해서 감옥에 가는 건 아니었지만, 확인 과정을 거치느라 파출소까지 경찰을 따라가 전화 등을 통해 자신을 증명하는 다른 무엇인가를 보여주어야만 했다. 재수 없게 그런 일에 걸려들면 시간이 만만치 않게 걸려 약속 시간에 한참 늦기 마련이다. 항의라도 했다간 붙잡혀 있어야 하는 시간은 더 길어졌다.

그렇듯 40여 년 전의 한국은 나를 증명할 필요가 없는 공간은 아니었다. 이제 불심검문은 사라졌지만, 나를 증명할 필요까지 사라진 건 아니다. 언제 어디서건 그럴 만한 상황이 벌어졌을 때 자신을 증명해야 한다는 불편과 불안감은 오히려 더욱 커졌다. 입학이나 취업 등과 같은 일을 위해 자신을 증명하는 건 꼭 필요한 일이겠지만, 그냥 일상에서 살아가는 일에서까지 자신을 증명하는 것에 사로잡혀야 하는 건지는 의문이다.

그런 의문이 강하게 드는 사람들에게 자신을 증명할 필요가 없는 공간은 매우 소중하다. 그런데 속물적인 기준으로 남들의 인정을 갈망하는 사람들은 나를 증명할 필요가 없는 공간을 찾는 게 어렵다. 물론 젊었을 때야 웬만큼 성공을 거두면서 잘나가면 자신을 인정해주는 사람들의 시선을 즐길 수 있을 게다. 문제는 그런 성공의 황혼이 찾아오는 은퇴 이후다. 이제 자신이 받아 마땅하다고 생각하는 관심과 인정을 더는 받지 못하게 되면서 불행하다는 생각의 수렁으로 빠져들게 된다.[46]

남의 인정을 받는 것이 중요치 않다는 이야기가 아니다. 어찌 감히 그럴 수 있겠는가. 문제는 남의 인정을 받는 것에 대한 평가가 본말의 전도가 일어날 정도로 실제 가치보다 훨씬 과장되어 있다는 것이다. 부모의 훈계나 가르침은 주로 '남의 눈'을 강조하는 것이며, 자녀 자신의 기준은 버려야만 할 몹쓸 생각으로 간주된다. 우리는 학교에서도 그런 교육을 받으면서 살아왔으니, 그런 과장을 느낄 마음의 여유조차 없는 건지도 모른다.

속물적 인정 투쟁에서 비교적 자유로운 사람일지라도 나를 있는 그대로 받아들여주고, 억지로 나를 증명할 필요가 없는 공간을 만드는 것이 결코 쉬운 일은 아니겠지만, 우리는 지금 그런 공간의 필요성조차 느끼지 못하고 있으니 일단 마음속으로나마 동의를 표하는 것이 그런 공간을 마련하는 출발점이 아닐까? 그렇게 생각하는 사람이 많아지면 세상은 달라지게 되어 있다. 지금 우리가 지키고 있는 그 어떤 삶의 문법도 자연의 질서는 아니니까 말이다.

확신은 잔인하다

◇◇◇◇◇◇◇◇◇◇

"확신이 우리에게 안정감과 편안함을 안겨주는 건
분명한 사실이다. 그걸 어찌 부정할 수 있겠는가.
그럼에도 인간관계에서만큼은
조금 유보적인 태도를 취하는 타협을 해보자."

싫은 사람을 긍정하는 법

자기 자신을 대체적으로 긍정하는 사람이 있는가 하면 부정하는 사람이 있다. 다른 사람을 대체적으로 긍정하는 사람이 있는가 하면 부정하는 사람이 있다. 여기서 다음과 같은 네 가지 유형의 태도가 나올 수 있다.

자기 부정-타인 긍정(I'm not OK, You're OK)

자기 부정-타인 부정(I'm not OK, You're not OK)

자기 긍정-타인 부정(I'm OK, You're not OK)

자기 긍정-타인 긍정(I'am OK, You're OK)

이 네 가지 유형은 미국 정신과 의사인 토머스 해리스Thomas A.

Harris, 1910-1995가 1967년에 출간한 『I'm OK-You're OK』라는 책에서 제시한 것이다. 이 책은 전 세계에서 1,500만 부나 팔려 나갈 정도로 폭발적인 인기를 누렸다. 해리스는 이 책에서 "나도 옳고 남도 옳다"는 '자기 긍정-타인 긍정'이야말로 가장 바람직한 인생의 태도라고 말한다.[1]

요한 볼프강 폰 괴테Johann Wolfgang von Goethe, 1749-1832는 "우리가 사람을 있는 그대로 대할 때, 우리는 있는 그대로의 그보다 그를 안 좋게 보는 것이다. 그가 될 가능성대로 이미 된 것처럼 대할 때 우리는 그가 되어야 할 모습대로 만들 수 있다"고 말한 바 있다. 해리스는 이 말이야말로 '자기 긍정-타인 긍정'의 태도가 갖는 가능성을 잘 묘사한 것이라며, 우리는 타인의 가능성을 최대한 드러낼 수 있도록 열린 마음으로 대해야 한다고 역설한다.[2]

해리스의 주장은 이른바 '교류 분석Transactional Analysis'으로 불리는 상담 또는 심리치료 기법으로 정신의학과 관련된 어렵고 복잡한 이론이지만, 상식적 수준에서 받아들여도 안 될 건 없다. 상식적으로 보자면, 타인을 그의 가능성을 최대한 드러낼 수 있도록 열린 마음으로 대해야 한다는 것은 무리한 요구다. 나쁜 감정들을 다스리고 좋은 감정들을 만들어내자는 교류 분석의 취지엔 동의하지만, 나를 위해 사는 세상인데 무엇 때문에 남의 가능성까지 그렇게 신경 쓰면서 살아야 한단 말인가?

그런 고상하고 훌륭한 목적은 제쳐놓고 이기적으로 생각해보

자. 놀랍게도 대인관계에서 "나도 옳고 남도 옳다"는 '자기 긍정-타인 긍정'의 태도는 나의 평온을 위해 큰 도움이 된다. 그런데 이 태도는 저절로 형성될 수 있는 것은 아니다. 의식적인 노력이 필요하다. 예컨대, 다른 사람으로 인해 감정이 상하더라도 그것을 너그럽게 이해하는 데에 어찌 의식적인 노력이 필요하지 않겠는가.

누구에게든 싫은 사람은 있는 법이다. 내게 나쁜 짓을 한 것도 아니고 내게 뭘 달라는 것도 아닌데, 괜히 싫거나 미운 그런 사람 말이다. 그 사람은 나와 가까운 곳에 있는 직장 상사, 동료, 후배일 수도 있고 아니면 미디어를 통해 글이나 말로 만나는 유명인사일 수도 있다.

나와 가까운 사람이 내가 싫어하는 사람을 좋아하거나 긍정 평가하면 내심 짜증이 난다. 어떻게 저렇게 사람을 모를 수가 있지? 실제로 나는 이런 짜증을 많이 느꼈던 사람인데, 언제부턴가 달라졌다. "어떻게 저렇게 사람을 모를 수가 있지?"라는 생각이 180도로 달라진 것이다. 그게 아니었다. 모르는 건 바로 나였다. 그걸 깨닫게 된 것이다.

우리는 누구를 싫어할 때 나의 관점과 기준으로 그 사람의 안 좋은 점만 본다. 그 사람의 좋은 점은 굳이 생각할 필요조차 없다. 나의 관점과 기준에선 그건 전혀 불필요한 일이다. 그러나 그 사람을 긍정적으로 보는 사람에겐 나와는 다른 관점과 기준이 존재하기 마련이다. '나의 관점과 기준'은 나만의 사정일 뿐이다.

소신, 고집, 아집의 차이는 무엇일까? 없다. 모두 다 '신념'을 가리키는 단어일 뿐이다. 누구의 관점에서 보느냐 하는 차이만 있을 뿐이다. 누군가의 아름다운 소신은 또 다른 누군가에겐 '꼴통'의 광기로 보일 수 있다. 버트런드 러셀Bertrand Russell, 1872-1970은 인칭의 변화에 따라 같은 내용이라도 표현이 다를 수 있다며, 그 사례를 다음과 같이 들었다.

"나의 의지는 굳다. 너는 고집이 세다. 그는 어리석을 정도로 완고하다."

영국 런던의 한 잡지사는 이와 같이 주어에 따라 표현이 다르게 변하는 유형들을 모집하는 대회를 열었는데, 당선작으로 뽑힌 것 중에는 이런 게 있었다.

"나는 정의에 따라 분노한다. 너는 화를 낸다. 그는 아무것도 아닌 일에 날뛴다."

"나는 그것에 대해 다시 생각했다. 너는 변심했다. 그는 한 입으로 두 말을 했다."[3]

권혁웅은 1인칭과 3인칭의 평가 차이의 사례를 다음과 같이

제3장 확신은 잔인하다

제시했다.

"나는 용감하고 순수하며 세심하고 열정적이고 절제하며 불의를 참지 못한다. 그는 무모하고 단순하며 소심하고 욕정적이고 억압돼 있으며 분노에 빠지기 쉬운 사람이다."[4]

사람에 대한 평가는 인칭의 차이에 의해서만 달라지는 게 아니다. 명암明暗을 균형되게 봐주느냐 하는 것도 매우 중요하다. 이른바 '장점의 단점 법칙'이라는 게 있다. 개인의 장점은 그 어떤 것이든 반드시 그에 상응하는 단점이 수반되기 마련이라는 법칙이다. 예컨대, 순발력이 있는 사람은 성격이 급하고, 차분히 생각해서 행동하는 사람은 느려 터진 면이 있고, 신념이 강한 사람은 완고한 면이 있고, 즉흥적이어서 분위기를 잘 살리는 사람은 예측불가능성이 있어 우리를 짜증나게 만들 수 있다.[5]

이는 뒤집어서 '단점의 장점 법칙'이라고도 할 수 있는데, 우리는 보통 어느 한쪽만 보려는 경향이 있다. 쉽진 않은 일이겠지만, 내가 싫어하는 사람의 장점이나 강점을 애써 찾아보자. 그간 내가 지녀온 나의 관점과 기준을 넘어서 넓게 보자. 놀랍게도 내가 부정적으로 생각했던 그 사람의 단점이 다른 상황에선 놀라운 장점일 수 있다는 걸 깨닫게 된다. 더 나아가 그 사람에겐 내겐 없는 장점이나 강점이 있다는 것도 더 잘 눈에 들어오고 그걸 흔쾌히 인정하게 된다. 그 사람을 담담하게 인정하고 긍정하는 마음의 여유가 생겨나게 된다.

그런 마음의 여유를 누리고자 한다면, 사람에 대한 '확신'은 자제하는 게 좋다. 우리는 우리 자신의 '확신'이나 '신념'을 소중히 여기지만, 우리와 갈등을 빚는 사람의 '확신'이나 '신념'은 '편견'이나 '고집'으로 여기는 경향이 있다. 이런 이중 기준의 원리를 존중한다면, '확신'은 소통의 적敵일 수 있다는 점에 눈을 돌려보는 건 어떨까. 프리드리히 빌헬름 니체Friedrich Wilhelm Nietzsche, 1844-1900가 "확신은 거짓말보다 위험한 진실의 적이다"고 한 것도 그런 관점에서 이해할 수 있지 않을까?[6]

그러나 우리 인간은 '확신'이나 '신념' 없이 살아가기 어려운 것도 분명한 사실이다. 이와 관련, 버트런드 러셀은 이렇게 말하지 않았던가. "인간은 경솔한 신념의 동물이며 반드시 뭔가를 믿어야만 한다. 신념에 대한 좋은 토대가 없을 때에는 나쁜 것이라도 일단 믿고 만족해할 것이다. 그러한 믿음에 따라 능동적으로 움직이려고 한다."[7]

좀더 진지한 자세로 확신의 필요성 또는 불가피성을 역설한 이들도 있다. 윌리엄 제임스William James, 1842-1910는 실용주의의 입장에서 확신이 우리가 행동하도록 돕기 때문에 우리의 생존과 성공에 필요하다고 옹호했고, 루트비히 비트겐슈타인Ludwig Wittgenstein, 1889-1951은 우리가 어떤 것들을 확신하지 않고서는 다른

　　　　　　　제3장 확신은 잔인하다

어떤 것도 생각할 수조차 없다는 이유로 옹호했다.[8]

확신이 우리에게 안정감과 편안함을 안겨주는 건 분명한 사실이다. 그걸 어찌 부정할 수 있겠는가. 그럼에도 인간관계에서만큼은 조금 유보적인 태도를 취하는 타협을 해보자. 엘렌 랭어^{Ellen J. Langer}의 다음과 같은 증언에 귀 기울여보자.

"30년 이상 연구를 해오면서 나는 인간 심리에 관한 매우 중요한 진실을 발견했다. 바로 '확신은 잔인한 사고방식'이라는 점이다. 확신은 가능성을 외면하도록 우리 정신을 고정시키고, 우리가 사는 실제 세상과 단절시킨다."[9]

따지고 보면 왕따도 누군가에 대한 확신의 산물이 아니고 무엇이랴. 왕따에 동참함으로써 느낄 수 있는 소속집단의 안정감과 편안함은 그런 확신에 대한 의심을 어렵게 만든다. 그러니 때로 '확신은 잔인한 사고방식'일 수 있다는 점을 인정하면서, 우리모두 소통을 위해 좀더 겸허해질 필요가 있겠다. 나의 확신과 너의 확신이 만나면 '충돌' 이외에 달리 할 일이 없다. 나는 왜 확신하며 너는 왜 확신하는가? 스스로 '왜?'라는 물음에 답해보면 충돌은 피할 수 없을망정 그 강도를 낮출 순 있지 않을까?

자신에 대한 부정적인 확신도 의심해보자. 자기 자신을 긍정해야 다른 사람도 긍정할 수 있으니 말이다. 자신의 어떤 점에 대해 스스로 "못났다"고 생각해오던 것을 "남과 다르다"고 생각할 수 있어야, 내가 싫어하는 사람에 대해서도 "나와 다르다"고 생

각할 수 있게 된다. 자신을 부정하는 마음이 있으면 상대를 부정
해야만 내가 살길이 열린다는 생각을 알게 모르게 갖게 되는데,
자신을 긍정하는 순간 그런 제로섬 관계는 사라진다.

웃으면서 화내는 법

20년 전 움베르토 에코Umberto Eco, 1932-2016의 『세상의 바보들에 게 웃으면서 화내는 방법』이라는 책이 번역 · 출간되었을 때 제 목에 끌려 이 책을 샀다가 속으로 "앗, 속았구나!"라고 외친 적이 있다. 제목과는 별 관련이 없는 책이었기 때문이다. 굳이 찾자면 서문의 다음과 같은 말이 내가 관심을 가진 주제에 부합하는 것 이었다.

"우리는 웃으면서 화를 낼 수 있을까? 악의나 잔혹함에 분개하 는 것이라면 그럴 수 없지만, 어리석음에 분노하는 것이라면 그 럴 수 있다. 데카르트가 말했던 것과는 반대로 세상 사람들이 가 장 공평하게 나눠 가진 것은 양식良識이 아니라 어리석음이다. 사 람들은 누구나 자기 안에 있는 어리석음을 보지 못한다. 그래서 다른 것에는 쉽게 만족하지 않는 아주 까다로운 사람들조차도 자기 안의 어리석음을 없애는 일에는 관심을 두지 않는다."[10]

양적으론 아쉽긴 했지만, 질적으론 이 말로 충분했다. 아니 반가웠다. 나의 평소 지론과 잘 통하는 말이었기 때문이다.

화를 낼 만한 일이 생겼을 때 화를 내는 건 좋지만, 그런 일이 자주 일어난다면 어떻게 할 것인가? 자기 성찰 능력이 뛰어난 사람이라면 누구건 "혹 나에게도 문제가 있는 건 아닌가?"라는 생각을 하게 될지도 모른다. 더 나아가 화를 낸다고 해서 상황이 좋은 방향으로 달라질 것 같은 가능성이 보이지 않을 것 같으면 어떻게 할 것인가? 리처드 칼슨Richard Carlson은 바로 그 점을 염려한다.

"어떤 사람에게 화를 내거나 적대감을 품을 때 막상 고통을 받는 사람은 나 자신이다. 분노를 끌어안고 다니는 사람도 나 자신이다. 어떤 사람을 바라보며 그가 오늘밤 죽을 수도 있다는 것을 깨닫는 순간, 그와의 문제는 전혀 다른 관점을 갖게 된다. 그에 대해 계속 화를 내거나 원망하는 마음을 지니기 어려워진다.……주어진 시련을 저주로만 보지 않고, 성장과 관조의 기회로 삼는 것이 만족한 삶을 누리는 열쇠이다. 상대방을 죽어가는 사람 대하듯 한다는 개념은 이러한 변화를 만드는 유익한 방법이다."[11]

칼슨의 처방은 "좀 독하네!"라는 생각이 든다. 나의 화를 유발한 사람을 죽어가는 사람 대하듯 하라니, 이 어찌 독한 생각이 아니랴. 나는 아직 그 경지에까지 이르진 못했지만, 앞서 에코가 시사한 해법은 늘 실천하고 있다.

그건 바로 상대방을 어리석게 보면서 경멸의 과정을 거쳐 동정하는 것이다. 그러면 웃으면서 화낼 수 있는 여유가 생겨난다. 물론 웃으면서 화낸다는 것은 비유일 뿐 정말 웃으면서 화를 내는 건 아니다. 흥분하지 않고 차분하게 할 말을 하는 여유 정도로 해석하면 무방하겠다. 이른바 '정신 승리'의 요소가 다분하지만, 나의 오랜 경험상 그리 나쁘지 않다는 게 내 생각이다.

화를 낼 만한 상황에선 말싸움이 오가기 마련이다. 좀 점잖게 논쟁이라고 불러도 좋겠다. 사적인 말싸움과 공적인 논쟁은 다른 것 같으면서도 같은 게 더 많으니, 한꺼번에 싸잡아 이야기해보자.

'침묵의 칵테일 파티'라는 게 있다. 가벼운 파티를 열되 그 파티에 참석하는 사람들은 말을 하지 않게끔 되어 있다. 신체 언어 body language 로만 대화를 나누는 것이다. 어떤 결과가 벌어질까? 말을 나누는 보통의 파티보다 서로를 이해하는 데에 큰 도움이 될 수 있다고 한다.

왜 그럴까? 우리의 언어는 자기 자신을 드러내기도 하지만 자신을 감추거나 미화하는 용도로 더 많이 사용되기 때문이다. 특히 파티와 같은 사교 모임에선 더욱 그럴 것이다. 그런 자리에선 상대편을 기분 좋게 만들어주기 위해 난무하는 의례적인 말보다는 눈이나 기타 다른 신체 부위로 자신을 표현하는 것이 훨씬 진실에 가까운 것일 수 있다는 말이다.

나는 가끔 논쟁에 대해서도 그런 생각을 해본다. 소통을 위한 논쟁은 가능한가? 박성창은 "논쟁이 상대방을 굴복시키기 위한 기술로 변질되는 순간, 말은 날카로운 무기로 변한다"며 "합리적 의사소통의 체계에서 말은 생산적이고 비폭력적인 갈등을 가능하게 하는 가치로 기능하지만, 그렇지 않은 경우 날카로운 칼이 되어 상처를 입히고 물리적인 폭력보다 더 무서운 결과를 초래한다"고 말한다.[12]

그런데 논쟁에 임하는 사람들 중에 논쟁을 '상대방을 굴복시키기 위한 기술'로 생각하지 않는 사람이 과연 얼마나 있을까? 장강명의 소설 『댓글부대』엔 이런 이야기가 나온다. "논리 싸움은 두 사람이 아주 좁은 화제를 가지고 붙을 때, 그것도 두 사람이 좀 양식 있는 사람들일 때에나 가능한 거예요. 인터넷 싸움은 정력과 멘탈로 하는 겁니다."[13] 옳은 말이긴 한데, 어디에서 벌어지는 말싸움이나 글 싸움이건, 싸움의 주체가 누구이건, 정력과 멘탈로 하지 않는 싸움이 있는지는 의문이다.

역사적으로 자기계발 전문가들이나 저명인사들이 논쟁의 어두운 면을 역설하고 있는 것도 전부는 아닐망정 상당 부분은 논쟁을 '상대방을 굴복시키기 위한 기술'로 생각하지 않는 사람은 없다는 판단에서 비롯된 건 아닐까?

미셸 드 몽테뉴Michel de Montaigne, 1533-1592는 "우리는 반대하기 위해서만 토론을 배운다"며 "각자가 반박하며 반박을 받으니, 논쟁하는 성과는 진리를 잃어버리고 없애버리는 것밖에 안 된다"고 말한다.[14]

벤저민 프랭클린Benjamin Franklin, 1706-1790은 "논쟁을 벌이거나 반박하고 있는 동안에는 상대를 이긴 것 같은 느낌도 들 것이다. 그러나 그것은 성과 없는 승리일 뿐이다. 상대의 호의는 절대로 얻을 수 없을 테니까 말이다"라고 말한다.

크리스 라반Chris Ravan은 논쟁을 하기 전에 깊이 생각해보라고 권한다. "이론적인 투쟁의 눈부신 승리를 얻을 것인가. 아니면 상대방의 호의를 얻을 것인가. 이 두 가지는 절대로 함께 얻을 수는 없는 법이다."[15]

데일 카네기Dale Carnegie, 1888-1955는 논쟁에서 이기는 가장 좋은 방법은 바로 논쟁을 피하는 것이라고 주장한다.

"방울뱀이나 지진을 피하듯이 논쟁을 피하라. 논쟁은 열이면 아홉이 결국 참가자가 자신의 의견에 대해 전보다 더 확신을 갖는 결과만을 초래한다. 사람은 논쟁에서 이길 수 없다. 논쟁에서 지면 당연히 지는 것이고, 만약 이긴다고 해도 그 역시 지는 것이기 때문이다. 왜 그런 것일까? 자, 당신이 상대방의 허점을 찾아 그가 틀렸음을 입증해서 이겼다고 치자. 그래서 뭐가 어쨌다는 것인가? 물론 당신이야 기분이 좋을 것이다. 그러나 그 상대방의 기분은 어떻겠는가? 당신은 상대방이 열등감을 느끼게 했고 그의 자존심을 상하게 했다. 그는 당신의 승리에 분개할 것이다."[16]

그러나 이런 조언들은 사적인 인간관계에나 적용할 수 있는 것이지, 공적인 주제로 공론장에서 벌이는 논쟁에까지 적용할 수는 없으며 적용해서도 안 될 것이다. 나는 과거에 그렇게 믿었었다. 그런데 과연 그런가?

나는 과거에 '논쟁 강박증'을 갖고 있었다. 그 누구건 나에 대해 비판을 하면 반드시 응해야 한다는 원칙을 고수했다는 말이다. 그럴 만한 이유가 있었다. '힘의 논리'에 따라, 격 또는 급을 따지면서 논쟁에 응하는 권위주의 문화에 대한 강한 혐오 때문이었다.

그러나 나의 그런 생각은 별 환영을 받지 못했다. 소심하다거나 과민하다거나 옹졸하다거나 쓸데없이 싸우길 좋아한다거나 누구에게도 지지 않으려는 버릇을 갖고 있다거나 하는 따위의 말까지 들어야 했으니 나로선 참으로 억울하기 짝이 없는 일이었다.

내 입으로 말하긴 좀 민망하지만, 내게 '논쟁 강박증'이 있었다면 그건 바로 '성실 강박증' 또는 '겸손 강박증'이었다. 그 누구의 말도 무시해서는 안 되며 나는 일일이 답을 해야 한다는 원칙을 지키려고 무진 애를 썼다는 말이다. '의연'과 '둔감'의 거리는 그리 멀지 않으며, 둔감의 습관화는 필연적으로 독선과 오만을 낳을 수밖에 없다고 믿었기 때문이다.

당시 나는 잦은 사과를 했는데, 그것 역시 조금은 의도적인 면도 있었다. 독선과 오만을 예방하는 좋은 방법 가운데 하나는 '자기 폭로'다. 자신이 매우 불완전한 인간이라는 걸 널리 알리는 것도 좋지 않겠느냐는 것이다. '콤플렉스'라고 해도 좋을 정도로 내겐 '독선과 오만'을 피하고 '성실과 겸손'을 실천해야 한다는 집착이 있었다.

물론 이젠 생각이 좀 바뀌었다. 남들의 오해에 대한 피곤함과 서운함 때문이기도 했지만 또 다른 이유가 있었다. '침묵'의 장점을 기꺼이 인정하기로 한 것이다. 큰 문제가 있는 사람이나 주장, 또 나에 대한 매우 부당한 비판이라도, 내가 일일이 나서서 논박하지 않더라도 결국엔 사람들이 알게 된다는 것이다.

물론 늘 모든 경우에 그렇다고 볼 수는 없다. 또 시간이 해결해준다는 생각엔 불완전하고 위험한 점도 있다. 그러나 악착같이 끝없는 논쟁으로 대응하는 것보다는 그게 훨씬 낫다는 데엔 기꺼이 동의하게 되었다.

사실 생산적인 논쟁은 매우 드물다. 나는 클로드 레비스트로스 Claude Levi-Strauss, 1908~2009 의 회고록을 읽다가 그가 논쟁에 대해 시간을 빼앗기는 게 아깝다는 식으로 이야기한 것에 대해 전부는 아닐망정 조금은 수긍하게 되었다.[17] 논쟁에 응하지 않는다고 해서 그걸 '오만' 때문이라고만 이야기할 수는 없다는 것이다. 좀 심하다 싶었지만 놈 촘스키Noam Chomsky의 다음과 같은 말에도 일리가 있음을 인정하게 되었다.

"행동하고 싶다면 주변의 소리에 귀를 막아야 합니다. 주변의 소리를 무시할 수 있어야 합니다. 정당하다고 생각하는 것을 자유롭게 행동에 옮길 수 있는 유일한 방법입니다."[18]

나는 논쟁은 어떤 식으로건 이루어지게 되어 있다는 쪽에 서기로 했다. 속된 말로 꼭 마주 보고 맞장을 떠야만 논쟁이 이루어지는 건 아니라는 것이다. 기존 논쟁의 함정은 본말의 전도를 발생케 하는 '자기중심주의'다. 논쟁의 이슈가 중요한 게 아니라 자기 자신이 더 중요해진다는 말이다. 그래서 오직 자기밖에 모르는 사람의 논쟁 사랑은 논쟁에 대한 혐오보다 위험할 수 있다.

그렇다면 논쟁에 대한 내 생각과 자세의 변화로 인해 내가 비판에 둔감해지는 문제엔 어떻게 대응할 것인가? 나는 '과민'하다고 해도 좋을 정도로 모든 비판에 정면 대응하고자 하는 극단적인 모습을 보여왔던 만큼 내가 나 자신을 좀 믿어도 되는 게 아닐까 하는 생각을 해본다. 자신에 대한 신뢰건 불신이건 지나친 건 좋지 않다.

논쟁은 일상적 삶에서도 자주 이루어진다. 논쟁을 무작정 피하면 소중한 배움의 기회를 잃을 뿐만 아니라 사람 만나는 재미도

제3장 확신은 잔인하다

없어진다. 그래서 나는 '웃으면서 화내는 법'의 연장선상에서 '웃으면서 논쟁하는 법'을 실천하고 있다. 누군가 내가 동의하기 어려운 주장을 강하게 피력할 때 정색을 하고 반론을 펴면 상대방은 더욱 자기 의견을 고수하는 쪽으로 변하더라는 걸 수없이 경험한 끝에 찾은 해법이다.

자신이 생각하기에 말도 안 된다고 생각하는 주장을 들으면서 속으로만 화를 내면 건강에 좋지 않다. 나는 그런 경우에 상대의 주장이 흥미롭다는 온화한 표정을 지으면서, 내 생각이라고 말하지 않고, "이런 주장도 있던데, 그건 어떻게 생각하세요?"라는 식으로 제3자적 입장에서 그 사람의 생각을 들어본다. 내겐 이게 아주 재미있다. 내가 직접 개입하지 않는 방식의 논쟁이니까 말이다. 상대가 내 의도를 눈치 챌 수도 있지만, 그렇다 하더라도 피차 상대방의 감정을 건드리지 않는 안전거리가 확보되어 있기에 기꺼이 응한다. 누이 좋고 매부 좋은 '윈윈 게임'이다.

거절을 평온하게 하는 법

"나는 거절의 에티켓에 능숙하지 못하다. 멋지고 세련되게 거절 의사를 표현하는 사람을 보면 부럽기 그지없다. 부득이하게 거절의 뜻을 표할 때마다 등줄기에 식은땀이 흐른다. 가장 큰 걱정은 상대방이 나에게 안 좋은 인상을 가질까 하는 것이었다. 하지만 상대방이 섭섭해하거나 나를 싫어할까봐 어떤 일을 덜컥 떠맡으면 그때부터 더 크나큰 마음고생이 시작된다."

문학평론가 정여울의 말이다. 내심 "맞아, 맞아, 바로 내 이야기야!"라고 생각할 사람이 적지 않을 것이다. 나는 등줄기에 식은땀이 흐를 정도로 거절을 힘들어한 적은 없지만, 그런 내게도 거절은 영 쉽지 않은 일이다. 이른바 '착한 사람 콤플렉스^{disease to} ^{please}'가 없는 사람일지라도 거절을 하면서 마음 편할 사람이 얼마나 있겠는가.

그래서 동서양을 막론하고 거절은 늘 주요 화두가 되어왔고, 거절을 주제로 다룬 국내외 책이 적잖이 나와 있다. 수많은 해법이 나와 있지만, 정여울의 생각이 모범답안인 것 같다. 그는 "나이가 들수록 진짜 중요한 것은 거절의 '태도'지 거절 자체가 아님을 알게 되었다"며 이런 결론을 내린다. "잊지 말자. 우리는 부탁을 거절하는 것이지 존재 자체를 거부하는 것이 아니다. 거절하는 이에게는 '거절의 윤리와 에티켓'이, 거절당하는 이에게는 '거절을 지혜롭게 해석하는 능력과 거절을 극복하는 용기'가 필요한 요즘이다."[19]

그럼에도 '착한 사람 콤플렉스' 또는 '좋은 사람 콤플렉스'가 있거나 그것에 가까운 성향이 있는 사람에겐 거절은 여전히 힘겨운 일일 게다. 그런 사람들은 일단 '전부 아니면 전무'라고 하는 극단적인 사고방식부터 넘어설 필요가 있다. 즉, 100퍼센트 착하지 않으면 나쁜 것이라는 과격한 믿음부터 바로잡아야 한다는 것이다. 같은 이치로 모든 사람을 대상으로 다 사랑을 받거나 호감을 얻겠다는 과욕을 포기해야 한다. 그런 과욕의 근거인 낮은 자존감은 자신에게 '착한 사람'이나 '좋은 사람'이 되는 걸로 극복해야지 그렇게 퍼주기 방식으론 해결되지 않는다.[20]

그 정도는 아님에도 여전히 거절하는 게 어렵거나 거절당하는 것이 두려운 사람에겐 김호의 『나는 왜 싫다는 말을 못할까』라는 책을 추천하고 싶다. 저자의 생생한 경험에서 나온 살아 있는 이야기다. 이 책에서 김호는 "거절을 잘한다는 의미는 마음속에서 불편하게 느끼거나, 무리하다고 생각되는 요청에 대해서 솔직하게 자신의 의견을 표명하는 것이다"고 말한다. 내 마음속의 진실이 무엇인지를 헤아려, 자신이 받아들일 수 없는 상황이거나 무리하다고 생각될 때, 이를 상대방에게 표현하라는 것이다.[21]

물론 그게 어디 쉬운 일이냐고 반문할 사람들도 있겠지만, 그걸 조금이라도 쉽게 하기 위해서 '역지사지易地思之'를 시도해볼 필요가 있다. 아시다시피, 역지사지는 상대방과 처지를 바꾸어서 생각해보는 것이다. 주로 상호소통을 위해 쓰는 말이지만, 이 경우에도 적용 가능하다. 내가 실제로 겪은 경험담을 말씀드리면서 설명해보련다.

나는 영 내키지 않는 부탁을 마지못해 승낙했다가 그 일에 소극적으로 임해 부탁한 사람에게서 불평을 들은 적이 있다. 나는 봉변을 당한 기분이었다. 그 사람이 내게 고마워할 거라고 믿어 의심치 않았기 때문이다. "아니 그렇게 집요하게 부탁해서 사실상 반강제로 맡은 일인데, 이 정도면 됐지 뭘 어쩌란 거야?" 이게 내 심정이었지만, 부탁한 사람의 생각은 달랐다. 일단 승낙을 했으면 최선을 다해야 하는 게 아니냐는 게 그 사람의 생각이었다.

내가 내린 결론은 간단했다. 그 사람이 옳았다. 나는 애초에 그 일을 거절했어야 옳았다. 최선을 다할 수 없을 정도로 내키지 않

제3장 확신은 잔인하다

는 일이었다는 것은 내 사정일 뿐, 그 사람의 사정은 아니다. 그 사람에겐 어떤 과정을 거쳤건 내가 승낙을 했다는 사실만 중요할 뿐이다.

그래도 이건 내가 스스로 이해했으므로 해피엔딩이라고 할 수 있지만, 그렇지 못한 사건도 많았다. 강연, 원고, 인터뷰 요청은 늘 거절의 예술을 요구하는 일이다. 마지못해 요청에 응했다가 몹시 불쾌했던 일이 여러 번 있었다. 독자들이 보기엔 다 좀스러운 일들인지라 구체적으로 밝히진 않겠지만, 이런 경험들을 통해 내가 내린 결론은 "세상은 넓고 이상한 사람은 많다"는 것이었다.

우리는 무슨 일을 할 때에 상대가 다 내 맘 같겠거니 하고 착각하는 경우가 많은데, 절대 그렇지 않다. 내키지 않는 요청을 받아들일 때 이유는 대개 세 가지다. 상대의 요청이 집요하고, 그 요청에 공적 의미가 있고, 그 요청을 거절함으로써 상대를 불쾌하게 만들고 싶지 않다는 것이다. 내 나름으론 이런 배려에 의해 어떤 요청을 마지못해 수락했는데, 요청한 사람은 이후 자신이 내게 시혜를 베풀었다는 듯 무례하게 행동한다. 약속을 펑크 내고 사과조차 하지 않는 사람들도 있었다. 혼잣말이지만 내 입에서 욕이 튀어나올 정도로 정말 이상한 사람이 많았다.

그런 일들은 거의 예외 없이 내키지 않는 요청을 단호하게 거절하지 못했을 때 일어난 것이다. 그래서 나는 그런 일을 여러 번 겪은 후에 독해지기로 마음먹었고, 내키지 않는 요청엔 응하지 않는 나름의 확고한 원칙을 만들어 지금까지 실천해오고 있다.

일부 유명 지식인들은 강연을 할 때에 강연료는 얼마 이상이어야 한다는 조건을 내세우기도 한다. 그런데 의외로 이걸 욕하는 사람이 많다. 명색이 지식인이라는 사람이 그렇게 돈을 밝혀서야 되겠느냐는 식이다. 나는 사석에서 그런 말을 들을 때마다 내 일인 양 열심히 옹호해준다. 이런 식으로 말이다. "그건 자기 시간 관리를 위해서 불가피한 일이다. 수요는 많고 공급은 한정되어 있으니 그런 식으로라도 관리를 해야 한다. 나는 그런 급에 미치질 못해서 감히 그러지 못하는 것일 뿐 그들이 부러울 때가 많다."

그러는 나도 그런 유명 지식인들의 강연료 액수가 엄청나더라는 이야기를 전해 들으면 "지식인이 아니라 연예인이군!"이라면서 씁쓸해한다. 하지만 그건 배가 아파서 그러는 것일 뿐 그것 역시 시장 논리에 따라 결정되는 것엔 문제가 없다고 본다. 물론 강연과 출판 등 대중 지식 시장이 연예계와 전혀 다를 바 없는 논리에 의해 움직이는 것이 바람직하다고 보진 않지만, 그게 현실임을 쉽게 체념한다. 그러면서 "나는 연예인은 아니다"는 '정신 승리'도 해가면서 말이다.

너무도 당연한 이야기지만, 부탁을 하는 사람의 처지와 부탁을 받는 사람의 처지는 다르다. 그런 처지엔 부탁을 하고 받는 사람의 스타일이나 성격도 포함된다. 그런데 우리는 이 자명한 사실을 자주 잊는다.

나는 어떤 부탁을 받고 들어주지 못해 마음이 적잖이 괴로웠는데, 나중에 알고 보니 그 사람은 자신의 부탁을 내가 생각했던 만큼 심각하게 생각하진 않았다는 걸 알고 허탈감을 느꼈던 적이 있다. 아마도 많은 사람이 이런 경험을 했으리라.

미국에서 '100일간 거절당하는 프로젝트'를 진행한 후 『거절당하기 연습: 100번을 거절당하니 실패가 두렵지 않았다』는 책을 출간한 지아 장Jia Jiang은 "거절은 의견에 불과하다"고 주장한다.[22] 거절당하는 것을 두려워하지 말라는 뜻으로 한 말이지만, 거절하는 입장에서도 "거절은 의견에 불과하다"고 생각하면 거절이 한결 쉬워진다. 나는 의견을 제시하는 '표현의 자유'를 누리는 것일 뿐이니까 말이다.

안드레아 돈데리Andrea Dondrei는 거절과 관련해 '직접 문의형 문화'와 '추측형 문화'를 구분한다. 직접 문의형 문화에선 사람들이 무엇인가를 요청할 때 상대가 자신의 요청을 거절할 수도 있다는 사실을 감안하고 직접적으로 물어본다. 반대로 추측형 문화에서는 상대가 꼭 요청을 받아줄 것이라는 확신이 생겼을 때에야 비로소 이야기를 꺼낸다. 요청을 받는 입장에서 거절을 하기 어려운 건 당연히 후자다. 대체적으로 보아 서양은 직접 문의형 문화권인 반면, 동양은 추측형 문화권이다.[23]

이는 미국 인류학자 에드워드 홀Edward T. Hall, 1914-2009이 의사소통과 관련하여 제시한 '고맥락 · 저맥락high context/low context' 개념을 원용한 것으로 보인다. 저맥락 문화에서는 의사소통이 주로 표현된 내용(대화, 글)에 의해 이루어지고 이러한 표현은 직설적인 편인 반면, 고맥락 문화에서는 의사소통은 표현된 내용에서 상대방의 진의를 유추하는 단계를 중요하게 여긴다. 쉽게 말하자면 저맥락 문화에서는 생각을 말로 그대로 표현하기 때문에 맥락 또는 상황이 덜 중요한 반면, 고맥락 문화에서는 말보다는 말을 하는 맥락 또는 상황을 중요하게 여겨 상대방의 뜻을 미루어 짐작해야 할 필요성이 더 크다고 볼 수 있다.[24]

그런데 동일 문화권에서도 사람마다 다를 수 있다. 어떤 사람은 저맥락형 또는 직접 문의형 부탁을 할 수 있고, 또 어떤 사람은 고맥락형 또는 추측형 부탁을 할 수도 있다. 부탁을 받는 입장에선 어느 쪽인지 그걸 알아내는 게 필요하다. 직접 문의형 부탁은 거절하기가 쉽다. 비교적 거절하기가 어려운 추측형 부탁은 한 단계의 과정을 더 거칠 필요가 있다. 부탁으로 인해 내가 져야 하거나 느끼는 부담의 크기, 부탁을 하는 사람과 나의 관계, 그 사람의 절박성, 나 아닌 다른 사람이 들어줄 수도 있는 부탁인지를 따져보는 대체 가능성 등 따져볼 게 한둘이 아니다. 인간관계의 종합예술이라고 해도 좋을 정도로 복잡한 과정이다.

그런 과정을 거쳐 거절의 판단을 내린다고 해도 거절로 인해서 그 사람과 나의 관계가 멀어지면 어떡하나 하는 걱정마저 사라지는 건 아니다. 이런 종류의 걱정과 관련, 김호의 『나는 왜 싫다는 말을 못할까』엔 '과제의 분리'라는 말이 나온다. 기시미 이치로岸見一郎의 『미움받을 용기』라는 책에 나오는 개념을 김호가 재해석한 것인데, 자신의 판단에 따라 행동하되 이에 대해 다른 사람이 어떻게 생각할지는 내가 관여할 수 있는 과제가 아니라 타인의 과제라는 뜻이다. 김호는 다음과 같이 말한다.

"거절과 부탁을 잘하지 못하는 사람들 중에는 모든 이들로부터 좋은 이야기를 들으려고 하는 성향이 강한 사람이 많다. 나 역시 그런 성향이 강한 사람이다. 그러나 모든 사람들로부터 좋은 평가를 받을 필요가 없다고 생각하는 순간 마음의 평화가 찾아오는 것을 느낄 수 있다. 누군가가 나를 싫다고 생각한다면 그것은 그의 과제이지 내가 해결해야 하는 과제가 아니며, 이렇게 과제를 분리하는 순간 크게 걱정할 필요가 없게 된다."[25]

그래도 걱정이 된다면, 비교 평가를 해보면 된다. 감당하기 어렵거나 내키지 않는 부탁을 들어줌으로써 내가 느낄 수 있는 평온과 고통을 비교해보고, 또 거절함으로써 내가 느낄 수 있는 평온과 고통을 비교해보고, 끝으로 이 두 가지를 종합 비교 평가해보는 것이다. 쾌락과 고통을 비교하는 공리주의의 냄새가 난다고 거부감을 가질 필요는 없다. 사실 이런 판단은 직관直觀이 도와주니까 말이다. 이렇게 해서 하는 거절이 쉽진 않더라도 평온을 유지하는 데엔 도움을 준다.

그래도 여전히 자신이 없다면 평온한 척함으로써 평온해지는 '그런 척하기 원칙'의 실천을 시도해보는 것도 좋겠다. 톰 프리엘 Tom Friel은 "'예'는 천천히, '아니오'는 빠르게 말하는 법을 배울 필요가 있다"고 주장한다. 이런 배움을 위한 워크숍도 열린다. '우아한 거절'을 주장하는 재키 마슨Jacqui Marson은 자신의 거절 워크숍에서 참가자들에게 자유롭게 방 안을 걸어다니라고 한 후, 다른 사람과 마주칠 때마다 '싫어'라고 말하게 한다. 그는 "긴말도 아니고 그저 '싫어'라고만 말하게 했다"며 "참가자들은 시간이 지날수록 '싫어'라고 말하는 것을 즐기는 것 같았고, 방 안의 에너지 또한 상승하는 것이 느껴졌다"고 주장한다.[26]

거절을 위한 노력이 눈물겹다. 거절을 비교적 잘하는 사람들은 "아니, 꼭 그렇게까지 해야 하나?"라고 의아하게 생각하겠지만, '거절하는 법'에 관한 책이 많이 출간되는 걸 보면 거절하지 못하는 성격으로 인해 고통받는 사람이 꽤 많은 것 같다.

왜 그렇게 자신을 괴롭혀야 하나? 무엇보다도 우선 남이 아닌 자신에게 착한 사람이 되겠다는 결심을 하면서 지아 장의 "거절은 의견에 불과하다"는 말을 명심하자. 자신의 의견을 말하는 표현의 자유는 기본적인 인권이 아닌가. 그 기본적인 인권을 소홀히 하는 사람은 결코 착한 사람일 수 없다.

나를 위해 용서하는 법

"용서하되 잊지 말자Forgive without Forgetting." 엄청난 인종차별이 저질러졌던 남아프리카공화국 최초의 흑인 대통령으로 당선된 넬슨 만델라Nelson Mandela, 1918-2013가 백인들에 대한 복수심으로 들끓는 흑인들을 설득하기 위해 한 말이다.[27] 이 말은 많은 사람을 감동시켰지만, 그런 정도의 용서도 약하다고 주장하는 사람들도 있다.

미국의 목사이자 노예폐지 운동가였던 헨리 워드 비처Henry Ward Beecher, 1813-1887는 "'용서할 수는 있지만 잊을 수는 없다'는 말은 '용서하지 않겠다'는 말을 다른 방식으로 표현한 것이다"며 "용서란 부도난 수표를 찢어 태워버린 뒤 다시는 볼 수 없는 상태가 되어야 한다"고 주장했다.[28]

성형외과 의사 출신으로 '마음의 성형수술'이 필요하다는 깨달음에 의해 성공학 전도사로 변신한 맥스웰 몰츠Maxwell Maltz, 1889-1975는 "용서는 진정한 의미에서 완전히 잊혀질 때 과거에 받은 마음의 상처에서 고름을 빼내고 그것을 치료해 흉터를 없앨 수 있는 메스가 된다"며 "이미 용서한 잘못뿐만 아니라 용서 자체도 잊어야 한다"고 주장한다.[29]

용서, 정말 어려운 것이다. 어려운 것은 어렵게 말해야 하는데, 너무도 쉽게 용서를 말하는 사람이 많다. 많은 지식인이 피해자도 아니면서 피해자들을 향해 용서의 미덕이나 아름다움을 주장한다. 이른바 '용서 부추기기forgiveness boosterism'가 기승을 부리고 있는 것이다.[30] 이런 세태에 대해 정희진은 다음과 같이 일침을 가한다.

"용서처럼, 행위 자체는 드물면서 그토록 많이 쓰이는 말도 흔치 않을 것이다. 나는 용서가 중요하거나 필요한 일이 아니며, 무엇보다 불가능하다고 생각한다. 가해자가 처벌받으면 천운이고, 피해자와 가해자는 각자 자기 길을 가면 된다. 용서는 판타지다. 용서만큼, 가해자 입장의 고급 이데올로기도 없다. 나는 용서에 관한 환상을 깨는 것이 정의라고 생각한다."[31]

나는 정희진의 생각을 지지한다. 사실상 '책임은 힘없는 사람이 지고 용서는 힘 있는 사람이 받는' 것이 상식처럼 통용되는 세상에서,[32] 주로 힘없는 사람들을 향해 퍼부어지는 용서 예찬론은 뭔가 좀 이상하다. '용서 부추기기'에 앞장서는 사람들의 심리는 도대체 뭘까?

사실 그 이유는 의외로 간단하다. 자신의 마음이 편안해지기 때문이다. 피해자가 용서 대신 복수를 택해 '복수혈전復讐血戰'이 벌어진다고 생각해보라. 구경꾼이더라도 마음이 불편해지거나 불안해진다. 즉, 제3자로선 사회적 안정과 평안을 위해 피해자가 용서를 하는 게 좋다고 생각하기 때문에 용서를 미화하는 것이다.

리처드 칼슨Richard Carlson의 책을 읽다가 "용서는 가장 아름다운 사랑이다"는 말을 접하면서 속으로 "아름다운 사랑 좋아하시네!"라면서 코웃음을 쳤다. 아름다운 사랑을 하려면 자기나 열심히 할 것이지, 왜 주제넘게 남에게 이래라 저래라 하는 건가. 그런데 책을 더 읽어나가다가 접한, 아이를 납치당해 잃은 어느 어머니의 한마디는 강한 울림으로 다가왔다.

"그때 내가 절망에 빠져 용서를 하지 않았다면 술과 마약으로 인생을 망쳤을 거예요."[33]

자신의 어린 딸을 칼로 찔러 죽인 10대 소녀를 용서하기로 결심한 다른 어머니의 말도 비슷하다.

"내가 그 아이를 용서하지 않으면 비통과 분노가 나를 완전히 다른 사람으로 만들어버릴 것 같았어요."[34]

그렇다. 바로 이게 문제다. 이런 경우가 꽤 많다.

1981년 전두환의 5공 정권 치하에서 필화 사건으로 극심한 고문을 받았던 소설가 한수산은 그 당시 보안사의 책임자였던 노태우가 1987년 대통령에 당선되자 "도저히 이런 나라에서 살기도 힘들고, 할 수 있는 일도 없다"며 한국을 등지고 일본으로 떠났다. 후일 한수산은 노태우 등 신군부 일당에 대해 '용서'를 택했다. 그는 자신이 그들을 용서하지 않을 수 없는 이유에 대해 다음과 같이 말했다.

"'사랑을 해봐야 용서한다'란 말이 있다. 나는 힘들게 힘들게 그들이 내 삶에 끼친 고통스런 기억에서 벗어나기 위해 노력했다. 그러나 결국 돌아보니 그들을 위해서가 아니라 나를 위해서 용서하고 있었다. 그들은 하나도 안 변했지 않은가. 결국 저들은 용서받지 못한 자들이다. 나는 나를 위해 그들을 용서했다."[35]

물론 이 경우의 용서는 진정한 용서는 아니다. 가해자가 반성도 하지 않고 용서도 빌지 않는 상황에서 내가 생존하기 위한 수단으로서 용서일 뿐이다. 그러나 내겐 남들이 박수치는 용서보다는 이런 용서가 감동적이다. 누구에게 아름다움을 선사하기 위해 하는 용서가 아니라 내가 살기 위해서 하는 용서, 이게 훨씬 더 인간적인 게 아닌가?

이런 용서가 현명하다는 데엔 의학적 근거도 있다. 관련 연구에 따르면, 상대가 사과하거나 다시는 그러지 않겠다고 약속하는 등의 조건이 있어야 용서하는 사람은 조기 사망 확률이 더 높았다. 우리는 상대가 사과할지를 통제하지 못하는 가운데 사과

를 받을 때까지 용서를 미룬다면 가해자의 손에 내 삶을 넘겨주는 게 되고 말기 때문이다.[36]

비교적 사소한 일의 경우, '나를 위한 용서'의 힘은 매우 크다. 누구건 일상적 삶에서 "아니 저 사람이 어떻게 나한테 이럴 수 있지?"라고 배신감을 느끼는 일을 겪기 마련이다. 나 역시 그런 경험을 한 적이 있었는데, 시간이 흐르면서 자꾸 '나만 손해'라는 생각이 들었다. 그 사람에 관한 이야기만 들어도 짜증이 나고 화가 치미는 게 아닌가.

그 사람은 사과도 없었고, 아니 어쩌면 자신이 내게 무슨 짓을 했는지조차 몰랐을 수도 있다. 나는 나를 위해 그 사람을 용서하는 길을 택했다. 내 마음속에서 그 사람을 '나쁜 놈' 대신 '미련한 놈'으로 바꿔 부르자, 한결 마음이 나아졌다. 미워하는 마음보다는 오히려 동정하는 마음이 생겨났다.

그건 진정한 용서가 아니지 않느냐고 반문하는 사람이 있다면, 진정한 용서는 판타지라는 말씀을 다시 드리고 싶다. 우리에게 가능한 용서는 '남을 위한 이타적 용서'가 아니라 '나를 위한 이기적 용서'다. 이렇게 해서 얻는 평온이 무작정 진정한 용서를 외침으로써 얻는 위장 평온보다 덜 위선적이거니와 수명도 오래 간다.

하룻밤 자면서 생각하는 법

"하룻밤 자면서 생각해보겠다"는 말이 있다. 영어에도 똑같은 표현이 있는데, 바로 'sleep on it'이다. 비유적으로 "~에 대해 즉답을 하지 않다"는 뜻으로도 쓰인다. "하룻밤 자면서 생각해보겠다"는 우리말도 즉답을 피하기 위한 평계로 쓰이지만, 이 말에 충분한 과학적 근거가 있다는 게 밝혀진 건 1953년이었다. 사람들이 잠을 잘 때에도 두뇌는 기능을 멈추지 않는다는 것이 확인된 것이다.[37]

그로부터 45년 후인 1998년 미국의 신경과학자 마커스 라이클Marcus Raichle은 자기공명영상MRI을 연구하다가 한 가지 놀라운 사실을 발견했다. 예상과 달리 두뇌는 정신적으로 아무것도 하지 않을 때 오히려 그 활동을 더욱 강화한다는 것이다. 이 사실에 충격을 받은 라이클은 이 같은 신경 활동의 기묘한 특성을 '디폴트 네트워크default network'라고 불렀다.

왜 이런 디폴트 네트워크가 존재하는 걸까? 디폴트 네트워크가 우리의 자아의식에 필수 불가결하다는 이론이 가장 유력하다. 우리가 온통 바깥세상에만 관심을 쏟는다면, 우리는 생각을 효과적으로 표현하는 데는 익숙하겠지만 자신의 내면을 들여다볼 기회는 얻지 못한다. 즉, '자기' 안에 있는 '진짜 자신'을 만나기 위해 우리가 잠을 자는 동안에도 정보를 소화하고 이해할 수 있게 해주는 게 필요하고, 그게 바로 디폴트 네트워크라는 이야기다.[38]

디폴트 네트워크는 우리가 멍한 상태에 빠져 있을 때에도 작동한다고 한다. 그렇다면 이른바 '멍 때리기'도 장려할 일은 아니겠지만, 가끔 한 번 해보는 것도 좋을 것 같다. 영 품위가 없게 느껴진다면 '느슨한 성찰'이라고 바꿔 부르는 건 어떤가. 입으론 누구나 다 성찰이 필요하다고 말하면서도 정작 그걸 하는 사람은 드문 세상이다. 멍 때리다가 우연히 타인과의 관계에 대한 성찰도 해본다면 일석이조一石二鳥가 아닌가 말이다.

디폴트 네트워크는 완벽주의를 완화하는 데에도 도움이 된다. 완벽주의는 '스스로 만든 감옥'이라고 단언하는 호르스트 코넨Horst Conen은 불완전한 그대로를 사랑하는 법을 배워야 하며, 완벽주의자는 일찍 죽는다는 격언을 되새기며 무계획적으로 행동해

보고 즉흥성을 갖도록 하자고 주장한다. 예컨대, 특정한 일은 대충 끝마치거나 하다가 중단하며, 문장을 쓰다 멈추는 것도 좋지 않겠느냐는 것이다.[39]

글을 쓰다가 자주 중단하는 나로서는 코넨의 처방이 그럴듯하게 들린다. 좋은 생각이 나지 않을 때 글을 완성하려고 붙들고 앉아 있으면 골치가 아파지고 글쓰기 자체가 싫어진다. 그런 경험을 몇 차례 한 후에 내가 스스로 택한 방법은 글을 미완성 상태로 놔두고, 그 대신 그걸 한두 줄 메모로 남겨 몸에 지니는 것이다. 그리고 한가하거나 자투리 시간에 그 메모를 보고 생각해 보는 것이다. 그 결과는 놀라웠다. 훨씬 더 좋은 아이디어가 떠오르는 게 아닌가. 그래서 이젠 아예 미완성 상태를 즐기는 수준에까지 이르렀다.

그런 일엔 특히 걷기가 도움이 된다. 걷기보다는 산책이라는 단어가 더 멋있게 들리니 산책이라고 하자. 웬만한 철학자들치고 산책의 힘을 역설하지 않은 이가 드물 정도로 산책은 사색에 큰 도움이 되는 활동이다.

장 자크 루소Jean Jacques Rousseau, 1712-1778는 "우리의 첫 철학 스승은 우리 발이다"고 했다. "보행에는 내 생각들에 활력과 생기를 부여하는 그 무엇이 있다. 나는 한자리에 머물고 있으면 거의 생각을 할 수가 없다. 내 몸이 움직이고 있어야 그 속에 내 정신이 담긴다."

이마누엘 칸트Immanuel Kant, 1724-1804는 독일 쾨니히스베르크에서 태어나 80년간의 일생을 그곳에서 보내면서 단 한 번도 자신이 태어난 도시를 벗어나지 않았다. 그는 매일 5시 정각이 되면 항상 일정한 경로를 따라 규칙적으로 산책하러 나섰기 때문에 사람들은 다른 어떤 것보다도 정확하게 시간을 알려주는 그의 등장에 시계를 맞출 수 있었다. 그의 5시 산책이 이루어지지 않은 건 딱 두 번이었다. 첫 번째는 1762년 칸트가 열렬히 존경해 마지않았던 루소의 『에밀』 출간이었다. 책을 받은 칸트는 책에 너무 빠져들어 산책마저 잊었다나. 두 번째는 1789년의 프랑스혁명이었다. 이 사건에 큰 충격을 받았다고 한다.

헨리 데이비드 소로Henry David Thoreau, 1817-1862는 자신이 집 주변을 돌아다니기를 무척 좋아하며, 주변 경관을 둘러볼 때마다 언제나 새롭거나 놀라운 무언가를 발견한다고 했다. "반지름 약 15킬로미터의 원 안에 들어가는, 즉 반나절 동안 걷는 공간 안에 경관이 품을 수 있는 것들과 인간의 70년에 걸친 생애 사이에는 사실 어떤 공통점을 찾을 수 있다. 결코 익숙해지지 않으리라는 것이다."

프리드리히 빌헬름 니체Friedrich Wilhelm Nietzsche, 1844-1900는 "산책에서 얻은 아이디어만큼 값진 것은 없었다"고 했다. "나는 손만 가지고 쓰는 것이 아니다. 내 발도 항상 한몫을 하고 싶어 한다. 때로는 들판을 건너질러서, 때로는 종이 위에서 발은 자유롭고 견실한 그의 역할을 당당히 해낸다."

이들이 역설한 산책의 그런 효과는 오늘날 현대 과학을 통해서도 밝혀지고 있다. 산책은 기분 전환을 유도하여 정서적 균형을 이루게 하고, 스트레스 호르몬인 코르티솔의 수치를 떨어뜨려 스트레스 완화 효과도 있으며, 뇌가 지속적인 자극을 받게 함으로써 창의성도 향상시킨다는 것이다.[40] 우리 같은 보통 사람이야 산책이 그렇게까지 대단한 건지는 모르겠지만, 내 경험에 비추어보자면 산책이 생각에 큰 도움이 된다는 점은 분명하다.

지방에 사는 축복 중의 하나는 시공간적 여유다. 나는 서울에 사는 사람들과 서울 인근 도시에 살면서 서울로 출퇴근하는 사람들을 불쌍하게까지 볼 정도로 그런 여유의 축복을 누리면서 살고 있다. 나는 매일 집에서 학교까지 걸어다닌다. 중간에 덕진 공원이 있다. 왕복 1시간 거리지만, 가끔 그곳에서 늑장도 피우면서 산책의 기쁨을 만끽한다. 뚜렷한 목적지가 있는 걷기인지라 엄밀한 의미의 산책이라고 할 수는 없지만, 산책의 느낌과 기분으로 걸으니 산책과 다를 바 없다. 미완성의 주제에 대해 뭔가 생각이 떠오르면 멈춰 서서 늘 몸에 지니고 다니는 종이에 메모를 한다.

매일 개근하는 헬스센터의 트레드밀(러닝머신) 위에서 하는 '빠른 산책'과 더불어 운동 후 목욕탕에서 '멍 때리기'도 그런 생각을 하는 데에 큰 도움이 된다. 무슨 도움을 얻기 위해 하는 일이 아니건만, 그럴 때에 더욱 많고 좋은 생각이 떠오르는 걸 어이하랴.

목욕을 하던 중 황금의 밀도를 측정할 수 있는 방법을 깨닫고 "유레카!(알아냈다!)"라고 외치며 알몸인 채 거리로 달려나갔다는 아르키메데스Archimedes, B.C.287-B.C.212의 경지를 감히 넘볼 수는 없지만, 수시로 내 나름의 소소한 '유레카'를 얻는다. 서울이나 다른 지역에 갈 때에 이용하는 버스도 '유레카'를 위한 생각을 하기엔 아주 좋은 공간이다.

내겐 이게 바로 '하룻밤 자면서 생각하는 법'의 주요 메뉴다. 이 모든 방법을 나만 알기엔 너무 아까운 것 같아 학생들에게도 권하는데, 내가 느끼는 학생들의 반응은 한결같다. "스마트폰 놔두고 왜 그런 이상한 짓을 하지?" 하긴 헬스센터에서 스마트폰을 옆에 놓고 운동하는 사람은 아주 많고, 심지어 목욕탕 안에까지 비닐로 감싼 스마트폰을 끌고 들어오는 사람들도 있는 걸 보면, 그들의 그런 반응이 무리는 아니다. '하룻밤 자면서 생각하는 법'이 아니라 '스마트폰 보면서 생각하는 법'이 있는지는 모르겠다.

'독창성 강박'에서 해방되는 법

"기억력이 너무 좋으면 훌륭한 사색가가 되지 못한다."[41] 프리드리히 빌헬름 니체Friedrich Wilhelm Nietzsche, 1844-1900의 말이다. 니체가 기억력을 정신적 축적이라는 의미로 인식했다면 그의 주장은 잘못된 것이지만, 암기력이라는 의미로 인식했다면 맞는 말이다. 물론 니체의 뜻은 정신적 축적과 암기력 그 어느 중간쯤에 있을지도 모르겠지만 말이다.

글쟁이나 예술가라면 누구건 니체의 이 말이 무슨 뜻인지 쉽게 이해하는 건 물론 정말 그렇다고 맞장구를 칠 것이다. 아니 글쟁이나 예술가가 아니더라도 글을 좀 써보려고 진지하게 시도한 사람이라면 니체가 무슨 뜻으로 그런 말을 했는지 공감할 것이다.

기억력이 좋은 사람이 괜히 니체의 이 말에 불쾌하게 생각할 필요는 없을 것 같다. 기억력이 안 좋다고 훌륭한 사색가가 되는 것도 아니니 말이다.

사실 글쓰기는 대부분의 사람에겐 '독창성의 게임'이라기보다는 '기억력의 게임'이다. 그리고 얼마나 많이 읽었느냐의 게임이다. 많이 읽고 기억력이 좋을수록 머리에 든 게 많을 테니 그만큼 글쓰기도 쉬워진다는 이야기다.

책을 많이 읽을수록 자신이 무식하다는 걸 절감하게 된다는 이야기가 있는데, 그 이유 중 하나는 "아, 이미 이런 생각을 한 사람이 있었구나!"라고 새삼 놀라기 때문이다. 자기만의 생각일 것으로 믿었는데, 그게 아니었던 것이다. 그런데 책을 많이 읽은 사람일수록 그런 생각을 더 많이 하게 되기 때문에 독창성에 대해 회의를 갖게 된다. 반면 책을 적게 읽은 사람일수록 이미 누군가가 비슷한 이야기를 했다는 걸 전혀 모른 채 자신의 독창성을 믿게 된다.

그럼에도, 아니 어쩌면 바로 그런 이유 때문에, 우리는 독창성의 가치를 매우 높게 평가하는, 묘한 게임을 한다. 창조의 주역은 단 한 사람이라는, 그리고 그 사람의 아이디어는 완전히 독창적인 것이라는 잘못된 믿음을 가리켜 '독창성 신화'라고 하는데,[42] 이 신화의 힘은 매우 강력하고 끈질기다. 그래서 일부 학자들은 "각주脚註 없는 책을 써보고 싶다"는 희망을 피력한다. 각주가 없다는 것은 참고문헌이 없다는 이야기이니, 순전히 독창적인 책을 써보겠다는 야심을 그리 표현하는 것이다.

격려할 일이긴 하지만, 헛된 욕망이거나 부질없는 꿈에 불과한 것일 수도 있다. 이미 자신의 머릿속에 입력된, 수많은 책에서 얻은 정보와 지식과 생각이 자신의 것이란 말인가? 참고문헌을 보지 않고 기억력에 의존해 그런 정보와 지식과 생각을 자신의 언어로 풀어낸다고 해서 독창성을 주장할 수 있는 걸까? 이와 관련, 애덤 그랜트Adam Grant는 다음과 같이 주장한다.

"완전히 독창적인 것은 없다. 우리가 지닌 생각은 모두 우리 주변을 둘러싼 세상에서 우리가 터득하는 것들의 영향을 받기 때문이다. 우리는 의도적이든 그렇지 않든 간에 끊임없이 주위에서 아이디어를 빌려온다. 우리는 모두 다른 사람의 아이디어를 자기 것으로 착각하는 '절도 망각증kleptomnesia'에 사로잡히기 쉽다."43

'절도 망각증'까진 아니라고 해도 해럴드 블룸Harold Bloom이 말한 '영향에 대한 불안the anxiety of influence'에서 자유롭긴 어렵다. 오랜 세월 작가들은 자신이 독창적이어야 한다는 강박으로 앞선 작가들의 영향을 받는 것에 대해 무수히 많은 말을 해왔다. 이에 대해 요한 볼프강 폰 괴테Johann Wolfgang von Goethe, 1749-1832는 이런 말을 남겼다.

"독창성에 대한 말들이 이렇게 많지만 그게 다 무슨 뜻인가?

제3장 확신은 잔인하다

우리가 태어나자마자 세계는 우리에게 영향을 주기 시작하고 이는 우리가 죽을 때까지 계속된다. 그리고 어쨌든 에너지, 힘, 의지를 제외하면 실제로 무엇을 우리 것이라고 말할 수 있단 말인가!"[44]

그래서 자크 에르만Jacques Ehrmann, 1931-1972은 "글을 쓴다는 것은 곧 남의 글을 인용하는 것"이라며 작가의 창작 행위를 일종의 표절 행위로 간주했다. 이합 핫산Ihab Hassan, 1925-2015도 "글쓰기는 표절이 되고, 말하기는 인용이 된다"고 했다.[45] 이와 관련, 앤드루 포터Andrew Potter는 '영향에 대한 불안'을 둘러싼 글쟁이들의 오랜 고민에 대해 다음과 같이 말한다.

"다른 예술가들의 영향을 피할 수 없다, 한발 늦었다. 쓸 만한 말은 다른 사람이 벌써 다했다, 이런 식의 불안감은 모든 예술가가 한두 번씩은 다 겪고 지나간다. 그렇다면 이런 가능성이 있다. 표절이 증가하는 원인은 사람들이 부정직하거나 허위의 도덕성을 우려하지 않아서가 아니라 역설적으로 그것을 너무 과하게 우려하기 때문일 수 있다. 우리는 독창성을 너무 중시한 나머지 빌리거나 파생된 아이디어를 얕본다.……문제는 독창성이 요구될수록 점점 더 독창적이기 어려워진다는 데 있다. 그래서 우리는 거짓말을 하거나 아이디어의 출처를 감추게 된다."[46]

그럼에도 학자들은 독창성에 대한 꿈을 버리지 못한다. 그것이 자신들의 존재 근거라고 믿으며, 자신을 둘러싼 세상이 그런 믿음을 부채질하기 때문이다. 그래서 학자들은 기존의 현상에 새로운 용어를 붙임으로써 이름을 알리려는 새로운 방법을 모색한다. 새로운 발견을 높이 평가하는 학계의 풍토가 이러한 경향을 더욱 부채질한다. 그래서 점점 더 많은 유사한 효과에 대해 점점 더 많은 설명, 점점 더 많은 용어가 생겨나고 있다.[47]

세상엔 '독창성'으로 괴로워하는 사람이 많다. 종류와 성격은 좀 다를망정, 독창성은 글쟁이나 예술가에게만 필요한 게 아니다. "뭔가 독창적인 아이디어를 내보라구!"라는 외침은 아마도 전국의 많은 직장에서 울려 퍼지고 있을 게다. 독창성과 비슷한 용어인 창의성, 창조성, 크리에이티브 등에 관한 책이 많이 쏟아져 나오는 것만 보아도 그런 압박이 만만치 않다는 걸 잘 알 수 있다. 도대체 어떻게 해야 그런 압박으로 인한 스트레스에서 벗어날 수 있을까? 우선 마음을 비우고 가볍게 접근할 필요가 있다.

T. S. 엘리엇T. S. Eliot, 1888-1965은 "갈망하게 되면 창의성이 생긴다"고 했지만, 보통 사람들은 이 말을 믿지 않는 게 좋을 것 같다. 갈망하다가 스트레스의 수렁에 빠질 수 있으니 말이다. 그러니 갈망은 극소수 천재들의 해법으로 남겨두자.

미셸 드 몽테뉴Michel de Montaigne, 1533-1592의 '겸손' 또는 '뻔뻔' 전략을 오늘에 맞게 고쳐 쓰는 게 더 현실적일 것 같다. 몽테뉴는 다른 사람들이 한 말을 자신의 말인 것처럼 하면서도 "그것을 훔치거나 변조하거나 위장해서 전혀 새로운 결론에 맞출 수 있으면 마음이 기쁘다"고 했다. 뻔뻔해 보이지만, 동시에 겸손했기에 가능한 일이었다. 이에 대해 슈테판 츠바이크[Stefan Zweig, 1881-1942]는 이런 너그러운 해설을 제시한다.

"그에게는 학자처럼 정확하거나, 작가처럼 독창적이거나, 시인처럼 언어가 뛰어나야 할 의무감이 없었다. 그리고 전문 철학자처럼 다른 사람이 어쩌면 이미 이 생각을 했던 건 아니겠지 하는 고민도 없었다. 그러니 아무 걱정도 없이 방금 키케로나 세네카의 글에서 읽은 것을 여기저기에 덧붙일 수가 있었다.……그는 일부러 이름들을 빼먹었다. 이 모든 것을 그는 기꺼이 인정한다.……그는 뒤에서 비추는 사람이지 문필가가 아니었으며, 자기가 끄적거리는 것을 지나치게 진지하게 여기지도 않았다."[48]

당신이 문필가가 아니라면, 자신이 끄적거리는 것을 지나치게 진지하게 여기지만 않는다면, 몽테뉴의 방식을 원용해보는 것이 좋겠다. 다만 속이진 말아야 한다. 몽테뉴처럼 이미 나와 있는 정보나 지식을 훔치거나 변조하거나 위장해서 전혀 새로운 결론에 맞추었다는 것을 인정하면 된다. 물론 21세기 식으로 하자면, 출처를 밝히는 게 그런 인정이 될 것이다. 중요한 것은 '창조는 편집'이라는 것을 흔쾌히 인정하는 마음이다.[49]

빌 게이츠[Bill Gates]가 독창성에 대해 매우 냉소적이라는 것도 작은 위로가 될지 모르겠다. 그는 대부분의 사람들은 일생을 통해 한 가지 정도의 매우 훌륭한 아이디어를 생각해낼 뿐이며, 거의 모든 해법은 이미 어딘가에 존재하고 있고, 다만 그 사실이 증명되어야 할 뿐이라고 믿는다. 그는 자신의 재능은 이러한 해법을 발견하여 상업적으로 성공할 수 있는 제품으로 개발해내는 것이라고 말한다.[50]

게이츠의 그런 생각을 뻔뻔하다고 욕하는 건 난센스다. 물론 게이츠는 전반적으로 보아 뻔뻔한 사람이긴 하지만, 독창성에 대한 접근은 게이츠 식으로 하는 게 옳다. 그러니 자신에게 독창성이 없다고 자책할 일이 결코 아니다. '창조는 편집'임에도, 편집 대신 창조에만 매달리다 보면 성과가 나지 않는 건 둘째치고 자신만 괴롭힐 뿐이다.

도시에 사는 보통 사람들이 써먹을 수 있는 방안은 아니지만, 알베르트 아인슈타인Albert Einstein, 1879-1955의 이런 조언도 있다는 걸 알아두면 좋을 것 같다. "나는 시골에서 고독하게 살면서 조용한 생활의 단조로움이 창의력을 자극한다는 걸 깨달았다."

나로 살기 위한 연습

◇◇◇◇◇◇◇◇◇◇◇◇

"'책임의 개인화' 현상이 문명사적인 현상이기 때문에
옳다거나 불가피하다는 게 아니라
그걸 완화하기 위해선 다른 접근법이 필요한 게 아닌가 하는
의문을 가질 필요가 있다는 것이다."

『아프니까 청춘이다』를 욕하는 대신

"요망한 궤변."

"정신적 마약."

"거대한 사기극."

"실용 포르노그래피."

"우리의 눈을 가리기 위한 일종의 안대."

"자기계발서를 읽었다는 건 '낚였다!'의 다른 말."

자기계발 서적들에 대한 부정적인 평가다. 그런데 이런 평가는 상황 의존적인 경우가 많다. 사회적 상황에 비추어 자기계발 담론을 평가하는 경향이 있다는 것이다.

이를 잘 보여준 대표적 사례가 2010년에 출간된 김난도의

『아프니까 청춘이다』를 둘러싼 논란이다. 이 책은 독자들의 열렬한 환호를 받으면서 사회적 현상이 되었다. 그러나 청년 실업이 악화되면서 이상한 일이 벌어지기 시작했다. 청년들의 존경을 누리던 멘토가 '공공의 적'이나 된 것처럼 집중적인 비난의 대상이 되었으니 말이다. 이런 비난 공세는 너무도 독한 말들의 대향연이었던지라, 여기에 일일이 인용은 하지 않겠다.

청춘을 대상으로 자기계발과 힐링을 위한 말을 했다고 그렇게까지 거친 욕을 먹어야 하나? 『아프니까 청춘이다』의 메시지는 저자 스스로 밝혔듯이, '큰 지식을 얻고', '큰 책임을 느끼고', '큰 꿈을 꾸라'는 뻔한 이야기의 반복이다. 꾸준히 노력하라는 '1만 시간의 법칙'을 역설하고, "시련의 그대의 힘이다"라고 말한 게 문제였을까? "아프니까 청춘이다"는 말도 "너무 흔들리지 말라"는 뜻으로 한 말일 뿐인데, 모두 다 너무 아픈 탓에 제목만 보고서도 화가 치밀었던 게 아니었을까? 불과 수년 사이에 달라진 상황의 절박성과 거리가 있는 게 문제라고 해도, 저자가 무슨 수로 미래의 변화까지 책임질 수 있단 말인가?

이 책이 담고 있는 메시지의 대상이 사실상 서울대학교 학생과 졸업생으로 대변되는 엘리트 청춘 위주라는 점이 문제일 순 있겠지만, 이 책이 늘 광범위한 대중을 염두에 두어야 할 공영방송은 아니잖은가. 이 책이 300만 부 이상이 나갈 정도로 너무 큰 성공을 거두었기에 일종의 화풀이 대상이 되었다고 보는 게 옳을 것 같다. 한국 문화 특유의 '쏠림' 현상을 화풀이 대상으로 삼을 순 없으니 말이다.

지난 수년 사이에 청춘의 고통이 심화된 것은 분명하다. 엄기호는 "꿈은 자본주의가 청춘에 깔아놓은 가장 잔인한 덫이다"고 말한다.[1] 한때 좋은 덕담이었던 "꿈을 가져라"라는 말이 이젠 노골적인 냉소나 비난의 대상이 되고 있는 것이다.

그러나 그렇다고 해서 출판계의 자기계발 시장이 위축된 건 결코 아니다. 언론은 가끔 자기계발서에 피로를 느낀 독자들이 늘면서 자기계발 서적의 판매액이 줄었다는 식의 기사를 내보내지만, 그대로 믿을 건 아니다. 출판계의 분류법에 따른 자기계발 서적의 감소는 있을지언정, 대중적인 인기를 누리는 책들엔 자기계발의 요소들이 다분하기 때문이다.

서동진이 잘 지적했듯이, 자기계발서들을 경멸하는 이들도 "자기계발이란 용어를 경유하지 않은 채, '삶에 도움이 되는', '나의 경력 개발에 유용한', '내가 누구인지 깨닫게 하는', '나의 진정한 자유를 발견하고 성찰하게 한' 등의 이야기를 통해 자기계발 담론을 열정적으로 소비한다".[2] 아니 독자로선 모든 책이 다 자기계발을 위한 것이라고 해도 과언이 아니다. 자기계발이 도대체 왜 문제가 된단 말인가?

자기계발 비판에 알게 모르게 스며든 엘리트주의에 대해 생각해볼 필요가 있다. 자기계발서들을 비판하는 지식인들은 신문에 칼럼을 기고할 수 있을 정도로 나름 자기 분야에서 성공을 거둔 사람들이다. 이들은 정녕 자기계발의 과정을 거치지 않고서 그 자리에 오른 걸까?

내 짐작이지만, 나는 그들이 자기계발서들을 읽지 않고 다른 방법들을 통해 스스로 자기계발을 했을 것이라 믿는다. 그런데 이건 지식 엘리트의 길을 걷고자 하는 사람들은 할 수 있어도 자기계발서들을 읽는 대다수 보통 독자는 하기 어려운 일이다. 지식 엘리트가 보기엔 유치한 내용일망정 자기계발서들이 그들의 자기계발에 도움이 되는 점도 있다는 것이다.

독자들이 자기계발서를 읽었다는 건 '낚였다!'의 다른 말일 수도 있겠지만, 그들이 물 밖으로까지 끌려 나가진 않는다. 자기계발서가 자신의 인생에 큰 도움이 되었다고 말하는 수많은 간증은 예외적인 것일 수도 있겠다. 하지만 일반 독자들의 자기계발서 사용 후기들을 꼼꼼히 읽어보거나 그들을 직접 만나 이야기를 들어보면, 그들이 나름 자기계발서에서 자신이 필요한 것만 선별적으로 받아들이거나 이용하는 '능동적 독해'를 하고 있다는 걸 알 수 있다.

자기계발서는 대부분 심리학적 이론에 근거한 것인데, 그 이론들은 대학에서 정규 과목들을 통해 가르치고 있는 것이며, 그 누구도 그 이론들이 쓰레기 같다거나 파렴치하다고 말하지 않는다. 그렇다면 문제는 그 이론이 자기계발, 그것도 사회구조를 외면한 개인의 자기계발에 과장되게 적용되었으며, 그런 자기계발의 성공 확률도 매우 낮다는 점일 것이다. 그래서 부작용의 우려가 있다는 것일 텐데, 비판은 이 점에 국한하는 게 좋지 않을까?

나는 자기계발을 주제로 논문과 책을 쓰느라 웬만한 자기계발서들은 거의 다 읽어보았는데, 나 역시 "아니 어떻게 이런 게 베스트셀러가 되었지?"라고 의아해하면서 독서 대중의 '한심한 수준'에 놀라기도 했다. 그런데 흥미로운 건 자기계발서를 비판하는 그 누구도 감히 독서 대중의 '한심한 수준'을 비판하진 않는다는 점이다. 그들의 비판은 저자와 마케팅에만 국한된다. 어떤 베스트셀러의 마케팅이 아무리 뛰어나다 해도 그게 독서 대중의 수준과 무관하단 말인가? 이거 좀 이상하지 않은가?

월트 휘트먼Walt Whitman, 1819-1892은 "위대한 시인을 갖기 위해선 위대한 수용자(국민)가 있어야 한다"고 했다. 이 말에 동의하지 않는 사람이라도 출판 시장에서 작동하는 수요와 공급의 상관관계까지 부정하긴 어려울 것이다. '한심한 수준'은 상대적인 것이다. 눈높이에 문제가 있다면 나에게 있는 것이지 그들에게 있는 것은 아니다.

물론 자기계발서 비판도 의견 표명이기에 얼마든지 자유롭게 이루어질 수 있지만, 다른 것도 아닌 '진보'의 가치를 비판의 논거로 삼은 이상 그 가치를 실현하는 쪽으로 다가서 보는 것도 좋지 않겠느냐는 뜻에서 하는 말이다. 자기계발서들을 비판하더라도, 자기계발에 대해 비판적인 『자기계발의 덫』이라는 책을 쓴 미키 맥기Micki McGee처럼 최소한의 균형 감각은 갖는 게 어떨까?

맥기는 "기존의 자기계발 문화는 개인들이 자신의 상처와 불만을 구조적인 사회문제의 일부로 이해할 가능성에서 이탈시켜 버린다"며 시종일관 비판적인 자세를 취하면서도, '(사회개혁을 위한) 활동가들이 자기계발 문화에서 배워야 할 것'을 지적한다. 그 핵심은 "현재를 희생하며 추상적이고 먼 미래의 목표를 위해 일하는 것은 더이상 가능하지 않다"는 것이다.

맥기는 자기계발이 개인적인 것이라고 폄하하지 말고, 개인적인 것을 정치적인 영역으로 확장하기 위한 시도를 해야 한다고 주장한다. 공적 영역과 사적 영역을 분리하려고 들 게 아니라 중첩되는 부분에 주목하고, 공적 요구와 사적 요구 사이의 구분이 사라지는 현상을 활용해야 한다는 것이다. 그는 즉각적 요구와 장기적 요구의 평화 공존을 모색해야 한다며 이런 결론을 내린다. "자기계발 서적으로 입증된 불만을 효과적으로 이끌어내는 것이 향후 급진적이고 진보적인 운동의 핵심 과제이다."[3]

아주 좋은 제안이다. 그런 자세를 가지면 자기계발서에서 배워야 할 게 아주 많다는 걸 절감하게 될 것이다. 가장 중요한 것은 낮은 곳으로 내려와 겸손하게 다가서는 법일 게다.

누구나 공감하겠지만, 일반적인 자기계발서들의 공통점은 똑같은 말을 표현만 달리해 수없이 되풀이하는 '동어반복'이다. 이

걸 비웃는 사람이 많고, 나 역시 그런 사람 중의 하나였지만, 어느 순간 "맞아. 바로 그렇게 해야 하는 것 아닌가?" 하는 생각이 들었다.

글이나 책의 깔끔한 완성도가 중요한가, 아니면 어떻게 해서건 자신의 주요 메시지를 이해시키겠다는 '성과'가 중요한가? 자기 계발서들은 후자의 방식을 택한 것일 뿐이고, 똑같은 말을 독자들이 질리지 않게 여러 차례 반복할 수 있는 것도 실력 아닌가? 이렇게 생각을 바꾸자, 나의 비웃음이 온당치 않다는 생각을 하게 된 것이다.

글로 세상에 영향을 미치고자 하는 사람들이 가장 중요하게 생각해야 하는 건 대중과의 소통이지만, 그들 대부분은 자신의 동료들을 더 중요하게 생각하는 경향이 있다. 나는 진보적 운동가들이 남긴 성찰의 명언 중에 박래군의 다음 말을 가장 좋아한다. "나를 비롯한 진보 운동은 우리만의 세상에 스스로를 가두어 두고 대중들과 소통하기를 거부했다."[4]

왜 거부했을까? 아마도 대중과의 소통은 쉬운 일이 아니라는 점이 작용했을 것이다. 글을 어렵게 쓰는 것보다는 쉽게 쓰는 게 훨씬 어렵다. 물론 말도 마찬가지다. 온갖 지식으로 가득 찬 추상의 세계를 벗어나 대중의 삶의 현장으로 뛰어들어 그들의 피부에 가닿는 이야기를 한다는 건 난해한 이론을 이해하고 구사하는 것보다 어려운 일이다.

그 어려움을 넘어서기 위해 애를 쓸 것인가, 아니면 대중과의 소통을 잘하고 있는 자기계발서들의 유치함을 비웃는 것으로 위안을 삼을 것인가? 대중과 소통하지 않겠다면 모를까 소통하고자 한다면, 뭔가 발상의 전환이 필요한 게 아닐까?

『시간의 역사』를 쓴 스티븐 호킹Stephen W. Hawking, 1942-2018은 "더 이상 쉽게 쓸 수는 없다"며 출판사의 편집자와 사소한 다툼을 벌였다. 그랬던 호킹이 편집자의 다음 말에 넘어가 결국 그의 요청을 따르게 되었다는 이야기에서 얻어야 할 교훈은 없을까? "선생님께서 단어 하나 고칠 때마다 전 세계의 독자 백만 명이 늘어난다고 생각하십시오."[5]

자기계발서의 이념적 문제가 자기계발서에 국한된 것인가 하는 점도 따져볼 필요가 있다. 사실 모든 자기계발 담론을 꿰뚫고 있는, 사회구조의 문제마저 개인 탓으로 돌리는 '책임의 개인화' 현상은 자기계발서의 문제라기보다는 문명사적인 현상이다.

레베카 코스타Rebecca Costa가 잘 지적했듯이, "한 문명이 인식 한계점에 도달하여 문제의 복잡성이 인식 능력을 넘어서면, 곤란한 사회적 문제를 바로잡을 책임이 평범한 시민들에게도 전가된다. 수백만 명의 사람들이 같은 고통을 겪는 상황임에도 불구하고, 사회 깊숙이 자리 잡은 시스템적 문제를 직시하기보다는 각 개인에게 실패의 책임을 돌리는 간편한 길을 택하기가 쉽기 때문이다."[6]

'책임의 개인화' 현상이 문명사적인 현상이기 때문에 옳다거나 불가피하다는 게 아니라 그걸 완화하기 위해선 다른 접근법이 필요한 게 아닌가 하는 의문을 가질 필요가 있다는 것이다. 너무 거시적으로만 접근하면 소 잡는 칼로 닭을 잡으려는 '우도할계牛刀割鷄의 오류'를 범하기 쉽다. 자기계발 붐은 '능력주의meritocracy'라고 하는 신화를 그 기반으로 삼고 있기 때문에 자기계발보다는 오히려 능력주의의 허구를 폭로하고 비판하는 게 나은 대안일 수 있다. 『아프니까 청춘이다』를 욕하는 대신 그게 훨씬 더 낫지 않을까?

더 나아가 자기계발을 단지 개인 중심이라는 이유만으로 '보수 담론'으로 간주해 비판만 하지 말고 그럴 힘의 상당 부분을 '진보적 자기계발'의 가능성을 모색하는 데에 바치면 어떨까? 진보적 개인은 자기계발을 하면 안 되는 걸까? 오직 사회 이야기만 해야 하는 건가? 자기계발은 사실상 진보와 보수를 막론하고 모두 다 하고 있는 게 아닌가? 자기계발을 하더라도 혼자 조용히 해야지 그걸 공개적으로 떠들면 안 된다는 이야긴가? 좀 답답한 생각이 들어 던져본 우문愚問들이다.

'행운'을 '능력'이라고 주장하는 사기극

지난 2004년 재미있는 통계가 하나 발표되었다. 서울 시내 554개 초등학교의 의무 취학 대상 아동은 모두 12만 9,000여 명이었는데, 이 중 11퍼센트인 1만 4,000여 명이 학교에 들어가지 않았다는 통계다. 이는 2001년 8.7퍼센트와 비교해 크게 늘어난 수치였다. 반면 만5세 아동의 조기 입학은 1999년 2,800명이던 것이 2004년엔 925명으로 급감했다.

이처럼 조기 취학이 줄고 아이들을 늦게 입학시킨 학부모가 늘어난 이유는 무엇이었을까? 이 같은 현상은 주로 또래보다 키나 덩치가 작은 아동이나 7세 때 초등학교에 입학하도록 되어 있는 1, 2월생 아동들에게서 주로 나타났는데, 부모들은 아이들이 학교생활에 제대로 적응할는지에 대해 의심했기 때문이다.[7]

학부모들의 이런 의심은 타당한가? 물론이다!

캐나다에선 1월 1일을 기준으로 나이를 헤아리고 그에 맞춰 하키 클래스를 짠다. 캐나다 온타리오 주니어 하키 선수들의 출생일을 살펴보았더니 흥미로운 결과가 나타났다. 1월에 태어난 선수가 가장 많고, 그다음은 2월생, 3월생 순이었다. 어떤 엘리트 하키 선수팀 선수의 40퍼센트는 1~3월생, 30퍼센트는 4~6월생, 20퍼센트는 7~9월생, 10퍼센트는 10~12월생이었다. 캐나다 하키를 지배하는 '철의 법칙'이다.

캐나다에만 이런 법칙이 있는 건 아니다. 미국에서 학교 외 야구리그는 7월 31일을 기준으로 선수의 연령을 구분하고 일찍부터 선수를 선발한다. 그래서 메이저리그에 출전한 선수들을 보면 유난히 8월생이 많다. 영국 축구팀에서 기준이 되는 날짜는 9월 1일인데 프리미어리그에 출전한 선수들 중 9~11월생이 압도적으로 많다.

왜 이런 결과가 나올까? 앞서 보았듯이, 우리나라의 학부모들은 귀신 같이 그 이유를 잘 알고 있다. 어린 나이엔 1~3월생과 10~12월생 사이엔 신체 발달의 차이가 크다는 걸 잘 알고 있기 때문에 행여 자녀가 큰 아이들에게 눌려 기를 못 펴고 주눅들까 봐 염려하는 것이다.

사춘기 이전에는 12개월이라는 기간이 엄청난 신체 발달의 차이를 낳는다. 몇 달간 더 숙달될 수 있는 기회를 누린 아이들이 더 크고 더 재능이 있어 보이는 것은 당연한 일이다. 문제는 선발 방식에서 비롯된 초기의 이런 차이가 내내 지속된다는 데에 있다.[8]

맬컴 글래드웰Malcolm Gladwell은 『아웃라이어』에서 그런 이야기를 하고 있다. '아웃라이어'는 '본체에서 분리되거나 따로 분류되어 있는 물건' 또는 '표본 중 다른 대상들과 확연히 구분되는 통계적 관측치'를 말한다. 각 분야에서 큰 성공을 거둔 탁월한 사람들을 가리키는 걸로 보면 되겠다.

우리는 아웃라이어들의 성공 이유를 그들의 타고난 재능으로 돌리는 경향이 있다. 『아웃라이어』는 이런 상식에 이의를 제기한 책이다. "그들의 역사를 구분 짓는 진정한 요소는 그들이 지닌 탁월한 재능이 아니라 그들이 누린 특별한 기회이다"라는 게 글래드웰의 주장이다.[9]

인류 역사상 가장 부유한 75인의 명단엔 19세기 중반에 태어난 미국인이 14명이나 포함되어 있는 것도 바로 그런 이유 때문이다. 우리도 이름을 잘 아는 존 D. 록펠러John D. Rockefeller, 1839-1937, 앤드루 카네기Andrew Carnegie, 1835-1919, J. P. 모건J. P. Morgan, 1837-1913을 비롯한 14명은 모두 1830년대에 출생했다. 왜 그럴까? 1860년대와 1870년대에 미국 경제가 역사상 가장 큰 변화를 겪었다는 사실에 주목할 필요가 있다. 그 시기에 철도가 건설되기 시작했고 월스트리트가 등장했으며, 전통적인 경제를 지배하던 규칙이 무너지고 새로운 규칙이 만들어졌다. 누군가가 1840년대 후반에 태어났다면 그는 이 시기의 이점을 누리기엔 너무 어리고, 반대로 1820년대에 태어났다면 너무 나이가 많다.

개인컴퓨터 혁명의 역사에서 가장 중요한 해는 1975년이다. 이 혁명의 수혜자가 되려면 1950년대 중반에 태어나 20대 초반에 이른 사람이 가장 이상적이다. 실제로 미국 정보통신 혁명을 이끈 거물들은 거의 대부분 그 시기에 태어났다. 마이크로 소프트의 빌 게이츠[Bill Gates], 애플의 스티브 잡스[Steve Jobs, 1955-2011], 구글의 에릭 슈밋[Eric Schmidt] 등은 1955년생이며 다른 거물들도 1953년에서 1956년 사이에 태어났다.[10]

물론 한국도 다르지 않다. 관련 연구 논문은 나와 있지 않지만, 부동산 가격이 폭등하면서 부동산 투기가 기승을 부리던 시절에 수많은 부동산 부자가 탄생했다는 건 두말할 나위가 없다. 개인컴퓨터 혁명이 미국에 비해 10여 년 늦은 한국에선 서울대학교 공대 86학번 3인방(김범수, 이해진, 김정주)이 사실상 인터넷을 지배하고 있는데,[11] 이들은 모두 1966년에서 1968년 사이에 태어났다.

글래드웰이 "웬만큼 똑똑하면 다 거기서 거기"라고 주장하는 건 이와 같은 논리의 당연한 귀결이라 하겠다. "아웃라이어들은 역사와 공동체, 기회, 유산의 산물이다. 그들의 성공은 예외적인 것도 신비로운 것도 아니다. 그들의 성공은 물려받거나, 자신들이 성취했거나 혹은 순전히 운이 좋아 손에 넣게 된 장점 및 유산의 거미줄 위에 놓여 있다. 이 모든 것은 그들을 성공한 사람으로 만들어내는 데 결정적인 요소였다. 아웃라이어는 결국, 아웃라이어가 아닌 것이다."[12]

미국의 내로라하는 몇몇 아웃라이어는 이런 주장에 맞장구를 친다. 워런 버핏Warren Buffett은 자신을 '운 좋은 정자 모임의 멤버'이자 '난자 복권' 당첨자라고 말한다. 제프 베저스Jeff Bezos는 아마존의 성공이 '믿기 힘든 행성의 배열(몇백 년 만에 한 번 오는 기회)' 덕분이라고 말하면서 '반은 운이었고, 반은 타이밍이 좋았고, 나머지는 머리 덕분'이라고 했다. 빌 게이츠는 운이 자신의 성공에 "어마어마한 역할을 했다"거나 자신이 "운이 좋아서 특정 능력들을 타고났다"고 했다.[13]

그러나 이 거물들은 전략적으로 겸손을 떠는 것이라고 믿는 다른 아웃라이어들은 자신의 재능을 강조한다. 트위터와 스퀘어의 창업자인 잭 도시Jack Dorsey는 "성공은 결코 우연이 아니다"고 했다. 그러자 어느 기자는 "성공은 결코 우연이 아니라고 말한 사람은 모두 백인 남성 백만장자들이다"고 꼬집었다.[14]

하긴 어느 조사에서건 성공한 사람들은 대부분 성공 이유를 자신의 능력 덕분이라고 주장하는 경향이 있다. 자신의 학력과 학벌도 자신이 열심히 노력해서 얻은 거라고 주장한다. 자신이 좋은 집안에 태어났다는 건 아예 생각조차 않는다. "학교와 교육은 불평등을 대물림하는 잔인한 매개체"라는 진단에 충분한 근거가 있건만,[15] 그들은 그게 말이 되느냐며 자신이 그간 얼마나 많은 땀을 흘렸는지에 대해 열변을 토한다.

행운엔 어떤 집안에서 태어났는지와 관련된 '선천적 행운'과 성공의 과정에서 우연히 누구를 만났으며 타이밍이 어떠했는지와 관련된 '후천적 행운'이 있다. 밑바닥에서 일어나 자수성가自手成家를 한 사람은 태생적인 불운의 수렁에서 떨쳐 일어나 성공을 한 것이기에 성공 이유를 자신의 능력 덕분이라고 말하는 게 제법 그럴듯하게 보이긴 하지만, 오히려 이런 사람이야말로 더 큰 '후천적 행운'을 누렸다고 보는 게 옳다.

성공에 결정적인 건 행운인가, 능력인가? 과연 어떤 게 진실일까? 무난한 답은 "행운과 능력 둘 다 중요하다"이다. '선천적 행운'과 '후천적 행운'을 다 누렸다고 해서 모두 다 성공하는 건 아니다. 그러니 어찌 능력의 중요성을 외면할 수 있겠는가.

게다가 운과 능력 중 어떤 게 더 중요하냐는 각 분야마다 다르다. 평창올림픽에서 메달을 딴 선수들은 운의 덕을 전혀 보지 않았다고 말할 순 없을망정 거의 순전히 실력 덕분이었음을 누가 부정할 수 있으랴. 하지만 부의 축적에선 비교적 운이 큰 역할을 한다. 특히 이 분야에서 성공이 오직 자신의 능력 때문이라고 믿는 신앙이 광범위하게 퍼져 있는 만큼 한쪽으로 기운 것의 균형을 잡아주는 의미에서라도 행운의 힘을 강조하는 게 필요하다.

행운 요소는 자신의 분야에서 큰 성공을 거둔 사람들이 겸손 해야 할 이유다. 성공을 열망했지만 성공하지 못한 사람들이 좌 절하거나 자학을 해선 안 될 이유이기도 하다. 당연한 이야기인 것 같으면서도 의외로 우리가 놓치고 있는 부분이다. 그래서 '행 운'을 '능력'이라고 주장하는 사기극이 천연덕스럽게 지속되고 있는 건지도 모른다.

불평등은 개인의 능력이 아니라 법적 질서의 산물일 뿐이다. 우리가 부동산 투기나 투자로 번 돈을 불로소득으로 간주해 많 은 세금을 물리는 법을 제대로 만들어 시행했다면, 현재의 불평 등 양극화의 양상은 크게 달라졌을 것이다. 그러니 그런 식으로 돈을 번 사람들이 자신의 능력이 뛰어났다고 큰소리치는 건 스 스로 양심과 도덕을 무시하는 능력이 뛰어났다고 자인하는 것이 아니고 무엇이랴.

행운 요소의 중요성에 대한 인식은 사회적 연대에도 도움이 된다. 마이클 샌델Michael Sandel은 재능이 은총으로 주어진 것임을 깨달을 때 그 재능에 대한 보상이 그런 재능을 갖지 못한 사람들 과 공유해야 할 의무를 지닌다고 여기게 된다는 점을 강조한다. 즉, 운명의 우연적 본성에 민감하면 할수록 우리는 우리 운명을 다른 사람들과 공유하는 동시에 공적 사안에 대해 연대해야만 하는 이유를 더 갖게 된다는 것이다.[16]

사소한 차이에 집착하고 그 차이에 엄청난 의미를 부여하면서 자신이 누리는 엄청난 특권을 정당화하는 심리를 가진 사람들이 경청해야 할 말이 아닐까? 물론 정반대로 자신의 능력이 모자란 데다 능력을 키우기 위해 애쓰지도 않으면서 모든 걸 '운 탓'이나 '세상 탓'으로 돌리는 사람들도 문제라는 건 두말할 나위가 없다.

평등의 전도사를 자임했던 로널드 드워킨Ronald M. Dworkin, 1931-2013은 빈부 격차를 해소하기 위한 '재분배를 위한 과세'를 적극 지지하면서도 '성실한 노력'의 필요성을 강조했다. 그는 개미에서 베짱이로 재분배하는 것은 게으름을 선택한 결과에 대한 책임을 근면을 선택한 사람에게 전가한다는 측면에서 정의롭지 못하다고 했다.[17]

'행운'을 '능력'이라고 주장하는 사기극 못지않게 우리가 경계해야 할 점이라고 할 수 있겠다. 물론 오늘날의 한국에선 너무도 한가한 기우杞憂에 불과하겠지만, '행운'과 '능력'의 관계에 대한 올바른 인식이 평온을 위해 소중하다는 건 분명하다. 평온은 '세상 탓'과 '자기 탓' 사이의 올바른 균형을 유지할 때에 누릴 수 있는 것이다.

'스트레스에 강하다'고 뽐내는 사회

"나는 화를 내지 않아요. 대신 암을 키우죠." 영화 〈맨해튼〉에 나오는 우디 앨런Woody Allen의 말이다.[18] 이 말이 시사하듯이, 요즘 사람들은 주변의 누가 암과 같은 중병에 걸렸다고 하면 대뜸 스트레스 이야기부터 한다. 한마디로 말해서, 스트레스 때문에 그런 병에 걸렸다는 이야기다. "스트레스가 만병의 근원"이라는 말이 오남용되고 있다는 생각이 들 정도로 모든 병을 스트레스 문제로 환원하는 '스트레스 결정론'이 유행하고 있는 것이다.

스트레스 결정론에 그럴 만한 근거가 없는 건 아니다. 1936년 스트레스를 의학적인 개념으로 처음 사용한 한스 셀리에Hans Selye, 1907-1982의 실험에 의하면 장기간 괴롭힘을 당한 실험실의 동물은 쇠약해져서 질병에 대한 저항력이 떨어졌다. 이를 토대로 많은 사람이 스트레스를 질병의 원인으로 지목했고, 더 나아가 스트레스를 없애기 위해 긍정적인 감정을 가져야 한다는 주장을 펼쳤다.

이런 주장에 따르면, 암에 걸린 환자가 치유되지 않는다면, 그건 바로 환자가 충분히 긍정적이지 못했기 때문이라는 결론에 도달하게 된다. 그래서 일부 의학자들에 의해 심지어 '암을 부르는 성격' 또는 '발암성 성격cancer personality'이라는 말까지 등장했다. 이런 주장들이 자기계발 산업과 손을 잡으면서 부풀려진 게 바로 '스트레스 결정론'이다.[19]

스트레스를 받지 않기 위해 긍정적 태도를 갖는 건 좋은 일이지만, 그 정도가 지나쳐 '암은 축복'이라는 식으로까지 나아가도 괜찮은 걸까? 그런데 실제로 이런 일이 벌어지고 있으니 문제다. 주로 미국에서 벌어진 일이긴 하지만, 한국에서도 그런 조짐이 보인다. 수많은 암 환자가 암을 찬양하는 이유는 암 덕분에 세상을 다시 보게 되었다는 것이지만, 그 이면엔 긍정적인 태도가 회복의 필수 요소라는 믿음이 자리 잡고 있다.[20]

생각해보면 참 이상한 일이다. 스트레스 유발 요인은 자연의 법칙인 양 그대로 둔 채 스트레스를 긍정적 사고로 날려버릴 수 있다는 복음만 흘러넘치고 있으니 말이다. "참으면 암이 된다"는 속설을 너무 신봉한 나머지 참아야 되거나 참아도 될 일에까지 감정을 발산하고 화를 내는 것보다는 낫긴 하다. 하지만 이 복음은 정반대의 방향으로도 작동한다는 게 진짜 문제다. 스트레스와 암의 모든 책임은 결국 온전히 피해자에게만 돌아간다.

수전 손태그Susan Sontag, 1933-2004는 이런 '피해자 탓하기'에 강력 반발하고 나섰다. 손태그는 한때 유방암에 걸려 사형선고를 받았지만, 강인한 의지로 암을 완치할 수 있었다. 자신의 투병 경험이 계기가 되어 그는 『은유로서의 질병』(1978)과 『에이즈와 그 은유』(1989) 등의 저서들을 통해 질병을 심리학적으로 설명하려는 시도에 반기를 들었다.

"질병을 일종의 인과응보로 여기는 관념은 오랜 역사를 가지고 있는데, 특히 암의 경우에 이런 관념이 기승을 부린다.……암 환자는 범죄자 취급을 받는다. 많은 사람들이 믿고 있는 질병에 관한 심리학적 이론에 따르자면, 질병에 걸리는 것이나 질병을 극복하는 것이나 전부 불행한 환자에게 책임이 달려 있는 것이다."[21]

누가 옳건 그르건, '스트레스 결정론'이 옳다면 우리는 사회적 차원에서 스트레스를 낮추기 위해 애를 써야 한다. 하루가 멀다 하고 한국은 세계 최고 수준의 고高스트레스 국가라는 각종 통계가 발표되고 있기에 더욱 그렇다.

그런데 묘한 건 우리는 집단적으로 그런 노력을 기울이기보다는 스트레스에 강한 사람들을 칭송하는 사회적 분위기를 조성하는 데에 매진하는 경향이 있다는 점이다. '멘탈'이니 '근육'이니

하는 말까지 동원해가면서 그게 강해야 큰일을 할 수 있다는 식으로 몰아감으로써 사실상 스트레스에 약한 사람들을 '루저'로 취급하는 이상한 일을 매우 자연스럽고 당당하게 저지르고 있다.

물론 우리만 그런 건 아니다. 리처드 칼슨Richard Calson은 스트레스 상담가로 일하면서 "스트레스에 대한 내성이 굉장히 강해요"라고 거만하게 말하는 소리를 거의 매일 들었다고 말한다. 그런 사람들은 한결같이 더 심한 스트레스를 견딜 수 있는 내성을 키우는 방법을 알기 위해 자기 상담실을 찾았다는 것이다.

자신이 일을 많이 하는 걸 푸념하듯 자랑하는 사람들도 그런 부류에 속한다. 칼슨은 "사람들은 자기가 엄청난 스트레스를 받는다는 사실을 자랑으로 여기는 것이 분명하다"며 "그들은 스트레스를 받지 않는 사람에게 화를 내기도 하며, 그가 현실과 동떨어져 있거나 게으르다거나 뭔가 문제가 있는 것처럼 얘기한다"고 말한다.[22]

그런 점에선 한국과 미국이 비슷할망정, 그로 인한 문제가 훨씬 더 심각한 나라는 한국이다. 다른 건 다 제쳐놓더라도 미국의 자살율은 한국의 절반도 안 되는 수준이니, 우리가 스트레스 문제에 더 큰 관심을 갖는 게 마땅하다. 달리 말해, 스트레스의 수준을 크게 낮추면서도 얼마든지 잘 먹고 잘살 수 있다는 이야기다.

최근 논란이 된 어느 간호사의 자살 사건으로 드러난 '태움'은 우리 사회가 평범한 사람들끼리도 서로 못살게 구는 잔인한 사회라는 걸 웅변해주었다. '태움'은 주로 대형 병원에서 선배 간호사들이 신입 간호사를 가르치거나 길들이는 방식 중 하나로 '영혼이 재가 되도록 태운다'는 뜻으로 사용되는 용어다. 처음엔 환자의 생명이 왔다 갔다 하는 병원 특성상 조금의 실수도 해선 안 된다는 좋은 뜻으로 시작된 것이었겠지만, 이젠 필요한 수준을 넘어서 위계질서에 따라 아래를 향해 직업적 스트레스를 푸는 가학적 수단으로 전락하고 말았다. 2018년 2월 대한간호협회의 '간호사 인권침해 실태조사' 결과를 보면, 태움 피해를 당한 간호사가 전체의 40.9퍼센트에 달하는 것으로 나타났다.[23]

이름만 다를 뿐 '태움'은 간호사들에게만 있는 게 아니다. 2015년 6월 노동자연구소가 민주노총 의뢰로 전국 8개 공단의 노동 조건에 대한 실태조사를 한 결과를 보면, 공단 노동자의 40.6퍼센트가 '인권침해를 경험했다'고 응답했으며, 14.2퍼센트는 '거의 매일 인권침해를 경험하고 있다'고 털어놓았다. 유형별로는 '폭언·폭행'이 22.1퍼센트, '감시 단속을 당하고 있다'가 30.6퍼센트, '왕따 등 인간관계 파괴를 경험하고 있다'가 12.8퍼센트였다.[24]

2015년 11월 사무금융노동자 직장 내 괴롭힘 조사 연구팀과 전국사무금융서비스노동조합은 국회에서 '전략적 성과 관리? 전략적 괴롭힘!'이란 주제로 실태조사 결과 보고 대회를 열었다. 이 조사에서 금융 노동자들은 두 명 중 한 명(49퍼센트)꼴로 직장 내 괴롭힘을 경험했다고 답했다. 또한 "공개적인 회의 자리에서 저성과자들에게 밥을 축내는 '식충'이라는 말"을 하는 등 '언어폭력'(29퍼센트)도 빈번하게 이루어졌다. 노동자들은 이런 문화를 '내리갈굼'이라고 표현했다. 심층 면접에 응한 한 응답자는 "임원들 가운데 '네가 싫어서 갈구는 줄 아냐. (나는) 위에서 죽어'라고 말하는 사람이 있다. 실적·성과를 강요하면 할수록 '내리갈굼'이 될 수밖에 없다"고 말했다.[25]

스트레스를 견뎌내는 데에도 한계가 있는 법이다. 존 메디나John Medina는 "정글에서 호랑이를 만났을 때 먹히느냐 마느냐 하는 것은 1분이면 결판나지만, 못된 상사 아래서 지내는 것은 몇 년 동안 방문 앞에 호랑이를 두고 지내는 것과 같다"며 "이런 경우, 여러분의 두뇌는 실제로 '쭈그러든다'"고 말한다.[26]

많은 사람이 쭈그러드는 뇌를 일시적으로나마 풀기 위해 마시거나 먹는다. 그래서 생겨난 게 '시발 비용'이라는 신조어다. 욕설 'X발'을 순화시켜 '비용'과 합친 말로서, 홧김에 마신 술처럼 '스트레스를 받지 않았으면 쓰지 않아도 될 비용'이란 뜻이다. 박권일은 "실제로 많은 사람이 자신의 월급을 '한 달 동안 모멸을 견딘 대가'라고 생각한다"며 "이 말이 사람들에게 폭발적인 공감을 불러일으킨 건 오늘 우리의 노동이 그만큼 비참하다는 증거다"고 말한다.[27]

직장 내 괴롭힘이 심한 기업의 경영자들이 마음만 먹는다면 그런 비참함을 약화시키는 조치를 취할 수도 있겠건만, 그들은 그런 일에 전혀 관심이 없다. 왜 그럴까? 기업은 비민주적일 때 더 효율적이라는 미신을 믿으면서 직장 내 괴롭힘을 일종의 노무관리 기법으로 생각하기 때문이다. 더불어 그런 미신의 연장선상에서 '복종'과 '상명하복上命下服'을 자신의 지위를 만끽하는 기쁨으로 간주해 너무도 사랑하기 때문이다.

우리는 '태움'이나 '내리갈굼'을 견뎌내는 것마저 '스트레스 내성'으로 부르고 있지만, 너나 할 것 없이 자신이 스트레스에 강하다고 뽐내는 사회는 잔인한 사회일 뿐만 아니라 야비하고 미련한 사회다. 이는 스트레스에 약한 사람이 자책을 할 필요가 전혀 없다는 뜻이기도 하다. 자신이 잔인하지도 않고 야비하지도 않고 미련하지도 않은 게 왜 흉이 되어야 한단 말인가.

스트레스를 받더라도 그것이 불의에 의한 것이라는 판단이 서면 견뎌내기가 훨씬 쉬워진다. 자책을 하지 않게 될 뿐만 아니라 이 잘못된 시스템을 바꿔야 한다는 문제의식까지 생겨나면서 오히려 힘을 얻게 된다. 스트레스에 강하다고 뽐내는 사람을 우러러보는 게 아니라 경멸하는 마음, 이게 바로 변화를 위한 출발점이다.

왜 우리는 서로 못살게 구는 걸까?

갑의 갑질이 얼마나 추악하고 비열한지는 당해본 을만이 안다. 그런데 갑을관계의 진짜 비극은 갑의 갑질에 있다기보다는 갑질을 당한 을이 자신보다 약한 병에게 갑질과 다를 바 없는 을질을 한다는 데에 있다. 병은 또 자신보다 약한 정에게 갑질·을질과 다를 바 없는 병질을 한다.

이런 먹이사슬 관계를 온몸으로 가장 잘 드러내는 이들이 놀랍게도 아직 갑을관계의 본격적인 현장에 뛰어들지 않은 대학생들이다. 미리 연습을 하려는 걸까? 사회학자 오찬호가 쓴 『우리는 차별에 찬성합니다: 괴물이 된 이십대의 자화상』이란 책은 대학생들의 '대학 서열 중독증'을 실감나게 고발하고 있다. 대학생들과의 자유로운 대화에 근거한 애정 어린 고발인지라 '괴물이 된 이십대'에 대해 연민을 불러일으킨다.

오찬호는 대학의 수능 점수 배치표 순위가 대학생들의 삶을 지배한다고 말한다. 전국의 대학을 일렬종대로 세워놓고 대학 간 서열을 따지는 건 단지 재미를 위해 하는 일이 아니다. 매우 진지하고 심각한 인정 투쟁이자 생존 투쟁이다. 대학 서열은 수능 점수나 학력 평가로만 끝나는 게 아니다. 아예 노골적인 인간 차별로 이어진다. '수능의, 수능에 의한, 수능을 위한 삶'을 사는 대학생들의 정신 상태에 대해 오찬호는 다음과 같이 말한다.

"지금 대학생들은 '수능 점수'의 차이를 '모든 능력'의 차이로 확장하는 식의 사고를 갖고 있다. 십대 시절 단 하루 동안의 학습능력 평가 하나로 평생의 능력이 단정되는 어이없고 불합리한 시스템을 문제시할 눈조차 없는 것이다. 아이러니한 점은 본인이 당한 인격적 수모를 보상받기 위해 본인 역시도 이런 방식을 사용한다는 점이다. 이들은 더 '높은' 곳에 있는 학생들이 자신을 멸시하는 것에 문제를 제기하기보다, 스스로 자신보다 더 '낮은' 곳에 있는 학생들을 멸시하는 편을 택한다. 그렇게 멸시는 합리화된다."[28]

2016년 10월 23일 서울대학교 대나무숲(학생들이 사연을 제보하면 익명으로 글을 게시해주는 페이스북 페이지)에 "오늘 진짜 짜증나고 어이없는 일이 있었어요"라고 운을 띄운 학생 A가 소개한 사건은 한국적 삶은 특권과 특권의식의 쟁취를 위한 전쟁이 아닌가 하는 생각을 갖게 만든다. 사연인즉슨 이렇다.

경기도 일산에서 오랜만에 만난 친구와의 외출에 흥분한 A는 닭꼬치를 먹으며 "니가 닭이냐", "내가 닭이다"라고 장난을 치면서 친구와 이야기를 하고 있었다. 그러던 중 그 모습을 본 한 행인이 "어우 지잡대 냄새!"라면서 곁에 있던 여자에게 "빨리 가자"라고 말했다. A는 서울대생이었지만 A의 친구는 타 학교 학생이었다. 서울 지하철 6호선 소재의 한 대학교 '과잠'을 입고 있던 행인은 A의 친구가 입은 '과잠'을 보고 "지잡대 냄새 나"라고 말한 것이다. 화가 난 A는 쫓아가 "무슨 말을 그렇게 하세요?"라고 항의했다. 그러자 적반하장으로 "무식한 티 내지 말라"는 대답이 돌아왔다. 억울했던 A는 자신의 지갑에서 학생증을 꺼내 보여주면서 "어우 지잡 냄새가 왜 이렇게 독하냐!"며 되갚아주었다. 당황한 행인은 "서울대면 다예요? 서울대면 딴 학교 무시해도 돼요"라며 쩌렁쩌렁 큰소리로 되레 화를 냈다. "저는 대학 가지고 제 친구 무시한 당신 같은 사람들만 무시합니다"라고 A는 맞받아쳤다. 결국 양측의 지인들이 말리면서 싸움은 무마되었지만, 집으로 돌아온 A는 이 사연을 서울대학교 대나무숲에 제보하면서 이런 말을 남겼다. "호랑이 발톱은 당신 같은 사람 때문에 빠지는 법. 부디 앞으로는 함부로 말하지 말아주세요."[29]

문제의 행인이 운이 없었던 셈이다. 상대가 자신의 대학보다 서열이 낮은 대학의 학생이었다면 제대로 호랑이 노릇을 할 수 있었을 텐데, 어쩌다 그래 하필이면 서울대생을 만났을꼬? 비아냥처럼 들릴 수도 있겠지만, 정말 너무 안타까워서 하는 말이다. 다른 면에선 아주 괜찮은 젊은이일 수도 있는데, 어쩌자고 그 몹쓸 '대학 서열병'에 걸려 그런 추태를 보였을까 하는 안타까움이다.

'대학 서열병'에 걸린 사람들은 자기 자신마저 괴롭힌다. 마광수는 제발 그러지 말라고 이렇게 꾸짖는다. "연세대학교에서 오랫동안 가르쳐보니, 서울대학교에 못 가고 연세대학교에 입학한 것에 대한 열등감을 느끼는 학생들이 꽤 많다는 것을 알게 되었다. 참으로 바보 같은 놈들이라고 생각했다."[30] 그렇다. 그러지 말라고 이성적으로 타이르기보다는 '참으로 바보 같은 놈들'이라고 멸시하는 게 오히려 나을 것 같다.

사실 잘 생각해보면 이게 보통 문제가 아니다. 한 나라의 엘리트가 남에게 상처를 주건 자신이 상처를 받건 사람에 대한 평가를 서열 위주로 하는 서열 의식에 중독된 사람이라고 생각해보라. 그 나라의 미래가 어떠할 것인지는 뻔한 일이 아닌가. 그런데 우리는 사실상 그런 젊은이들을 키워내고 있고, 이런 엘리트 육성 방식을 전 사회가 일치단결한 모습으로 긍정하고 있으니 이 어찌 이상하고도 놀라운 일이 아니랴.

앞서 소개한 이야기는 지극히 예외적인 에피소드 아니냐고 생각할 수도 있겠지만, 오찬호의 책을 읽은 사람이라면 문제의 행인이 그렇게 '미친 사람'은 아니라는 데에 흔쾌히 동의할 것이다. 그런 유형의 사람이 많다는 뜻이다. 한국 대학생들의 독특한 '야구잠바(과잠)' 문화도 그걸 잘 말해준다. 오찬호는 대학생들은 야구잠바를 '패션의 영역'에서가 아니라, 어떤 신분증의 개념으로 이해한다며 다음과 같이 말한다.

"내가 연구 대상으로 만난 대학생의 65%가 학교가 아닌 곳에서 학교 야구잠바를 볼 때 '일부러' 학교 이름을 확인한다고 답했다. 학교 야구잠바가 신분 과시용 소품이라는 방증이다. 실제로 야구잠바를 입는 비율도 이에 따라 차이가 나서, 이름이 알려진 대학일수록 착용 비율이 높았다. 낮은 서열의 대학 학생들이 학교 야구잠바를 입고 다니면 비웃음을 사기 십상이라 신촌으로 놀러오는 그쪽 대학생들은 자신의 야구잠바를 벗어서 가방에 넣기 바쁘단다. 심지어 편입생의 경우엔 '지가 저거 입고 다닌다고 여기 수능으로 들어온 줄 아나?'라는 비아냥을 듣기도 한다. 이처럼 학교 야구잠바는 대학 서열에 따라 누구는 입고, 누구는 안 입으며, 누구는 못 입는다."[31]

이런 서열 중독증은 최악의 '속물근성snobbery'과 다름없다. 알랭 드 보통Alain de Botton이 잘 지적했듯이, 속물의 독특한 특징은 단순히 차별을 하는 것이 아니라, 사회적 지위와 인간의 가치를 똑같이 본다는 것이다. 그는 "속물은 독립적 판단을 할 능력이 없는 데다가 영향력 있는 사람들의 의견을 갈망한다"며 다음과 같이 말한다.

"속물은 명성과 업적에만 관심을 갖기 때문에 아는 사람들의 외적인 환경이 바뀌면 누구를 자신의 가장 가까운 친구로 삼는 것이 좋을지 잽싸게 재평가를 해보곤 하는데, 때로는 이것이 희비극적인 느낌을 주기도 한다."[32]

사실 자신이 인정받지 못하는 불안감을 자신보다 낮은 위치에 있는 사람에 대한 모멸로 대체하는 악순환은 동서고금을 막론하고 존재해온 것이다. 로버트 풀러Robert W. Fuller는 "사회적 약자들은 서로 힘을 합치기보다 서로에게 등을 돌리는 경향을 보인다"며 "신분 때문에 학대받은 경험을 가진 사람들은 기회만 있으면 스스로 남을 학대하려 한다"고 주장한다.[33] 그게 무슨 법칙은 아니겠지만, 억압이 위에서 아래로 끊임없이 재생산되면서 서로 못살게 구는 억압의 피라미드 체제가 존재한다는 건 부인하기 어려울 것이다.

누구나 인정하겠지만, "일 없이는 존엄도 없다".[34] 그런데 그런 존엄을 지키기 위한 생활 터전이 서로 못살게 구는 전쟁터라면 도대체 어디에서 희망을 찾을 수 있을까? 이젠 한국형 '작업장 민주주의workplace democracy'에 주목할 때가 되었다.

'작업장 민주주의'는 원래 노동조합의 힘과 직결되어 있는 것이지만, 한국에선 좀 다른 유형의 '작업장 민주주의'를 시도하는 게 좋을 것 같다. 즉, '한국형 작업장 민주주의'가 필요하다는 것

제4장 나로 살기 위한 연습

이다. 한국 사회에서 노조, 특히 민주노총은 격렬한 갈등의 한복판에 놓여 있거니와 이른바 '귀족노조'를 둘러싼 논란도 뜨겁다. 누가 옳건 그르건 그 갈등을 그대로 끌어안고 '작업장 민주주의'를 실천한다는 건 사실상 불가능하다. 이념과 당파성을 초월해 모든 사람이 동의할 수 있는 '작업장 민주주의'의 비전이 필요하다는 뜻이다.

우선 임금과 연계시키지 않는 '작업장 민주주의' 활동이 필요하다. 물론 노동자들에겐 임금이 가장 중요하겠지만, 그것만 추구하다가 죽으라면 죽는 시늉까지 해야 하는 '노예'가 되는 게 현실이 아닌가. 직장에서 '내리갈굼'은 실적·성과를 강요하는 것에서 비롯되긴 하지만, 시간이 흐르면서 실적·성과와 무관한 영역이나 일에서조차 상습적으로 벌어지는 '조직 문화'가 되었다는 점에 주목해보자는 것이다. '만인에 대한 만인의 내리갈굼'만이라도 바꾸는 '작업장 민주주의'는 얼마든지 실천 가능하다. 문제는 우리에게 그런 실천을 할 뜻이 있느냐는 것이다.

"나는 노예가 되지 않을 것이며, 노예의 주인도 되지 않을 것이다"는 에이브러햄 링컨Abraham Lincoln, 1809-1865의 말을 빗대 말하자면, 노예도 주인도 모두 거부하는, 갑을관계가 없는 세상은 영영 기대하기 어려운 걸까? 나 자신의 평온을 위해, 그리고 사회적 평온을 위해 반드시 던져보아야 할 질문이다.

모든 조직의 기본 모델은 조폭이다

"회사가 전쟁터라고? 밖은 지옥이다!" 이젠 유명해진 드라마 대사라고 하지만, 회사원들은 이미 오래전부터 알고 있던 상식이다. 회사 내에서 그 어떤 부당한 갑질을 당하더라도 참고 견디면 '지옥'에선 꿈도 꿀 수 없는 조직의 혜택과 보상을 누릴 수 있다는 걸 모르는 사람은 없다. 그래서 어느 대기업 부정 입사자는 검찰 조사를 받고 나오면서 "영혼이라도 팔아 취직하고 싶었다"고 했고, 분신자살을 기도했던 어느 비정규직 노동자는 "우리도 정규직 드나드는 정문 앞에서 데모 한 번 하고 싶다"고 절규했다.[35]

조직의 보호막은 안전하고 따뜻할 뿐만 아니라 세상 사는 맛까지 느끼게 해준다. 사람들에게 조금이나마 권력을 행사할 수 있었던 직장에서 퇴직하고 나온 이들이 한결같이 하는 말이 있다. "전에는 다니던 직장 이름을 먼저 대고 이름을 말하면, 이름을 채 말하기도 전에 상대방의 눈빛과 자세가 달라졌는데, 이젠 아무도 모르는 내 이름만으로 홀로 살아가야 하는 게 너무 힘들다."

조직의 최상층이 모든 구성원을 '가족'이라고 부르면서 수시로 회식을 하고, 단합대회를 열고, 퇴직자들에게까지 특전을 베푸는 데엔 그만한 이유가 있다. 구성원들로 하여금 조직을 사랑하고 더 나아가 숭배까지 하게 함으로써 그들의 절대적 충성과 단결을 조직 문화로 정착시키는 것이 주요 목적이다.

윌리엄 화이트William H. Whyte, Jr., 1917-1999가 60여 년 전 '조직의, 조직에 의한, 조직을 위한 삶'을 사는 인간형을 '조직인간'이라고 부른 건 폄하의 뜻이었지만, 오늘날 조직인간은 스스로 자랑스러워하는 건 물론이고 부러움의 대상이 되었다. 권력 또는 금력이 강해 세상이 우러러보는 조직일수록 조직에 대한 충성과 단결의 요구 수준이 높고, 그 구성원들이 그런 요구를 잘 따르는 건 물론이고 자신의 정체성으로까지 삼는 건 결코 우연이 아니다.

그런 조직의 추한 면을 폭로하는 내부고발이 나오면 평소엔 선량하고 정의롭던 사람들마저 그 조직이 자신이 몸담고 있는 조직이면 갑자기 바보 또는 악한으로 돌변해 내부고발자를 탄압하는 일에 직간접적으로 가담하는 경향이 있다.

내부고발자들이 가장 고통스러워하는 것이 바로 조직에서 왕따 당하는 것이라는 건 이미 잘 알려진 사실이다. 더욱 기가 막힌 건 자신의 조직과는 무관한 내부고발임에도 조직에 대한 절대적 충성이라고 하는 조직인간의 보편 윤리를 내세워 내부고발자의 흠을 잡기 위해 안달하는 사람이 의외로 많다는 사실이다.

조직의 절대적 상명하복 문화를 생생하게 보여주는 것이 고위층에 대한 의전 문화다. 우리는 의전이라고 하면 관官을 생각하지만, 민民도 의전에 미쳐 있으며 세계 최첨단을 달리는 대기업일수록 더욱 그런다. 뭘 모르는 사람이 보면 한국 대기업의 경쟁력은 과도한 의전에서 나온다고 착각할 수도 있을 정도로 말이다. 국내 모 대기업의 프랑스 법인장을 지낸 에리크 쉬르데주Éric Surdej가 쓴 『한국인은 미쳤다!』는 사실상 '의전에 미친 한국인'에 대한 고발서다.[36]

조직인간이 조직의 안전과 발전에 기여할 수 있다는 점을 부정할 필요는 없다. 하지만 조직에 대한 충성이 내부 견제나 감시를 무력화시킬 정도로 절대화되면 바로 그 이유 때문에 조직이 망한 사례가 무수히 많다는 것도 엄연한 사실이다. 반대로 망하지 않고 더욱 발전하면 그런 조직은 국가와 사회의 발전을 좀 먹기 마련이다.

우리는 절대적 충성을 요구하는 조직이나 집단의 문화를 가리켜 '조폭 문화'라고 하지만, 이는 조폭에 대한 결례다. 진짜 조폭은 자신들의 이익을 사회의 이익이라고 강변하는 위선은 저지르지 않기 때문이다. 스스로 엘리트라고 자부하고 남들도 그렇게 인정하는 사람들의 조폭 문화가 훨씬 더 반사회적인 것이다.

조직인간은 부족형 인간이다. 이나미는 "부족형 인간은 같은 집단 안에 속한 사람들에게는 절대적으로 헌신하지만, 집단 바깥에 있는 사람들에게는 아주 무서운 일도 저지른다"며 "조직 폭력배가 자기들끼리는 가슴 찡한 의리를 나누면서 남들에겐 거리낌 없이 잔인한 행동을 하는 이유이기도 하다"고 말한다.[37]

아무리 아름답고 숭고한 목표를 내세운 조직일지라도 모든 조직의 기본 모델은 조폭 조직임을 인정할 필요가 있다. 우리는 어떤 조직이나 집단의 조폭 문화가 사회적 스캔들로 비화되면 분노하지만, 우리 자신도 가담하고 있는 조직에 대한 충성 문화의 본질을 비켜가면서 이른바 '내로남불'의 심리적 위장 평화를 추구하는 경향이 있다.

강원국은 직장에서 나를 찾겠다는 건 신기루일 뿐이라고 단언한다. "나를 포기한 대가로 보수를 받는 것이다. 면종복배는 직장인으로서 최소한의 예의다. 월급 값이다. 그럼에도 자존심 운운하는 사람이 있다. 나는 이 또한 욕심이라고 생각한다. 자존심을 잃지 않으려는 마음은 욕심이 아니다. 그러나 인정도 받고 자존심도 지키려는 것은 욕심이다."

강원국은 이어 "직장인은 인문학 열풍에 너무 깊숙이 빠지지 않는 게 좋다"고 말한다. "인문학은 내가 누구인지를 찾아가는 것이다. 직장에서 요구하는 인간으로 살아가야 할 사람에게 나를 찾으라는 주문은 가혹하다. 과연 나를 찾은 사람이 직장 생활에 몰두할 수 있을까. 여전히 맹목적으로 순종할 수 있을까. 그 반대다. 인문적 직장인은 일에서 아등바등하지 않는다. 상사 앞에서 쩔쩔매지 않는다. 동료와 거래처에 관대하다. 후배에게 멋있게 보이려고 하지 않는다. 조바심과 경쟁심을 부추겨 성과를 만들어내야 하는 조직에 부적합하다. 모난 돌이다. 결국 정 맞는다."[38]

가혹한 진단이지만, 반론을 제기할 사람이 있을 것 같진 않다. 인정하자. 조직은 본질적으로 폭력적이다. 구성원의 자격에 엄격한 제한을 두면서, 엄격한 위계질서를 추구하고, 조직의 무한 성장을 추구하고, 조직의 이익을 구성원만 독점하고, 조직 내외의 비판에 조직의 이름으로 수단과 방법을 가리지 않고 격렬하게 대항한다는 점에서 '구조적 폭력' 그 자체라고 말해도 무방하다.

요한 갈퉁Johan Galtung이 제시한 '구조적 폭력structural violence'은 경제적 착취나 정치적 억압과 같이 사회 구조에 내재되어 있는 폭력으로, 가해자가 명백히 확인되지 않으며, 구조 속에 폭력이 내장되어 있으므로 간접적으로 피해를 발생시키며, 현상 포착이 어렵고 비가시적이며 폭력의 효과가 잘 나타나지 않는다는 특성을 갖고 있다. 갈퉁의 표현에 따르면, "한 남편이 자기 아내를 구타

하면 명백히 직접적 폭력이지만, 1백만 명의 남편들이 1백만 명 아내들의 교육을 방해하면 그것은 구조적 폭력이다."[39]

그런 구조적 폭력의 문제가 있으니, 아예 모든 조직을 없애야 한다는 무정부주의적 유토피아로 나아갈 필요는 없다. 조직의 폭력적 속성을 인정하고 이에 대한 대처를 제도화하고 문화로 정착시키려는 노력이 필요하다.

기업과 공적 기관은 물론 학교, 이익단체, 비영리단체 등 모든 조직과 집단은 조직과 집단에 대한 충성을 요구하거나 유도하는 의례와 행사부터 자제하고, 우리가 충성을 해야 할 대상은 나 아니면 사회 전체라는 걸 끊임없이 재확인할 필요가 있다. 희대의 국정 농단 사태는 악인들이 아니라 조직에 대한 맹목적 충성을 체화한 사람들의 합작품이었다는 걸 상기해야 한다.

조직의 폭력성을 확실히 인식하는 것은 평온을 위해 매우 중요하다. 조직의 폭력성에 치인 사람들은 그걸 어느 정도 이해는 하면서도 자신의 불행을 자책하는 경향이 있기 때문이다. 조직의 폭력성에 대한 투철한 인식은 피해자들에게 상처와 더불어 인간에 대한 환멸을 넘어서는 데에도 큰 기여를 할 수 있다.

"그래서? 그게 뭐 어쨌다고?"

"사람들은 속마음을 털어놓지 않는데 그건 그렇게 하는 것이 속마음을 털어놓는 것보다 쉽기 때문이다."[40]

미국 제너럴 일렉트릭 회장을 지낸 잭 웰치Jack Welch의 말이다. 그는 자신의 자서전인 『위대한 승리』의 한 장을 할애할 정도로 기업 경영 분야에서는 '솔직의 전도사'로 유명하다. 그는 모든 직원이 솔직해져야 회사 내 소통이 원활해지고, 소통 비용이 줄고, 신속한 사업 활동이 가능해진다고 열변을 토한다.

하지만 웰치의 책을 읽으면서 공감하기보다는 "먹고 싶은 요리는 뭐든지 다 시켜. 난 짜장면!"이라고 말하는 직장 상사의 모습이 떠올랐다. 그런 상황에서 솔직하게 자신이 먹고 싶은 걸 주문할 수 있는 부하 직원이 얼마나 될까? 그래 놓고선 부하 직원들에게 "솔직하지 않아서 문제다"고 면박까지 준다면? 웰치의 솔직 강조가 바로 그런 게 아닐까?

"난 짜장면!"이라고 말하는 직장 상사 앞에서 부하 직원들로선 이럴 수도 없고 저럴 수도 없는 딜레마 상황에 처하게 되는데, 이런 상황을 가리켜 '더블 바인드double bind'라고 한다. 우리말로 '이중구속'이라고 하는데, 한 사람이 둘 이상의 모순되는 메시지를 전하고, 그 메시지를 받은 사람은 그 모순에 대해 응답을할 수 없는 상태를 가리키는 말로 쓰인다. 누군가가 "아무도 화나게 하지 말고 감정을 상하게 하지도 마라. 그러면서도 속마음을 솔직히 털어놓아라"라고 말한다면, 이게 바로 이중구속을 유발하는 언어다.

웰치가 말한 솔직은 우리의 일상적인 인간관계에서 솔직과 다르긴 하지만, 사람들이 솔직하지 않은 이유와 관련해선 웰치의 말이 맞다. 이중구속과 무관한 상황에서도 솔직하지 않은 것이 솔직보다 쉽다는 것이다. 세상은 참 묘하다. 솔직을 빙자한 무례를 저지르는 사람들이 있는가 하면, 솔직한 게 좋을 것 같은데도 한사코 솔직을 멀리 하는 사람들도 있으니 말이다.

솔직의 미덕을 찬양하는 수전 캠벨Susan Campbell은 솔직하게 살때 구현할 수 있는 첫 번째 가치로 평온을 꼽는다. 평온함은 외부적 환경의 변화에 따라, 또는 감정의 동요를 근거로 자기 자신을 규정할 때는 얻을 수 없는 것이므로, 솔직이 기본 조건이라는 것이다.

"'솔직하게 살아가기'는 사람들을 무기력하고 지치게 만드는 자기기만이라는 독의 해독제 역할을 한다. 당신의 생각과 이상에 순응하기를 포기하고 있는 그대로를 보고 느끼고 표현한다면 현재의 상황을 효과적으로 처리하는 더 큰 능력이 생긴다."[41]

이 정도면 무난한 주장이지만, 솔직을 예찬하는 책들을 보면 솔직히 무책임하다는 생각이 들 때가 있다. 권력관계와 그에 따른 뒷감당의 문제를 자세히 거론하지도 않은 채 솔직의 장점만을 역설하면 어쩌자는 건가 하는 생각이 들어서다.

또 자기밖에 모르는 이기주의자가 솔직하면 어떤 일이 벌어질까 하는 점도 고려해야 한다. 솔직은 사람의 됨됨이에 따라 전혀 다른 효과나 결과를 낼 수 있는 게 아닌가? 그럼에도 무턱대고 모든 사람을 향해 솔직하라고 부추기면 어쩌자는 건가?

우리는 사람을 비교적 솔직하다거나 솔직하지 않다는 식으로 구분하지만, 무엇에 대해 솔직한 것인지는 사람마다 크게 다르다. 어떤 사람은 자신의 성적性的 문제에 대해선 지나칠 정도로 솔직하지만, 자신의 다른 문제에 대해선 전혀 솔직하지 않다. 이와는 정반대 유형의 사람도 있다. 이렇듯 무엇에 대해 솔직한가 하는 것은 사람마다 다르지만, 공통적으로 솔직과 관련해 자주 제기되는 문제는 약점의 공개에 관한 것이다. 그 누구건 자신의 약점에 대해 솔직하기는 어렵지만, 사람마다 정도 차이가 크다.

키스 페라지Keith Ferrazzi는 "나는 약점을 공유하는 것이 그 약점으로부터 벗어나는 방법이라는 사실을 깨닫는 데 수십 년이 걸렸다"며 상대방에게 자신의 약점을 스스로 공개하라고 권한다.

"그 보상은 정말 엄청나다. 믿어도 좋다! 사람들에게 당신을 드러내는 순간, 외로움은 멀리 사라질 것이다. 그들의 관심과 공감을 얻을 뿐만 아니라 다른 사람들이 정말로 당신을 돕고 싶어 한다는 사실을 깨닫게 될 것이다."[42]

그럴 수도 있지만 그렇지 않을 수도 있다. 좋은 사람들로 이루어진 집단에선 그런 일이 일어날 수도 있겠지만, 그렇지 못한 집단에선 정반대의 일이 일어날 수도 있다는 것이다.

약점의 공개와 관련해 꼭 따라붙는 것이 있다. 그건 바로 '믿는 구석'이다. 즉, 자신의 약점 공개는 그걸 상쇄하고도 남을 자신의 강점이 있을 때, 즉 믿는 구석이 있을 때에 할 수 있는 것이지, 그게 없는 사람에겐 결코 쉬운 일이 아니라는 이야기다. 자기계발서들엔 자신의 약점을 자기 비하성 유머의 소재로 삼는 법들도 추천하고 있는데, 이것 역시 '믿는 구석'이 없으면 하기 어려운 것이다.

나 역시 이걸 깨닫는 데에 수십 년은 아니지만 오랜 시간이 걸렸다. 나는 비교적 내 약점을 솔직하게 잘 공개하는 편이어서 자신의 약점을 한사코 감추려는 사람들을 딱하게 본 경험이 있다. 그런데 나의 그런 생각이 자만감의 다른 표현이라는 걸 깨닫게 된 것이다.

그렇다면 스스로 '믿는 구석'을 만들려는 시도를 해보는 건 어떨까? 그건 바로 자신의 강점을 열심히 키우고 최대한 활용하면서 약점은 그렇게 하는 데에 방해가 되지 않게끔 관리하는 것이다. 이건 마커스 버킹엄Marcus Buckingham과 도널드 클리프턴Donald O. Clifton의 아이디어인데, 이들은 "많은 사람들은 약점에 대한 두려움 때문에 강점에 대한 자신감을 뒤로 숨기고 있다"며 "약점을 강점으로 변화시킬 수는 없다는 사실은 잊지 마라"고 말한다. 즉, 자신이 못하는 것을 잘하려고 하지 말고 잘하는 것을 잘하라는 이야기다.[43]

자신에겐 키우고 활용할 만한 강점이나 잘하는 게 없다고 버티면 하는 수 없긴 하지만, 문제는 약점은 감추려고 애쓴다 해서 감춰질 수 있는 게 아니라는 점이다. 주변 사람들은 다 안다. 알고서도 모르는 척해주는 것일 뿐이다.

그렇다면 어떻게 해야 할까? 그래도 계속 약점을 감추려는 시도를 계속 밀고 나가는 게 좋을까? 그렇게 하겠다면 말릴 수는 없지만, 적어도 가까운 사람에겐 그렇게 하지 않는 것이 좋다. 그래도 공개하지 않겠다면 하는 수 없지만, 적어도 공개에 겁을 먹을 정도로 감추기 위해 애쓰진 않는 게 좋다. 그렇게 하는 데에 너무 많은 에너지가 소모되거니와 상호 신뢰 관계에 문제가 생기기 때문이다.

자신의 약점을 당당하게 드러내면서 오히려 큰소리를 치는 대표적 사례로 자주 거론되는 인물이 미국 '토크쇼의 여왕' 오프라 윈프리^{Oprah Winfrey}다. 윈프리가 철저하게 개인 중심적인 자기계발을 역설하는 것엔 동의할 수 없지만, 그래도 배울 점은 있다. 윈프리는 자신의 약점에 신경 쓰는 세상을 이렇게 비웃었다.

> 흑인이었다.
> 사생아였다.
> 가난했다.
> 뚱뚱했다.
> 미혼모였다.
> 그래서?
> 그게 뭐 어쨌다고?[44]

박수를 쳐주고 싶다. 그렇다. 바로 이거다. "그래서? 그게 뭐 어쨌다고?"가 정답이다. 물론 윈프리에겐 말을 잘하고 친화력이 뛰어나다는 '믿는 구석'이 있었을 게다. 그러나 자신에겐 그런 게 없다고 하더라도 속마음으로나마 "그래서? 그게 뭐 어쨌다고?"

를 외치면 마음이 한결 편해진다.

윈프리처럼 정면 돌파를 하거나 자신의 약점을 자기 비하성 유머의 소재로까지 삼는 경지는 넘보지 못한다 하더라도 그걸 감추려고 불안해하는 모습은 다시 생각해볼 필요가 있다. 자신이 감추고 싶은 약점이 공개된다면 평온이 깨지겠지만, 그건 일시적인 것이다. 반면 자신의 약점이 알려질까봐 전전긍긍함으로써 평온이 훼손당하는 것은 내내 지속된다. 어떤 게 나은지 한 번쯤 깊이 생각해볼 일이다.

'자기 합리화'가 나쁜가?

◇◇◇◇◇◇◇◇◇◇◇

"우리가 비판하거나 비난해야 할 것은
사회적으로 책임을 져야 할 사람이 면책을 위해 하는 합리화일 뿐,
개인 차원에서 자신의 평온을 위해 합리화를 하는 것은
당연하거니와 권장해도 좋을 일이다."

'성공'의 다른 이름은 '고통'이다

세상에 공짜는 없다! 누구나 다 아는 말이다. 다 수긍할 게다. 하지만 머리로 아는 것과 실천은 다르다. 자신이 원하는 것을 누리기 위해선 반드시 지불해야 할 대가가 있다는 말에도 동의하겠지만, 그 대가를 너무 좁게 해석하는 경향이 있다. 기껏해야 열심히 노력하거나 돈을 지불해야 한다는 수준에만 머무를 뿐, 노력과 돈 이외에 요구되는 대가에 대해선 잘 생각하지 않는다.

"성공을 결정하는 질문은 '나는 무엇을 즐기고 싶은가'가 아니라, '나는 어떤 고통을 견딜 수 있는가'다. 행복으로 가는 길에는 똥 덩어리와 치욕이 널려 있다."[1]

마크 맨슨Mark Manson의 말이다. 바로 그게 현실이다. 이 말이 너무 과격하다면 성공과 부는 '스스로 만든 감옥'과 다를 바 없다는 다음 주장은 어떤가.

"권력의 정점에 있는 사람들, 부자들, 그리고 유명인을 지켜보라. 그들의 성공과 부에 사로잡히지 말고, 그들이 무엇을 대가로 그 자리에 올라설 수 있었는지 생각해보라. 그들이 치른 대가는 자유다. 그들의 지위는 늘 정해진 옷차림을 강요한다. 그들은 싫어하는 사람들과도 악수해야 하며, 자신의 생각을 함부로 드러내서도 안 된다."[2]

자신의 생각을 함부로 드러낼 수 없는 것과 관련해 내가 자주 애용하는 사례가 하나 있다. 작은 동네 슈퍼 주인은 자신의 정치적 견해를 당당하게 밝혀도 문제될 게 없다. 사람들 앞에서 대통령을 욕해도 된다. 그런다고 세무 조사 해서 괴롭히지 않는다. 반면 수많은 대형마트를 거느리고 있는 대기업 오너나 재벌 총수는 자신의 정치적 견해를 밝혔다간 큰일 난다. 정치적 보복과 사회적 불매운동을 초래할 수 있으므로 자나 깨나 입조심해야 한다.

그 정도 대가야 아무것도 아니라고 할 수도 있겠지만, 대가가 어찌 그것뿐이겠는가. 그 밖에도 이루 헤아릴 수 없이 많다. 물론 대가의 목록이 아무리 길더라도 그건 별 의미가 없다고 볼 수도 있을 것이다. 미국 대통령들이 남긴 명언들이 그걸 말해준다.

초대 대통령 조지 워싱턴George Washington, 1732-1799은 "대통령이 된다는 건 사형대에 오르는 것", 제3대 대통령 토머스 제퍼슨Thomas Jefferson, 1743-1826은 "화려한 불행", 제7대 대통령 앤드루 잭슨Andrew

Jackson, 1767-1845은 "고급 노예 생활", 제8대 대통령 마틴 밴뷰런 Martin Van Buren, 1782-1862은 "물러날 때가 가장 행복했다", 제33대 대통령 해리 트루먼Harry S. Truman, 1884-1972은 "백악관은 세계 최상의 감옥이다"는 명언을 남겼다.[3]

하지만 그들이 그걸 몰라서 대통령이 되려고 했던 건 아니며, 오늘날의 정치인들 역시 마찬가지다. 아무리 대가가 크고 많더라도 그 모든 것을 상쇄하고도 남을 성공의 축복이 있기에 우리는 성공을 추구하는 것이다. 그렇긴 하지만, 의외로 그런 평가 과정을 건너뛰고 성공을 무작정 탐하는 사람이 많다.

일부 지식인이나 자기계발 전문가들은 앞다퉈 '고통이 주는 놀라운 선물'을 강조하면서 "고통을 즐겨라"라고 선동해대니,[4] 비교적 고통 없이 사는 삶의 방식엔 아예 관심을 가질 겨를조차 없다. 고통 없는 삶은 가능하지 않다는 데엔 흔쾌히 동의할 수 있지만, 그렇다고 해서 고통을 그렇게 미화해도 괜찮은 걸까? 고통은 끔찍하긴 하지만, 그래도 그 덕분에 불안과 콤플렉스를 떨쳐버릴 수 있다면 해볼 만한 게 아니냐고 말하는 게 적당한 수준이 아닐까?

알프레트 아들러Alfred Adler, 1870-1937가 잘 지적했듯이, 성공에 대한 야망은 우리 내면의 불안을 극복하려는 데서 기인하는 것이다. 야망이 크고 경쟁심이 강한 사람일수록 내면에 더 강한 불안이 내재해 있기 때문에 자신이 우위에 있음을 증명하고 과시해

보임으로써 내면의 콤플렉스를 상쇄하려고 든다.[5]

하지만 성공을 위한 행위와 성공으로 얻는 평판은 편안한 상태의 자기를 벗어나는 것이므로 엄청난 에너지의 소모가 따르기 마련이다. 바로 그런 이유 때문에 그런 행위나 처세가 일시적으로 뛰어날 수는 있어도 지속적이기는 무척 어렵다.[6] 그럼에도 성공을 위해 그 어떤 고통도 감수하겠다는 것이니, 어찌 보면 딱하지 않은가.

성공에 대한 야망을 폄하하고자 하는 게 아니다. 그건 그 어떤 고통이라도 좋으니 성공 좀 하고 싶다는 사람에게 큰 결례다. 다만 우리에게 진리처럼 통용되는 "고생 끝에 낙이 온다"를 좀 달리 생각해보고 표현해보자는 것이다. 낙이 왔다고 해서 고생이 끝나는 게 아니라는 것을 충분히 각오할 필요가 있다는 이야기다.

그래도 꼭 성공을 하고 싶다면 성공의 정의를 다시 내리는 법도 있다. 성공의 정의는 시대마다 다르고 사람마다 다르다. 가장 흔한 분류법에 따르자면, 성공엔 '외적 성공'과 '내적 성공'이 있는데, 우리는 외적 성공만을 성공이라고 부르는 경향이 있다. 왜 그래야 하나? 자기 나름의 내적 성공을 이룬 후에 "나는 성공했다"거나 "나는 성공한 삶을 살았다"고 말하면 될 게 아닌가.

심리학에 밝은 사람들은 이런 이야기를 『이솝 우화』의 '여우와 포도' 이야기에서 비롯된 이른바 '신포도 심리'로 설명할지도 모르겠다. 포도가 높이 달려 있어 먹을 수 없게 된 여우는 돌아서면서 "어차피 시어서 먹을 수도 없는 데 뭘"이라고 말한다. 어떤 걸 원하지만 그걸 얻을 수 없으면 비난을 함으로써 자존심을 지키려는 합리화를 한다는 것이다. 이걸 가리켜 '신포도 심리'라고 한다.[7]

'성공'의 다른 이름은 '고통'이라는 주장은 '신포도 심리'와 거리가 멀지만, 설사 그렇게 본다 한들 달라질 건 없다. '신포도 심리'를 어리석거나 좋지 않은 것으로 보는 게 정설처럼 굳어졌는데, 그걸 왜 그렇게 보아야만 하는지 의문이다.

앞서 거론한 '소확행'만 해도 그렇다. 어느 30대 직장인은 소셜미디어에 '소확행'이란 해시태그를 더는 쓰지 않기로 했다며 이렇게 말한다.

"생각해보니 '소확행'은 여우의 신포도 같은 것이었어요. 나도 수십억씩 벌고 싶은데 그럴 수는 없고, 실제 가상화폐로 그렇게 벌었다는 사람을 보면 괜히 짜증나고 우울하고……. 사진 한 장 올리고 '소확행'이라고 쓴다 해서 행복이 인증되는 것도 아니잖아요. 이제 행복에 집착하지 않으려고요."[8]

행복에 집착하지 않는 건 정말 잘한 일이지만, '신포도 심리'를 부정적으로 보는 것엔 동의하기 어렵다. 합리화엔 두 가지 종류가 있다. 남에게 피해를 주는 합리화와 그렇지 않은 합리화다. 부도덕하거나 남에게 피해를 주지 않으면서 단지 자기만족을 위해서 하는 합리화가 무엇이 문제가 된단 말인가. 자기만족을 하더라도 합리화 같은 건 하지 말고 순전히 깊은 깨달음에 의해 그렇게 하는 도사가 되어야 한다는 게 아니라면 말이다. 아니 도사도 인간일진대 '신포도 심리'와 같은 합리화를 넘어설 수 있을까?

사실 생각해보면 참 이상한 일이다. 행동경제학은 질릴 정도로 많은 증거를 제시하면서 우리 인간이 '합리적 존재rational being'라기보다는 '합리화하는 존재rationalizing being'라는 걸 잘 보여주고 있다. 즉, 합리화는 누구는 하고 누구는 안 하는 것이라기보다는 모든 인간이 다 하는 본질적 속성이라는 것이다.

우리가 비판하거나 비난해야 할 것은 사회적으로 책임을 저야 할 사람이 면책을 위해 하는 합리화일 뿐, 개인 차원에서 자신의 평온을 위해 합리화를 하는 것은 당연하거니와 권장해도 좋을 일이다. 그런데 왜 우리는 그런 바람직한 합리화마저 그 정체를 폭로하지 못해 안달하는 걸까? 이렇다 할 정도로 내세울 게 없는 사람이 평온을 누리는 게 못마땅해서 그러는 건가? 반드시 풀고, 그 결과를 널리 알려야 할 수수께끼다.

자신의 '능력의 범위'를 알아야 한다

"네 분수를 알아야 한다!" 백번 천 번 옳은 말이지만, 이런 말을 들으면 기분이 나쁘다. 국어사전에 따르면, 분수란 '사물을 분별하는 지혜', '자기 신분에 맞는 한도', '사람으로서 일정하게 이를 수 있는 한계'라는 세 가지 뜻으로 쓰이지만, "네 분수를 알아야 한다!"는 주로 세 번째 의미로 쓰인다. 물론 두 번째 의미로 쓰는 사람들도 있긴 하지만 말이다.

이 말을 들으면 내 한계를 감히 누가 정할 수 있느냐는 반감이 생기기 쉽다. 그래서 이 말은 상대를 비하하거나 조롱하는 뜻으로 쓴다면 모를까 정말 상대가 분수를 알기를 원한다면 결코 써선 안 될 말이다.

말이란 '아' 다르고 '어' 다른 법이다. 똑같은 내용의 말이라도 어떻게 표현하느냐에 따라 그 말을 듣는 사람의 반응은 크게 달라질 수 있다는 것이다. 워런 버핏Warren Buffet이 사실상 "네 분수를 알아야 한다"는 뜻으로 사용한 '능력의 범위circle of competence'라는 말은 듣기에 기분 나쁘지 않다. 일단 내 능력을 인정하고 들어가면서 다만 그 범위에 신경 쓰라는 뜻이니 말이다.

버핏은 "능력의 범위를 알고, 그 안에 머물러라. 범위의 크기는 그다지 중요하지 않다. 중요한 것은 범위의 경계를 아는 것이다"고 말한다.[9] 물론 이 말도 후련한 느낌을 주진 못한다. 도대체 무슨 수로 범위의 경계를 알 수 있느냐는 반론이 나올 법하다. 이때의 경계는 아무래도 비교적 객관적인 기준을 중심으로 판단할 터인데, 이렇게 되면 과감한 시도를 하는 게 어려워질 게 아닌가 말이다.

그런 한계가 있긴 하지만, '능력의 범위'를 무시하는 게 사회적 상식으로 자리 잡은 게 아니냐는 느낌마저 주는 한국에서는 꽤 쓸모 있는 말이다.

한국의 엘리트 시장엔 '능력의 범위'가 아예 존재하지 않는 것 같다. 자신의 분야에서 어느 정도 이름을 얻으면 무턱대고 정관계에 진출하려는 사람이 너무 많다. 직종으로 보자면, 특히 교수와 언론인들이 심해 '폴리페서'와 '폴리널리스트'라는 말까지 생겨났다. 다양성 차원에서 보자면 사회 각 분야의 전문가들이 정관계에 진출하는 건 환영할 만한 일이긴 하다. 또 그런 사람들

중엔 정관계에서 탁월한 능력을 보이는 사람들도 있다. 그럼에도 교수와 기자들 중엔 그렇게 하려는 사람들의 수가 너무 많다는 게 문제다.

왜 그럴까? 이른바 관존민비官尊民卑의 잔재로 인한 '입신양명立身揚名' 문화 때문이다. 입신양명은 원래 좋은 의미였다. 세상을 위해 좋은 일을 한다는 뜻이 강했다. 그러나 입신양명의 좋은 취지는 변질되어 이미 조선시대부터 오늘날과 같은 의미의 출세주의를 뜻하게 되었다. 우리가 얼마나 입신양명에 집착하고 있는지는 그간 조상신에 대한 신앙의 형식으로 신주에까지 관직명을 붙이고 비석을 세웠으며, 지금도 가보·명함·각종 모임 등에서 직함을 붙여 호칭을 사용하는 사례를 보면 알 수 있다.[10]

2005년 서울대학교 총장 정운찬이 『월간중앙』(1월호) 인터뷰에서 밝힌 다음과 같은 솔직한 증언은 고위 관직에 대한 한국인들의 열망이 거의 한恨의 수준에 이르렀다는 걸 말해준다.

"조선시대 고위 관료로 출세한 조상분들의 묘를 보고 뿌듯해했던 어린 시절의 기억이 있습니다.……어머님은 항상 저한테 '자네'라는 호칭을 쓰셨습니다. 이를테면 학창 시절의 제게 '자네, 우리 집안에 정승이 3대째 끊긴 것을 아는가'라는 식의 말씀을 자주 하셨습니다."

최재천과 도정일의 이야기도 비슷하다.

"저희 할아버지도 늘 저만 보면 '언제 강릉 시장이 될래?'라고 하셨다니까요. 서울대학을 졸업하고 또 유학을 간다고 하니까 이해를 못하셨어요. 대학교수가 되고 싶다고 했더니, '대학교수 오래 할 것 없다. 사람은 모름지기 나라의 녹을 먹고살아야 하느 니라'라고 하시더라고요. '강릉 시장이 모자라면 강원도 도지사 를 해라' 이러시더라고요.……나도 엇비슷한 이야기가 있어요. 영문과에 간다니까 외삼촌 왈, '그거 해서 뭐가 되는데?' 치과대 학에 다니던 외사촌 형이 옆에 있다가 '영어 잘하면 미국 대사도 할 수 있죠'라고 했어요. 그랬더니 외삼촌이 또 말했어요. '그게 다냐?'"[11]

관존민비와 그에 따른 출세주의는 지금도 여전하다. 이는 관 직이 여전히 정치적 논공행상의 도구로 활용되고 있다는 데에서 잘 드러난다. 관존민비는 '정치 과잉'이나 '권력 숭배 문화'와도 통하는 현상이다. 물론 배금주의拜金主義라고 해도 좋을 정도로 돈 이 큰 위력을 발휘하는 세상이긴 하지만, 돈을 벌기 위해서라도 관官의 역할이 절대적으로 중요한 건 여전하기 때문에 관존민비 는 계속 그대로 남아 있는 건지도 모른다.

한국인의 그런 특성은 타인지향적 인정 욕구가 워낙 강하기 때문에 생겼을 것이다. 자기 자신보다는 남들과의 관계에서 삶 의 의미와 보람을 찾는다는 뜻이다. 그래서 서열을 매겨야만 직 성이 풀린다. 한국은 다른 나라들과는 달리 워낙 동질적 집단이 기 때문에 다른 '구별짓기'의 수단이 없어 더욱 서열에 매달리는 건지도 모른다. 그래서 대학들은 '고교 등급제'를 저질렀고, 기업들은 '대학 등급제'를 열심히 저지르고 있다. 그래도 세상 보는 눈을 의식해 그걸 당연하다고 외치지 않는 것에 감사해야 하는 걸까?

그런데 진짜 문제는 평생 다른 분야에서 일하면서 명성을 좀 얻은 이가 정관계에 진출해서 일을 잘해내기가 쉽지 않다는 데에 있다. 바로 능력의 범위 때문이다. 자신의 능력 범위를 끊임없이 넓혀나가려는 도전 정신 또는 무한 팽창 욕구엔 박수를 쳐준다 해도 국민의 삶과 직결되는 정관계의 일이라는 게 그런 무한 도전의 놀이터는 아니잖은가.

능력을 자질과 더불어 "내가 왜 이 일을 해야 하는가?"라는 사명감 또는 소명 의식까지 포함하는 개념으로 본다면, 그런 무한 도전으로 인해 자신도 망치고 나라도 망치는 사람들도 있다.

능력의 범위를 무시하는 이면엔 자신의 전공으로 삼은 능력이 탁월하지 않기 때문이라는 이유도 존재한다. 무엇 하나를 자신 있게 내세울 수 없으니, "이제 이 일은 이 정도로 하고 입신양명이나 해볼까" 하는 쪽으로 생각이 기울기 쉽다는 것이다.

이는 오랫동안 직장생활을 하다가 명퇴나 퇴직 후 호구지책으로 자영업에 뛰어든 사람이 이것도 건드려보고 저것도 건드려보다가 다 실패하기 십상인 것과 비슷하다. 이렇다 할 자기만의 능력이 없기 때문에 이것도 건드려보고 저것도 건드려보는 것이다.

우리는 알게 모르게 자신의 능력 범위를 넓혀나가는 일에 너무 많은 시간을 쏟는 경향이 있다. 대부분의 사람들이 주로 자신의 단점이나 약점을 보완하는 일에 매달린다는 것이다. 물론 세상이 워낙 급변하는 탓에 한 가지 강점이나 장점만으로 불안해서 보험을 든다는 기분으로 다른 능력도 키워두려는 것일 수도 있지만, 흔히 하는 말로 '죽도 밥도 아닌' 상태의 위험 부담도 생각해보아야 하는 게 아닐까?

단골집이 아닌 음식점에 갔을 때 메뉴가 너무 많으면 뭔가 꺼림칙한 느낌이 들고, 그 느낌은 정확히 들어맞는 경우가 많다. 메뉴 많은 걸로 특화한 음식점이 아니라면, 되건 안 되건 전공을 내세워 한두 가지 메뉴로 승부를 보아야 하는 게 아닐까?

어떤 메뉴에도 자신이 없어서 그러는 것일망정, 잡다한 메뉴를 유지시켜나가는 것도 쉬운 일은 아닐 게다. 그 어려운 일을 해내는 시간에 어느 하나라도 작은 비교 우위나마 가질 수 있도록 애써보는 게 훨씬 더 낫지 않겠느냐는 것이다. 맛없는 음식을 겨우 먹고 나서 이런 말을 음식점 주인에게 꼭 해주고 싶은 마음이 굴뚝같다가도 "내가 백종원도 아닌데 내 말이 먹히겠어?"라는 생각에 차마 말을 못 한 게 한두 번이 아니다.

제5장 '자기 합리화'가 나쁜가?

목표 없이 사는 삶의 축복

"사람은 뚜렷한 목표를 갖고 살아야 한다." 부모가 자식에게 해줄 수 있는 좋은 조언이다. 우리는 그런 수준에선 목표의 필요성에 전적으로 동의할 수 있다. 그런데 이 '목표'가 삶의 지향성 수준을 넘어서 성공을 이루기 위한 수단으로 강조되면서 좀 이상한 일이 벌어지기 시작했다.

미국의 한 자기계발 전도사는 "목표는 성취라는 용광로 속의 연료이다"라고 주장했는데, 이런 목표론의 원조는 미국의 시인이자 외교관이었던 제임스 러셀 로웰James Russell Lowell, 1819-1891이다. 그의 시와 명언은 성공 열망을 예찬한 것으로 유명하다.

오늘날까지도 미국 학생들은 로웰의 시를 공책에 베껴 쓴다는데, 그가 남긴 명언 중 하나는 "실패가 아니라 낮은 목표가 수치스러운 것이다"이다. 이런 교육을 받고 자란 미국인의 4분의 3이 "성공하지 못하는 사람 대부분은 사회 체계를 탓해선 안 되고 스스로를 탓해야 한다"는 데 동의하고 있는 건 결코 우연이 아니다.[12]

로웰의 명언이 시사하듯이, 낮은 목표는 수치스러운 것이므로 목표라는 말엔 이미 '높은 목표'라는 뜻이 내장되어 있다. 오늘날 미국에서 목표의 중요성을 강조하는 대표적인 전도사는 경영 컨설턴트 브라이언 트레이시Brian Tracy다.

트레이시는 "명확한 목표 없이 살아가는 것은 짙은 안개 속에서 운전을 하는 것과 같다"며 "명확한 목표만 있다면 삶의 가속 페달을 밟고 빠르게 앞으로 달려서 진정으로 원하는 것을 더 많이 성취할 수 있다"고 주장한다. 목표가 그렇게 좋은 것이라는데, 왜 사람들은 트레이시가 역설하는 종류의 목표 없이 살아가는 걸까? 트레이시는 '사람들이 목표를 설정하지 않는 이유'를 네 가지로 제시한다.

첫째, 사람들은 대부분 목표가 얼마나 중요한지 모르고 있다.

둘째, 사람들은 대부분 목표를 설정하는 방법을 모르고 있다. 자신이 이미 목표를 가지고 있다고 생각하는 사람들조차 기껏해야 "행복해지고 싶다", "돈을 많이 벌고 싶다", "행복한 가정을 꾸리고 싶다" 식의 소망이나 꿈을 목표로 착각한다.

셋째, 실패에 대한 두려움 때문에 실패할 것 같은 목표는 아예 설정하지 않는다.

넷째, 목표를 설정하고서도 성공하지 못한다면 다른 사람들이 자신을 비난하거나 조롱하지 않을까 두려워한다.[13]

꽤 설득력 있는 주장이다. 하지만 다른 의견도 있다. 스티븐 샤피로Stephen M. Shapiro는 정반대로 '목표 없는 삶'을 찬양한다. '목표 없는 삶'은 미래의 목표보다 지금 이 순간에 충실한 삶을 뜻한다. 샤피로는 목표에 집착하는 삶은 출구 없는 고속도로를 달리는 것과 같다고 주장한다. 우리의 인생 행로에는 선택할 갈림길이 많기 때문에 언제든 방향을 바꾸는 유연한 자세로 현재에 집중하면 오히려 기적 같은 삶이 펼쳐질 수 있다는 것이다.[14]

뭐 그렇게 썩 가슴에 와닿진 않지만, 사실 문제는 어떤 목표냐 하는 것이다. 지금 이 순간에 충실한 것도 목표라면 목표다. 지금 이 순간에 충실함으로써 달성될 수 있는 목표는 낮고 작은 것인 반면, 먼 미래를 내다볼수록 목표는 높고 크기 마련이며 도달하기도 힘들다.

개인이 추구하는 가치와 관련된 '본질적 목표'냐, 돈과 권력 등과 같은 외부적 동기로 채워진 '비본질적 목표'냐 하는 것도 따져볼 문제다.[15] 대부분의 자기계발서들이 말하는 목표는 후자인데, 왜 목표의 범주를 그렇게 좁혀야 하는지 의문이다. 그런 비본질적 목표라 하더라도 목표가 왜 그렇게 높고 커야만 하는 건지 그것 역시 의문이다.

대니얼 카너먼^{Daniel Kahneman}은 "도달하기 힘든 목표는 불만족스러운 삶을 만드는 비결"이라고 말한다. 롤프 도벨리^{Rolf Dobelli}도 "비현실적인 목표는 행복을 망치는 주범이다"며 이런 타협책을 제시한다.

"당신의 목표를 의식적으로 약간 모호하게 표현하라(가령 억만장자가 되겠다고 하는 대신 돈을 많이 벌겠다는 식으로 말이다). 목표에 도달하면 정말 훌륭한 일이고, 그러지 못했다 해도 최소한 (부분적으로는) 목표를 이룬 것으로 해석할 수 있기 때문이다."[16]

하지만 도벨리의 타협책은 이미 트레이시가 반박한 바 있다. 소망이나 꿈은 목표가 아니라고 말이다. 목표를 강조하는 주장에 진지하게 반론을 펴기보다는 찰스 슐츠^{Charles Schulz, 1922-2000}의 다음과 같은 농반진반弄半眞半의 말이 어떨까 싶다.

"내 인생은 목적도, 방향도, 목표도, 의미도 없지만 난 행복하다. 이게 어떻게 가능한지 나도 모르겠다. 내가 이래도 되는 건가?"

높고, 뚜렷한 목표 때문에 성공한 사람도 많지만, 그런 목표의 노예가 된 나머지 자신의 인생을 망치는 건 물론 다른 사람들에게 피해를 주는 사람도 많다. 우리는 이런 사람들을 텔레비전 뉴스를 통해 자주 목격하고 있지 않은가.

"저 정도 가졌으면 굳이 불법을 저지르지 않고서도 행복하게 잘살 수 있었을 텐데 왜 저런 거지?"

목표가 없는 한심한 사람이기 때문에 이런 생각을 하는 걸까? 모두 다 그럴 필요는 없지만, 목표 없이 사는 삶의 축복을 누리는 사람이 많아져야 평온한 사회로 한 걸음 나아가는 것도 가능할 것이다.

목표는 작을수록 좋다

실패가 아니라 낮은 목표가 수치스러운 것이다? 오늘날엔 욕 먹어 마땅한 말이다. '목표 없이 사는 삶의 축복'은 '높은 목표 없이 사는 삶의 축복'을 말하는 것일 뿐, 그 어떤 목표도 없이 세상을 사는 게 좋다는 뜻이 아니다. 큰 성공을 거둔 사람들의 주장과는 달리, 목표는 오히려 낮고 작을수록 좋다. 적어도 처음엔 말이다.

2008년 미국 대통령 선거의 민주당 경선에서 힐러리 클린턴 Hillary Clinton과 맞붙은 버락 오바마 Barack Obama의 선거 구호는 "Yes, we can(그래, 우리는 할 수 있어)"이었다. 오바마는 "흑인 대통령이 가능하단 말이야?"라는 의문과 싸워야 했기 때문이다. 힐러리도 대통령에 당선되면 최초의 여성 대통령이라는 점에서 "여성 대통령이 가능하단 말이야?"라는 의문과 싸워야 했지만, 적어도 선거 슬로건으로 그런 의문에 더 잘 대처한 쪽은 오바마였다.

사실 선거의 교과서적 원칙에 따르자면, 오바마보다는 경쟁자인 힐러리가 진실의 편에 더 가까이 있었다. 힐러리는 명백한 이슈와 정책을 말한 반면, 오바마는 멋진 말만 주워섬긴 '레토릭'의 대성찬만 벌였을 뿐이다. 오바마는 '희망의 담대함'을 말했지만 도대체 무엇을 희망한다는 것인지 특정한 내용을 전혀 말하지 않았다. 오바마는 뉴햄프셔 연설에선 마지막 3분 동안 "우리는 ~을 할 수 있습니다Yes, we can-"를 12회나 반복하는 등 시종일관 레토릭의 마술로 유권자들을 사로잡았다.

그 마술의 정체가 바로 '자기 효능감self-efficacy'이다. 자신이 변화에 영향을 미칠 수 있다고 믿는 사람들이 자신이 맡은 일에서 성공할 가능성이 높은 걸 가리키는 개념이다. 자기 효능감은 자기계발의 주요 수단으로 주목을 받고 있지만, 이게 늘 좋은 방면으로만 작용하는 건 아니다.

정반대로 열등감에 시달리는 사람이 자기 효능감을 만끽하기 위해 못된 유혹에 굴복하는 것도 가능하다. 김찬호는 "악플러들 가운데는 피해 의식과 열등감에 시달리는 이들이 많다고 한다. 그들에게 악플의 즐거움은 무엇인가"라고 물으면서 다음과 같이 말한다.

"자신이 올린 글 한 줄에 다른 사람들이 동요하는 모습을 보면서 자기 효능감을 맛볼 수 있다.(그것은 컴퓨터 바이러스를 유포해 세상에 혼란을 일으키는 사람들이나 시스템을 파괴하는 해커들이 느끼는 쾌감과 비슷하다. 그들도 의외로 유약하고 소심한 성격의 소유자가 많다고 한다.) 아무에게도 영향력을 행사하지 못하고 자신의 삶과 환경을 통제하지도 못하면서 무력감에 시달리는 사람일수록 공격적인 발설로써 자기 효능감을 느끼려 한다. 그런데 자기 효능감은 상대방의 반응에 좌우된다. 마구 욕을 퍼부었는데 상대방이 별로 개의치 않는다면, 계속할 마음이 사라질 것이다."[17]

물론 자기 효능감은 주로 자기계발 등과 같은 긍정적인 의미로 쓰긴 하지만, 우리 인간에게 자기 효능감이 얼마나 중요한지를 말해주는 사례로 악플러가 기여를 한 셈이다. "나는 너를 화나게 만들 수 있어"라거나 "내게도 이런 능력쯤은 있어"라는 식의 잘못된 자기 효능감을 만끽하기 위해 오늘도 악플을 올리는 악플러들의 투쟁을 불쌍하거니와 처절하다고 해야 할 것인가? 그리 생각하면 악플에 분노하거나 상처받을 이유가 조금은 약화되지 않을까?

악플러가 마구 욕을 퍼부었는데 상대방이 별로 개의치 않는다면, 악플러는 자기 효능감을 느낄 수 없다. 그래서 계속할 마음이 사라지는 것이다. 즉, 우리 인간은 성과가 눈에 보여야만 어떤 일을 계속해나갈 수 있다는 것이다. 물론 우리가 이름을 알 정도로 크게 성공한 사람들은 오랜 기간 아무런 성과도 거두지 못하더라도 계속 밀어붙여 끝내 성공을 거두기도 했지만, 그건 지극히 예외적인 사례로 보는 게 옳다.

높고 큰 목표의 문제가 바로 여기에 있다. 자기 효능감을 느낄 수 없는 상태가 오래 지속되면 견뎌낼 재간이 없다. 그래서 나중에 높고 큰 목표로 가기 위해서라도 처음엔 낮고 작은 목표에서부터 출발하는 게 좋다. 먼저 작은 성공의 경험을 쌓는 것이 꼭 필요하다는 것이다.

미국 실리콘밸리에서 통용되는 금언인, "무언가를 해내는 게 완벽한 것보다 낫다"는 말도 '달성 가능한 작은 것들'부터 창출해내라는 의미다.[18] 칼 웨익Karl Weick은 '작은 성공'의 중요성에 대해 이렇게 말한다.

"작은 성공의 경험은 무게감을 줄이고('별거 아니군') 노력의 요구량을 감소시키며('이만큼만 하면 되네') 스스로 생각하는 능력 수준을 높인다('난 이것도 할 수 있잖아!')."[19]

성공은 승리다. 큰 승리건 작은 승리건 중요한 건 승리 그 자체이지, 크기를 따지는 건 두 번째 문제다. 그래서 나온 말이 "승리는 똥개도 춤추게 만든다"는 말이다. 기안 갈레아초 치아노Gian Galeazzo Ciano, 1903-1944는 "승리하면 아버지가 100명이 생기지만 패전하면 아무도 알아주지 않는다"고 했다. 존 F. 케네디John F. Kennedy, 1917-1963도 똑같은 말을 했다. "승리하면 아버지가 100명이 생기지만 패배하면 고아가 된다는 옛말이 있다."[20]

자기 효능감이 낮은 20대에게는 아무리 작더라도 그런 승리나 성공의 경험이 절대적으로 중요하다. 그러니 승리나 성공을 위해 작은 목표에서부터 시작하는 것이 좋다. 곽금주는 "일의 중요도나 크기는 그리 중요하지 않다"며 다음과 같이 조언한다.

"그리 어렵지 않은 자격증 따기, 빼먹지 않고 아침 운동 하기, 일주일에 책 한 권 읽기, 체중 조절하기 같은 작은 일이라도 목표를 정해 이뤄내고 나면 마음이 뿌듯해지면서 자신에 대한 믿음이 생기게 된다. '나도 이 정도는 이뤄낼 수 있는 사람이다' 하는 생각이 자신감을 북돋워주며 자기 효능감을 높여주는 것이다."[21]

낮고 작은 목표를 세워야 성공의 경험을 만끽하면서 앞으로 나아갈 수 있다. 아니 앞이 아니라 옆으로 나아가면 또 어떤가. 목표의 '노예'가 아니라 '주인'이 되고자 한다면, 목표가 크다고 해서 아름다운 것은 아니다.

늘 최선을 다해야만 하는가?

"최선을 다하겠습니다!" 우리 주변에서, 특히 방송에서 자주 들을 수 있는 말이다. 손석희의 뉴스 클로징 멘트기도 하다. 뭐 그냥 예의 차원에서 하는 말이거나 공적 사명감을 다짐하기 위해 하는 말이라면 무방하거니와 아름답지만, 이 말을 자신의 인생 슬로건으로 삼고 철저히 지키려고 애쓰는 사람이 있다면 그건 좀 다시 생각해볼 일이다.

웨인 다이어^{Wayne W. Dyer}는 "최선을 다하라!"는 성취 노이로제의 슬로건이라며, 이렇게 묻는다. "살아가면서 어떤 일들은 죽을힘을 다해서가 아니라 그냥 하면 안 되는 걸까?" 그가 내놓은 답은 "최선을 다하라"를 그냥 "하라"로 바꿔보자는 것이다. "최선을 다하라"는 완벽주의적인 말은 우리를 잔뜩 움츠러들게 해 도무

지 어떤 것도 시도해볼 엄두가 나지 않기 때문이라는 것이다.[22]

최선을 다하는 자세를 완벽주의로 보는 것엔 이의를 제기할 수 있겠지만, 둘 사이에 상당한 관련성이 있다는 건 분명하다. 완벽주의, 그거 정말 골치 아프다. 어느 조직에서건 빈틈이 없는 완벽주의자는 정이 가지 않을 뿐만 아니라 다른 사람들을 몹시 괴롭게 만든다. 심지어 가정에서도 가장이 완벽주의자면 배우자와 자식들이 엄청난 고통을 겪는다.

완벽주의perfectionism의 뿌리는 멀리 거슬러 올라갈 수도 있겠지만, 그게 대중화되기 시작한 중요한 변곡점은 미국이라는 나라의 탄생 과정이다. 미국의 탄생 이전 유럽인은 인간이 가진 숙명적인 불완전성 때문에 이미 도달할 수 있는 한계치에 가까워졌다고 믿고 있었지만, 신대륙으로 이주해간 미국인의 생각은 달랐다. 그들은 인간이 좀더 나은 곳을 향해 계속 나아갈 수 있다고 믿었다.[23]

바로 그런 역사의 유산 때문에 오늘날 미국인들은 '완벽한perfect'이라는 단어를 그 어느 나라 사람들보다 즐겨 쓴다. 지나치다 싶을 정도로 말이다. 한국인이 보기엔 날씨가 그리 좋지 않은데도 미국인의 입에선 "완벽한 날씨네It's a perfect weather"라는 말이 자연스럽게 터져나온다.[24]

미국과 프랑스의 문화 차이 탓일까? 프랑스 사상가 볼테르Voltaire, 1694-1778는 "완벽은 좋은 것의 적Perfect is the enemy of the good"이라

고 했다. 완벽이나 최고보다는 보통 수준의 'good'이 낫다는 의미다.[25]

볼테르의 영향을 받은 것은 아니겠지만, 미국 경제학자이자 심리학자인 허버트 사이먼Herbert A. Simon, 1916-2001은 만족satisfy과 희생sacrifice을 합해 satisfice란 말을 만들었는데, 이는 인간이 주어진 조건의 제약에서 적당히 희생할 것은 희생하고 취할 것은 취하는 것을 뜻한다. 인간은 신고전주의 학파의 주장처럼 최선의 선택이 아니라 '최소한의 필요를 충족시키는 선택satisfice', 즉 '그만하면 괜찮은good enough' 선택을 하게 된다는 게 사이먼의 주장이다.[26]

늘 최선의 선택에 골몰하는 완벽주의자의 행태는 쇼핑에서도 잘 드러난다. 배리 슈워츠Barry Schwartz는 최고만을 추구하는 '최선 추구자maximizer'는 결코 만족할 수 없는 비참의 나락으로 떨어질 수 있다며, 그 대안으로 '만족 추구자satisfier' 모델을 제시한다.

만족 추구자는 나름의 기준과 표준을 갖고 있기에 그걸 충족시킬 때까지만 탐색을 하며, 그 시점이 되면 탐색을 중단한다. 예컨대, 만족 추구자는 자신이 갖고 있는 기준의 크기, 품질, 가격에 맞는 스웨터를 발견하면, 더는 가게를 둘러보지 않고 그것을 구매한다는 것이다.

학자들이 쇼핑 만족도 조사를 해보았더니, 최선 추구자가 가격과 품질에선 더 나은 판단을 내렸지만, 주관적인 만족도는 만족 추구자가 더 높은 것으로 나타났다. 자기 결정에 대한 기대가 그리 높지 않고 최선 추구자처럼 항상 더 나은 선택을 놓쳤다는 느낌에 시달리지 않기 때문이다.[27]

그런데 일부 자기계발서들은 사람들에게 완벽주의를 삶의 지침으로 삼으라고 권한다. 올리버 버크먼Oliver Burkeman은 『행복 중독자』에서 '우리를 숨 막히게 하는 완벽주의'를 낱낱이 고발한다. "단기간에 변화할 수 있다고 주장하는 책들은 한결같이 완벽주의(약간의 개선 정도가 아닌 완벽한 변화를 요구하는)를 내세우고 있다."[28]

그 어떤 완벽주의자도 모든 면에서 완벽주의를 추구하지는 않는다. 각자 전공이 있다고나 할까? 우리가 텔레비전 예능 프로그램을 통해 가장 많이 접한 완벽주의는 아마도 '청결 완벽주의'일 게다. 우선 당장 청결 완벽주의 성향이 강한 서장훈이 떠오른다. 자신도 느끼고 있겠지만, 청결 완벽주의는 이만저만 피곤한 게 아니다.

호르스트 코넨Horst Conen은 집 안 정리의 강박이 있는 사람에게 "의식적으로 카오스 상태를 받아들이고, 그것을 견뎌본다. 있는 그대로 14일간을 견뎌보자"라는 해법을 제시하지만,[29] 아무리 생각해도 무리한 요구다. 서장훈이 그걸 견뎌낼 수 있을 것 같지가 않다.

일을 포함해 다방면에 걸쳐서 완벽주의 성향이 있는 사람도 적지 않다. 그런 사람들을 향해 앤 라모트^{Anne Lamott}는 "완벽주의는 우리를 숨 막히게 하고, 그 탓에 결국 우리의 인생 전체가 망가지게 될 것이다"고 단언하면서 다음과 같이 말한다.

"완벽주의는 땅을 보며 극도로 조심해서 걸으면, 장애물에 걸려 사고로 죽는 일은 절대 없을 것이라는 사고에 기초하고 있다. 아무리 그래도 인간은 죽는다. 그리고 보통은 땅만 바라보고 걷는 강박증 환자보다 땅을 바라보지 않고 걷는 사람들이 훨씬 더 나은 인생을 살아간다. 또한 앞에 펼쳐진 다양한 경치를 바라보며 더욱 즐겁게 살아간다."[30]

완벽주의를 완벽하게 극복할 수 없다면, 일종의 타협책을 시도해보는 것도 좋을 것이다. 탈 벤-샤하르^{Tal Ben-Shahar}가 권하는 방법은 이른바 '선택과 집중'이다. 그는 대학생 시절 첫 2년 동안 모든 과제와 시험에 똑같은 시간을 투자하는 완벽주의의 문제를 절감한 뒤, 과제를 대충 훑어본 다음 '시간 비용 대비 효과가 가장 크다'고 판단되는 20퍼센트를 집중적으로 공부해 큰 도움을 얻었다고 한다. 그렇게 해서 번 시간을 스포츠, 대중 연설, 교우 활동 등에 투자해 행복해졌을 뿐만 아니라 인생 전체로 보더라도 성공적인 시기를 보낼 수 있었다는 것이다.[31]

일반적으로 완벽주의가 생기는 주요 원인 중 하나는 늘 자신을 남과 비교하면서 주변 사람들이나 사회에서 항상 높은 목표와 완벽, 최선을 당연하게 강요받기 때문이다. 이렇게 생긴 완벽

주의를 '사회적으로 처방된 완벽주의socially prescribed perfectionism'라고
한다.[32]

일본 철학자 기시미 이치로岸見一郎와 작가 고가 후미타케古賀史
健의 『미움받을 용기』가 한국에서 베스트셀러가 되었지만,[33] 남과
의 비교에 능한 한국인에게 가장 필요한 건 '미움받을 용기'라기
보다는 '비교하지 않는 용기'가 아닐까?

더불어 필요한 것은 겸손한 마음이다. 따지고 보면 완벽주의란
자만이나 오만에서 비롯되는 것이기 때문이다. 다른 사람들은
감히 넘볼 수 없는 높은 기준을 자신은 충족시킬 수 있으며 충족
시켜야 한다고 자신을 못살게 구는 건 그 바탕에 남들을 낮춰 보
거나 무시하는 마음이 자리 잡고 있는 게 아니냐는 것이다. 레너
드 코헨Leonard Cohen, 1934-2016이 노래한 다음 메시지를 음미해보는
게 어떨까?

"뭐든 틈이 있어요. 그래야 빛이 들어오죠There's a crack in everything.
That's how the light gets in."[34]

'나 아닌 나'로 사는 게 좋은가?

"내 혈액형이 A형이다. 혈액형으로 보는 성격이 다 맞는 건 아니지만 나는 소심한 편이었다. 세세한 것까지 신경 쓰는 꼼한 성격이었다. 밑 바닥까지 떨어져보니 그런 성격이 도움이 되지 않았다. 그래서 싹 버렸다. 긍정적으로 생각하고 대범해지려고 노력했다. 그래서 피까지 바꼈다고 말할 수 있다."

야구 선수 최형우의 말이다. 그의 변신을 전하는 기사들은 한 편의 드라마를 방불케 한다.

"2005년 방출의 아픔을 극복하고 프로야구 사상 최초로 '100억 원의 사나이'가 된 최형우."

"연봉 2,000만 원이 14년 만에 15억 원으로 올랐다."

"최형우는 '머리부터 발끝까지, 피血까지 바꿨다'고 말했다."

"포기하지 마세요. 못난 저도 포기하지 않았기 때문에 여기까지 왔답니다."[35]

아름다운 인간 승리다. 박수를 쳐줄 만하다. 변화는 아름답다. 자신의 약점, 나쁜 점, 못된 버릇 등을 바로잡는 변화, 더 나은 세상을 만들기 위해 추구하는 변화는 더할 나위 없이 아름답다. 하지만 모든 변화가 다 아름다운 건 아니다.

자기계발 분야에서 변화의 아름다움을 역설한 대표적 책으로는 단연 스펜서 존슨Spencer Johnson의 『누가 내 치즈를 옮겼을까?』가 꼽힌다. 1998년에 출간된 이 책은 세계적으로 2,600만 부나 나갔다. 미국에선 기업들이 이 책을 대량 매입해 직원들에게 나누어주었으며, 한국에서도 비슷한 일이 벌어졌다.

왜 그랬을까? 때는 바야흐로 다운사이징downsizing(기업의 감량 경영)의 시대였다. 미국에서는 1981년부터 2003년까지 다운사이징 여파로 3,000만 명의 노동자가 일자리를 잃었으며, 한국에서도 비슷한 일이 벌어졌다.

이 책의 메시지는 시종일관 "변하지 않으면 살아남을 수 없다"는 것인데, 그건 해고에 저항하지 말고 아무 머뭇거림 없이 변화를 빨리 수용하고 새로운 치즈(각자가 원하는 목표)를 찾아나서야 한다는 뜻이다. 변화는 더욱 열심히 일한다든가 하는 수준을 넘어선다. 치즈를 얻고자 하는 사람은 가족과 배경, 전통과 지리적 장소, 사고 습관과 신념마저도 버릴 수 있어야 한다.[36]

그런 다운사이징에 앞장선 대표적 인물이 제너럴 일렉트릭의 CEO를 지낸 잭 웰치Jack Welch다. 웰치는 경영 회의를 시작할 때마다 "변화하지 않으면 살아남지 못한다Change or Die"고 경고하면서, 심지어 "변화에 저항하는 사람들은 그들의 실적이 만족스럽다 하더라도 색출하여 제거하라"고 말했다.[37]

아니 변화는 제거를 위한 핑계였는지도 모르겠다. 그는 1981년부터 1986년까지 40만 명이던 GE의 직원 중 약 18만 명을 해고했으니 말이다. 이런 다운사이징의 결과 폐쇄되거나 매각된 공장들은 텅 빈 건물만 남게 되었는데, 이게 사람만 살상하고 건물은 파괴하지 않는 중성자탄의 특성과 유사해, 웰치는 '중성자탄'이라는 별명까지 얻었다. 그는 이에 대한 비판에 아랑곳하지 않은 채 훗날 다음과 같은 자화자찬自畵自讚을 늘어놓기도 했다.

"신문에는 누군가가 6,000명, 8,000명 혹은 1만 명을 해고한다는 기사가 매일 났다. 우리는 그 일을 10년 전에 했다. 오늘 여기 있는 사람들은 대부분 당시의 어려운 전투에서 살아남은 생존자들이다. 만약 해고당했던 사람들의 이야기를 듣는다면, 다른 이야기를 듣게 될 것이다. 그러나 건강한 기업은 사회를 위해서도 좋다. 비만하고, 나약한 조직은 사회에 아무런 기여를 하지 못한다. 성장, 낭비의 제거, 더 나은 제품의 제조, 이런 것들은 국가를 위해서도 좋은 것이다."[38]

기업에서 시작된 그런 변화의 열풍은 대중의 일상적 삶까지 파고들어 수많은 관련 베스트셀러를 양산했다. 『30일 만에 인생을 바꾸는 방법』, 『21일 만에 거의 모든 것을 바꾸는 방법』, 『7일 만에 인생을 바꾸는 방법』, 『단 하루 만에 인생을 바꾸는 방법』, 『90분 만에 인생을 바꾸는 방법』 등등.[39]

특히 21일 만에 거의 모든 것을 바꾸는 방법에 관한 책이 많이 나왔는데, 그 21일의 근거는 좀 황당하다. 성형외과 의사인 맥스웰 몰츠Maxwell Maltz는 손이나 발이 절단된 환자가 신체 부위를 잃었다는 사실에 익숙해지는 데 약 21일이 걸린다는 사실을 발견했는데, 이것이 습관이 굳어지는 데 21일이 걸린다는 가설로 발전한 것이다.[40]

90분이건 30일이건, 그렇게 짧은 시간과 기간 내에 인생을 바꾸다니, 그게 가능한 일인가. 설사 가능하다 하더라도, 과연 그게 괜찮은 걸까? 이와 관련, 리처드 세넷Richard Sennett은 "인간성, 특히 다른 사람과 유대 관계를 맺으면서 지속가능한 자아sustainable self의 의식을 간직하는 인간성의 특징들이 훼손될 위기에 처한 것이다"라고 진단했다.[41]

성격에서 벗어난 행동이 오래 지속되면 건강마저 해칠 수 있다. 자율신경계의 활동이 늘어나게 되고, 그에 따라 면역 기능에

제5장 '자기 합리화'가 나쁜가?

도 타격을 주기 때문이다. 우리가 감정을 다스리고 바꾸려고 노력할 때 들어가는 '감정노동'도 마찬가지다. 감정노동의 증가와 스트레스, 탈진, 심지어 심혈관 질환 같은 증상이 늘어나는 것은 무관치 않다.[42]

필요에 따라 성격을 바꾸고, 나중에 다시 원래의 성격으로 돌아갈 수 있다면, 여러모로 편리하겠지만, 그것도 그렇게 쉬운 일은 아니다. 제임스 홀리스James Hollis는 40세의 위기감은 내면의 '자기'와 후천적으로 획득한 성격 사이의 불균형이 너무 커진 탓에 더는 그 고통을 억누르거나 보상으로 달랠 수 없게 된 것에서 비롯된다고 말한다. 이를 경험하는 사람은 종종 겁에 질려 "이제 내가 누군지조차 모르겠어"라고 말할지도 모른다는 것이다.[43]

이른바 '평판의 혼란' 현상도 가세한다. 예컨대, 내성적인 사람이 필요에 의해 외향적인 면모를 의도적으로 보여주면 사람들은 이후 그런 모습을 계속 기대하기 마련이다. 따라서 성격을 바꾼 사람은 내내 그런 모습을 보여주어야 한다는 압박을 느껴 끌려가게 된다.[44]

이렇듯 '나 아닌 나'로 사는 건 쉽지도 않거니와 좋지도 않다. 스스로 변화를 택한 사람은 강요당한 변화이기 때문에 선택의 여지가 없다고 항변하고 싶겠지만, 오늘날 벌어지고 있는 현상은 꼭 그런 것만도 아니다. 내가 다른 사람보다 빨리, 많이 변하겠다고 적극적으로 나서고 있는 게 현실이다.

이른바 '변화 중독증'이란 게 있다. 충동적으로 반응하고, 변화가 삶에 가져올 단기적·중기적·장기적 영향을 전혀 고려하지 않으며, 변화 자체를 위해서 변하는 것을 말한다.[45] 단지 마주하기에 너무 고통스러운 상황에서 벗어나기 위해 그러는 것도 문제지만, 세상이 그렇게 돌아가니까 나도 가만있을 수 없다는 생각으로 그런 흐름에 덩달아 휩쓸려가는 것은 더욱 문제다.

변화란 내가 아닌 다른 존재가 되기 위해 노력할 때가 아니라 나 자신이 되기 위해 노력할 때 찾아온다는 이른바 '변화의 역설'도 감안할 필요가 있다. 자기 내면의 힘을 자유롭게 풀어줄 때 변화를 위한 에너지가 생긴다는 것이다.[46]

'나 아닌 나'로 사는 건 쉽지도 않거니와 좋지도 않다는 말은 변화를 거부하는 게 좋다는 이야기가 아니다. 무작정 변화를 거부했다간 권태라는 함정에 빠질 수도 있다. 변화는 선도 아니고 악도 아니다. 좋을 때도 있고 좋지 않을 때도 있다. 변화의 열풍에 휩쓸려 일단 바꾸고 보자는 건 좋지 않으며, 변화의 폭과 정도가 궁극적으로 자신에게 미칠 영향에 대해 생각해보는 게 필요하다는 뜻이다. 바꾸더라도 지속가능한 수준에서 적당히 바꾸는 게 좋지 않을까?

포기하지 않는 게
의지박약이다

◇◇◇◇◇◇◇◇◇◇◇

"포기를 택하는 사람들이 늘어나면
다수를 들러리로 세워 자신들의 특권을 정당화하는
기존 시스템은 무너지게 되어 있지만,
우선 나 자신의 평온을 위해 포기를 다시 생각해볼 필요가 있다."

포기하라 한 번뿐인 인생이다

　체념은 좋고 포기는 나쁜가? 그렇지 않다. 체념은 포기를 하는 심적 상태에 초점을 맞춘 것일 뿐 포기 역시 얼마든지 바람직한 것일 수 있다. 아니 굳이 구분을 하자면 체념과 포기는 다르다는 것일 뿐, 우리는 실제 생활에선 포기를 체념의 의미로 쓰기도 한다는 점을 감안할 필요가 있겠다.

　사실 누구나 다 포기를 하면서 살아간다. 대통령도 포기하고, 재벌 총수도 포기한다. 성공을 향해 질주하는 사람이 성공을 위해 포기하는 것이 좀 많은가. 누구나 다 수긍할 것이다. 즉, 무엇을 포기하느냐의 차이일 뿐인데, 우리는 그런 구분조차 없이 "성공을 위한 노력을 포기하는 건 나쁘다"는 말을 그냥 포기에 대한 부정으로 표현하는 것일 뿐이다.

왜 그래야 하나? 그리 비싸지도 않은 상품을 하나 살 때에도 꼼꼼하게 따져보면서 왜 포기에 대해선 그렇게 허술하게 굴어야 한단 말인가? 혹 포기에 대한 무조건적인 거부감은 포기를 비난하고 저주하는 대규모 선전 공세에 우리가 굴복했거나 주눅이 든 탓은 아닌가?

『포기하지 마라 한 번뿐인 인생이다』.『꿈! 포기하지 않으면 불가능은 없다』.『포기 대신 죽기 살기로』.『절대 포기하지 않겠다』.『포기하지 말자 인생이 아름다워진다』.『포기하지 마, 1%의 가능성만 있다면』.『꿈꾸는 자는 절망 속에서도 포기하지 않는다』.『괜찮아, 좌절하고 방황해도 포기하지 않는다면』.『포기하지 마! 넌 최고가 될 거야』.『포기하는 자 머슴으로 살고 도전하는 자 주인으로 산다』.『포기하지 마라 포기하지 마라 절대로 포기하지 마라』.

포기하지 말라고 권하는 책 제목들이다. 어디 책뿐인가. 어느 분야에서건 성공 좀 했다는 사람치고 포기를 저주하는 명언을 남기지 않은 이가 드물 정도다. 영화와 드라마 등의 대중문화는 물론 언론도 포기하지 말라며 사실상 포기를 비판하는 것을 주요 임무로 삼고 있다. 자신의 분야에서 성공을 거둔 사람들에 관한 이야기는 대중문화와 언론의 주요 양식인데, 이런 이야기들은 한결같이 성공의 주인공들이 포기하지 않고 불굴의 의지로 어려움을 이겨냈기 때문에 성공할 수 있었다는 메시지를 전하고

제6장 포기하지 않는 게 의지박약이다

있다.

　물론 포기를 비판한다고 해서 모두 다 같은 종류의 이야기는 아니다. 포기를 비판하는 메시지엔 고난과 역경에 굴복하지 말라는 방어적 메시지와 꿈과 야망을 위해 싸우라는 공세적 메시지라는 두 종류가 있다. 예컨대, 중병에 걸린 사람에게 포기하지 말라고 말하는 건 방어적 메시지지만, 야망의 실현을 위해 포기하지 말고 말하는 건 공세적 메시지다. 꿈과 야망의 실현을 위해 고난과 역경에 굴복하지 말라고 말할 수도 있겠지만, 포기의 대상이 무엇이냐에 따라 포기해선 안 될 것이 있는가 하면 포기가 바람직한 것이 있을 수 있다는 말이다.

　그런데 우리의 일상적 언어생활에선 이 두 가지가 구분되지 않은 채로 "포기는 무조건 어리석거나 나쁘다"는 식의 포기 부정론이 큰 힘을 발휘하고 있다. 우리의 압축 성장 과정에서 "하면 된다"는 슬로건이 우리의 삶을 지배해왔으며, 고성장이 그런 슬로건의 타당성을 꽤 뒷받침해주었기 때문인지도 모른다. 이제 고성장의 시대는 지나갔지만, 그 시절에 형성된 포기 부정론은 여전히 건재하다.

　고성장 시대의 종언은 우리에게 꿈의 높이를 낮추거나 욕망의 일부를 자발적으로 포기하는 삶의 지혜를 요구하고 있지만, 그런 포기 긍정론은 찾아보기 어렵다. 많은 사람이 포기 긍정론에 내심 동의하면서도 공론장에선 포기 긍정론이 잘 유통되지 않는다. 두 가지 이유 때문이다.

첫째, 포기를 긍정하면 '루저'로 간주되기 십상이고 그런 사람의 사회적 영향력이 약하기 때문이다. 둘째, 자신의 분야에서 어느 정도 성취를 이룬 사람이 포기 긍정론을 역설하면 욕먹기 십상이어서 감히 입을 열기 어렵기 때문이다. '포기하라'고 해도 욕먹고 '노력하라'고 해도 욕먹으니 입 닫고 있는 게 상책이다.

포기를 긍정하건 부정하건 그건 어차피 시장 논리에 따라 결정될 것 아니냐고 생각할 수도 있겠지만, 우리처럼 남의 시선을 크게 의식하는 전형적인 타인지향적 사회에선 그런 일은 일어나기 어렵다. 성공의 가능성이 매우 희박함에도 끝까지 포기하지 않는 전투적 삶으로 스스로 자신을 못살게 굴면서 삶을 피폐하게 만드는 일이 지속될 수 있다.

더 큰 문제는 바로 이런 삶의 자세가 모든 걸 획일적 잣대로 서열화하는 비극을 지속시키는 동력으로 작용할 수 있다는 점이다. 그런 체제하에서 포기란 가능하지 않으며, 포기하지 않기 때문에 서열 사회가 지속되는 악순환이 일어난다.

이젠 포기에 대해 다시 생각해볼 때가 되었다. 포기를 긍정하는 삶이 뿌리를 내리는 데엔 오랜 시간이 필요하겠지만, 우선 언론부터 포기 부정론 일변도의 기사 생산 방식을 의심해보는 게 좋겠다.

포기가 큰 도덕적 흠결이라도 되는 것처럼 떠들어대는 사회에서 한 개인이 포기의 의미와 가치를 제대로 판단하긴 어렵지만, 포기에 대한 비판과 비난은 기존 시스템을 유지하기 위한 암묵적 음모에 의해 이루어지고 있다는 점은 깨달을 필요가 있다.

모든 것이 서열화된 피라미드 구조에서 경쟁의 수혜는 상층부의 극소수에게만 돌아가지만, 이 시스템이 공정하다는 것을 만방에 알리기 위해선 결과적으로 들러리를 서주는 사람들의 존재가 필요한 법이다. 이 사람들은 기존 시스템의 원초적 불공정성을 문제 삼기보다는 실낱같은 희망을 부여잡고 사실상 그 시스템을 떠받쳐주는 역할을 해주기 때문에 시스템의 개혁은 영영 기대하기 어려워진다.

포기를 하면 '의지박약'이라는 비판을 들을까봐 무서워 포기하지 못하는 사람도 많다. 우리는 해야 할 것을 하지 않는 것을 의지박약이라고 하지만, '해야 할 것'이라는 애초의 전제가 잘못되었다면, 오히려 하지 말아야 할 것을 계속하는 것이 의지박약일 수 있다. 사실 나는 포기하고 싶은데 남들의 시선이 두려워 끌려다니는 것, 이게 바로 의지박약이 아닐까? 그런 점에서 "언제 포기해야 할지 모르는 것이 의지박약"이라는 줄리언 바지니Jukian Baggini의 주장엔 일리가 있다.[1]

같은 맥락에서 앤 랜더스Ann Landers의 다음과 같은 조언도 포기를 의지박약으로 보는 건 어리석은 생각일 수 있다는 걸 말해준다. "어떤 사람들은 꼭 붙잡고 버티는 것이 위대한 힘의 상징이라고 믿습니다. 그러나 언제 손을 놓아야 할지 알고 이를 실천에 옮기는 데에 훨씬 더 큰 힘이 필요할 때가 있답니다."[2]

그렇다고 해서 무작정 포기를 긍정하는 삶을 살자는 이야기가 아니다. 매우 현실적인 해법으로 이른바 '전략적 포기'는 어떤가? 전략적 포기는 기업이 경영 전략으로 써먹는 방법이지만, 배울 점은 있다.

잭 웰치Jack Welch는 "우리가 어떤 분야에서 1등이나 2등이 될 수 없다면 그 사업은 포기해야 한다"고 했다. 그런 사업을 포기하지 않으면 경영진의 집중력을 흩트려 놓고, 자원·자본·주의력·에너지를 집어삼키고, 구성원들에게 세계 최고가 되지 않아도 괜찮다는 생각을 불어넣기 때문이라는 것이다.[3]

전략적 포기는 꼭 1, 2등이 되는 것을 겨냥하지 않더라도 냉정하게 이해득실을 따져서 하는 포기를 가리키는 말이다. 세스 고딘Seth Godin은 "전략적 포기란 당신이 주어진 선택의 범위 내에서 내리는 의식적인 결정이다"며 "'포기'가 '그럭저럭 대처하기'보다 나은 이유는, 무언가 다른 일에서 남보다 탁월하게 될 기회를 제공해주기 때문이다"고 말한다.[4] 이 주장에서 '남보다 탁월하게 될 기회'만 당신에게 어울리는 말, 또는 당신이 진정 원하는 것으로 바꾼다면, 전략적 포기는 훌륭한 대안이다.

성공과 평온은 결코 좋은 사이는 아니다. 모든 걸 다 가질 수는 없다. 이건 성공 여부와 정도에 관계없이 누구에게나 다 해당되는 이치다. 포기했기 때문에 행복해진 사람들의 이야기가 내 귀에 잘 들리지 않는다고 해서 포기하지 않는 것이 곧 행복에 가까워지는 길은 아니다.

포기를 택하는 사람들이 늘어나면 다수를 들러리로 세워 자신들의 특권을 정당화하는 기존 시스템은 무너지게 되어 있지만, 우선 나 자신의 평온을 위해 포기를 다시 생각해볼 필요가 있다. "포기하지 마라 한 번뿐인 인생이다"는 얼마든지 "포기하라 한 번뿐인 인생이다"로 바꿔 생각해볼 수 있다는 것이다.

누가 "도전은 아름답다"고 했는가?

구약성서 「요나」엔 요나^{Jonah}라는 인물이 등장한다. 요나는 하나님에게 타락한 도시인 니느웨^{Nineveh}(아시리아의 대도시로 오늘날의 이라크 북부 지역)에 가서 그 도시가 죄악으로 가득 차 있으니 천벌을 받게 될 것이라는 경고를 전하라는 계시를 받는다. 그러나 요나는 하나님의 명령을 거역하고 니느웨와 반대 방향으로 가는 배를 탔다가 폭풍을 만나 3일 동안 고래 배 속에 갇히게 된다. 고래 배 속에서 그가 구원을 위한 기도를 올리자 고래는 그를 땅으로 뱉어냈고, 다시 니느웨로 가라는 명령이 들려온다. 요나는 니느웨로 가서 예언을 했고 이에 니느웨 왕과 모든 사람이 회개하게 되었다.

이와 같이 요나는 고래 배 속에 들어갔다 나와 회개한 인물인데, 이 요나의 이야기에서 모태귀소본능母胎歸所本能 증상, 즉 '요나 콤플렉스Jonah complex'라는 개념이 유래했다. 요나 콤플렉스는 보통 미성년자들이 어머니 배 속 시절을 그리워해 현실에 적응을 못한 나머지 과도하게 폐쇄적인 성격을 보이거나 유아기 혹은 아동기의 습관이나 퇴행적인 증상을 보이는 것을 말하지만, 다른 뜻도 있다.

요나 콤플렉스는 성인에게 요나처럼 자신에게 주어진 소명을 피하려는 퇴행적이고, 나약한 심리를 설명하는 말로도 쓰인다. 어떤 성적性的 지향성을 설명할 수도 있다. 김재영은 "여성의 허벅지를 '꿀벅지'라고 표현하면서 예찬하는 남성들의 심리는 어쩌면 요나 콤플렉스에서 기인한 것인지도 모른다"며, "스트레스에 짓눌린 남성들이 세상에 처음 태어나던 그 순간, 즉 신생아로 돌아가 다시 인생을 살고픈 서글픈 욕구의 표현이라고도 할 것이다"고 했다.

가스통 바슐라르Gaston Bachelard, 1884~1962는 요나 콤플렉스는 우리가 어머니의 태반 속에 있을 때에 우리의 무의식 속에 형성된 것으로서, 우리가 어떤 공간에 감싸이듯이 들어 있을 때에 안온함과 평화로움을 느끼는 심리라고 해석했다. 인간을 비롯한 모든 생물은 개방된 곳보다 안전하고 밀폐된 곳에 있을 때 심리적 평온함을 느끼는 본능이 있는데, 외부와 단절된, 자기만의 세상으로 숨어 들어가는 아이들의 습성도 요나 콤플렉스로 설명할 수

있다.[5]

그런데 이 요나 콤플렉스를 공격적인 자기계발의 주요 개념으로 만든 이가 있으니, 그는 바로 '욕구 5단계 이론'으로 유명한 에이브러햄 매슬로Abraham H. Maslow, 1908-1970다. 매슬로는 인간을 동기화시키는 다섯 가지의 욕구로 생리적 욕구, 안전과 신체적 보호 욕구, 소속과 사랑의 욕구, 존중 욕구, 자아실현 욕구를 제시했는데, 마지막 단계인 자아실현 욕구가 없는 사람의 정신 상태를 가리켜 요나 콤플렉스라는 딱지를 붙인 것이다.

매슬로는 인간이 자신의 단점만큼이나 장점을 두려워하기 때문에 인생의 사명을 이루는 것을 두려워하고 그저 하루하루 근근이 살아가는 데 만족한다고 주장한다. 모든 인간은 자신이 진정으로 잘하는 일, 위대해질 수 있는 순간을 단번에 알아차리는 능력이 있음에도 "위대한 만큼이나 나약한 인간은 그러한 순간에 벌벌 떨며 두려워한다"는 것이다. 따라서 매슬로에게 요나 콤플렉스란 '위대해지는 것에 대한 두려움' 또는 자신의 진정한 운명이나 사명을 피하려 드는 인간의 성향을 뜻하는 것이다. 톰 버틀러 보던Tom Butler-Bowdon은 매슬로의 주장에 맞장구를 치면서 다음과 같이 주장한다.

"일부 사람들은 위대해지는 길을 스스로 포기한다. 위대해지고 싶은 마음이 없지는 않으나, 남보다 돋보이는 것이 두렵기 때문이다. 하지만 이는 노력하지 않는 것에 대한 변명일 수 있다.

우리는 거짓된 겸손을 취하며 스스로 낮은 목표를 택한다. 위대한 사람이 될 수 있는 가능성은 아직 위대해지지 못한 많은 사람들에게 천둥 번개와 같은 두려움을 안긴다. 갑자기 주변의 관심을 끌게 된다면! 요나 콤플렉스는 과거의 모습과는 완전히 다른 모습으로 변모하게 될 가능성에 대한 두려움이다."[6]

고개를 끄덕일 만한 대목이 없진 않지만, 솔직히 좀 어이가 없다. 세상에 대해 자신이 없는 나약한 심리를 콤플렉스라고 하는 건 무방할망정 위대해지고 싶은 야망이 없는 걸 콤플렉스라고 부르는 게 어이가 없다는 말이다. 미국판 위키피디아에서 'Jonah complex'를 검색해보면 "자아실현을 방해하는, 성공에 대한 두려움"이라는 매슬로의 정의만 나와 있는데, 이는 그만큼 미국인의 성공 강박증이 심하다는 걸 말해주는 것이리라.

그렇게까지 성공과 위대함에 집착해야 하는 걸까? 나는 오히려 군터 뒤크Gunter Dueck가, 원하는 정도의 성공이 불가능하다는 사실을 인정하려 하지 않거나 혹은 인정하지 못해 집요하게 높은 이상을 추구하는 것을 가리켜 '유토피아 증후군'이란 딱지를 붙인 게 가슴에 와닿는다. 그는 경영자를 예로 들어 다음과 같이 말한다.

"불가능한 것을 감행하는 무모한 '용기'야말로 무능함의 극치다. 이런 경영자는 당연히 실패할 수밖에 없다. 그런데도 경영자는 혹 실패하더라도 자신의 명성에 흠이 생기는 것은 아니라고 굳게 믿는다. 오히려 자신은 최고의 과제에 도전했다며 큰소리를 친다. 불가능한 목표를 달성하기 위해 노력하는 것은 절대 부끄러운 일이 아니라는 허튼소리만 반복한다.[7]

그렇게 허튼소리를 해대는 경영자만 탓할 일은 아니다. 우리를 둘러싼 환경 자체가 "도전은 아름답다"는 주문의 홍수 사태를 이루고 있는 점에 주목할 필요가 있다. 아름다운 도전이 많은 건 분명하다. 세상에 대해 자신이 없는 나약한 심리를 도전으로 극복했다거나 고난과 역경을 이기고 '인간 승리'를 이룬 도전에 박수를 치면서 감동하는 건 당연한 일이다.

그런데 지금 우리를 지배하고 있는 "도전은 아름답다"는 주문의 홍수 사태는 그런 정도를 훨씬 넘어선다. '도전'이 성공한 사람들의 자화자찬을 위한 소도구처럼 활용되고 있는 게 현실이다. 기업 경영 상태를 크게 개선시켰다는 이유로 '도전의 영웅'처럼 떠받들어지는 외국 기업 CEO들의 자서전이나 전기는 국내에서 잘 팔려나가지만, 그들 중 일부가 이루어냈다는 성과가 노동자들을 무자비하게 대량 해고함으로써 얻어진 것이라는 점은 거의 거론되지 않는다. 무조건 도전은 아름답다는 선전·선동이 우선적인 목적이기 때문이다.

"도전은 아름답다"는 슬로건은 어느덧 생활 이데올로기가 되어 우리 사회의 전 국면을 지배하고 있다. 가장 대표적인 예가 바로 대학 입시 정책이다. 살인적인 입시 경쟁과 과도한 사교육

비 문제는 한국 사회의 학벌주의와 이와 연계된 임금 격차에서 비롯되는 것으로, 입시 방법을 좀 바꾸는 수준으론 결코 해결할 수 없는 것이다. 그럼에도 역대 정부들은 달라질 게 없을 뿐만 아니라 오히려 사태를 악화시키는 데도 입시 정책을 가지고 사실상 장난을 치는 어리석은 일을 수없이 반복해왔다.

우리의 대학 입시 제도는 '삼년지소계三年之小計'라는 말을 들을 정도로 3년 주기로 바뀌어왔다.[8] 물론 달라진 건 없다. 교육부는 도대체 그 미련한 짓을 왜 하는 걸까? 지적으로 좀 모자란 사람들이 교육부에 몰려 있기 때문일까? 아니면 학생과 학부모들을 괴롭히겠다는 악의惡意 또는 악취미 때문일까? 그게 아니다. 무조건 도전은 아름답다고 믿는 이른바 '행동 편향action bias' 때문이다.

행동 편향의 슬로건은 "일단 저지르고 보자"로, 똑같은 결과, 아니 더 나쁜 결과가 나오더라도 가만있는 것보다는 도전하고 행동하는 게 낫다는 믿음이다. 새로 들어선 정권, 새로 바뀐 장관은 자신이 무슨 일을 한다는 걸 보여주어야 한다는 강박의 포로가 되기 마련이다. 그래서 그런 바보 같은 일을 끝없이 반복하는 것이다. 핵심적인 문제인 학력·학벌에 따른 임금 격차를 줄이는 것은 교육부의 소관도 아니거니와 그건 엄청난 저항을 불러일으키는 일이기에 그저 만만한 도전으로 대충 때우려 드는 것이다.

행동 편향의 다른 이름은 도전 편향이며, 그 슬로건은 "도전은 아름답다"이다. 국민들도 이 도전 편향에 감염되어 있어, 학력·학벌에 따른 임금 격차를 줄이라고 요구하기보다는 자기 자식이 서열 체제의 상층부에 속할 수 있게끔 하는 데에만 모든 신경을 쓰고 있다. 이들은 교육정책도 자식을 명문대에 보내겠다는 전제하에 바라본다. 범국민적 '유토피아 증후군'이라고나 할까?

몇 번 실패해도 다시 일어나 시도할 수 있는 여건이 갖춰진, 즉 '패자부활전'이 있거나 기본적인 사회 안전망이 갖춰진 나라에선 도전을 예찬할 수도 있겠지만, 사정이 전혀 그렇지 못한 한국에서 맹목적인 도전 예찬론은 무책임한 사기극일 수 있다. 이런 맹목적인 도전 편향에서 탈출하지 않는 한 평온한 삶을 기대하기 어렵다는 건 두말할 나위가 없다.

당신은 결코 예외가 아니다

어느 날 갑자기 내게 수십억 원의 돈이 생긴다? 정말 꿈같은 일이다. 로또 1등 당첨 확률은 약 814만 5,060분의 1로 벼락에 맞을 확률 500만 분의 1보다 낮으니, 이 어찌 꿈같은 일이 아니랴. 그 꿈을 실현하기 위해 꾸준히 로또를 사는 사람들이 있지만, 대부분의 사람들은 꿈은 어디까지나 꿈일 뿐이라며, 로또를 거들떠보지도 않는다.

그러나 꿈이 실현될 수 있는 확률이 수백만 분의 1에서 수십만 분의 1, 수만 분의 1, 또는 수천 분의 1로 높아진다면? 게다가 로또처럼 순전히 운에 의한 것이 아니라 조금이라도 자신의 노력에 영향을 받는 일이라면? 이럴 때 우리는 '포기'보다는 '노력'을 택할 가능성이 높아진다. 꿈을 이루기 위한 노력과 행동을 예찬하는 사회 분위기는 그런 가능성을 높여준다.

기업들은 오래전부터 망설이는 소비자들에게 무작정 지르고 보는 행동을 찬양하는 데에 앞장서왔다. 그래서 "바로 행동에 옮기게 하라"는 주요 마케팅 기법 중 하나였다. 번트 슈미트^{Bernd H. Schmitt}는 소비자들은 광고 메시지를 종종 별다른 의식 없이 세밀한 논리적 분석 없이 받아들이기 때문에 지성에 호소하는 것은 '무의식적 접근 방식'을 훼손시킬 수 있다고 주장한다. 단순하게 행동에만 호소하는 것이 가장 효과적이며, 이를 잘 보여준 것이 나이키의 'Just Do It' 광고라는 것이다.[9]

'Just Do It'은 "그냥 해버려라", "해보는 거야"라는 뜻으로, 나이키의 창업자인 필 나이트^{Phil Knight}의 인생 좌우명이기도 하다. 그는 사업 초기에 '그냥 해버려라^{Just Do It}'의 정신으로 무작정 일본으로 떠나 오니쓰카(현재의 아식스)의 미국 서부 지역 독점 판매권을 따냈으며, 이후에도 무작정 저지르고 보는 사업 방식으로 오늘의 나이키 제국을 건설하는 데에 성공했다.[10]

하지만 소비자들에게 'Just Do It'은 "그냥 지르고 봐라"라는 말로 들리기 마련이다. 'Just Do It'엔 지나치게 생각을 많이 하지 않는 편이 더 나으며, 운동화를 살지 말지 생각하지 말고 그냥 사버리자는 뜻이 내포되어 있다. 일부 소비자운동 단체가 나이키의 옥외 광고 슬로건 '저스트 두 잇^{Just Do It}'을 '저스트 스크루 잇^{Just Screw It}(쥐어짜라)'으로 바꾼 것도 바로 그 점을 비판하기 위한

것이었다.[11]

물론 그런 지름신의 강림은 '꿈과 희망을 위해'라는 명분으로 포장된다. 이 포장술에 동원된 모델은 흑인 청소년들에게 희망의 상징이자 역할 모델이었던 농구 황제 마이클 조던Michael Jordan이었다. 조던은 '조던 비행Jordan Flight'이라는 이름의 나이키 광고에서 하늘을 나는 '에어 조던Air Jordan'으로 10대 소년들을 매료시켰다. 화면에 느닷없이 "해보는 거야"라는 슬로건이 뜨는 것과 동시에 조던이 특유의 능글맞은 미소를 지어 보이면, 아이들은 넋을 빼앗기고 말았다. 그런데 아이들이 조던처럼 하늘을 날려면 '에어 조던'을 신어야만 했다.

그래서 어떤 일이 벌어졌던가? 거의 한 세대 동안 미국 전역에 에어 조던 농구화 쇼핑 열풍이 불면서 사람들이 곳곳에서 장사진을 치고, 사재기가 일어나고, 아이들은 수업을 빼먹었다. 특히 마이클 조던을 흠모한 수많은 흑인 청소년이 자신도 조던처럼 되겠다며 학교마저 그만두고 농구에만 미쳐 돌아가는 일이 벌어졌다. 그 결과 나이키 매출의 3분의 1이 흑인들에게서 나왔다. 흑인 청소년이 NBA 경기에서 뛸 수 있는 확률은 13만 5,800분의 1에 지나지 않았는데도 말이다.

일부 10대들은 나이키의 에어 조던 운동화나 운동복을 얻으려 총을 쏘았고 때로는 살인을 저질렀다. 휴스턴에서 16세의 조니 베어츠는 나이키의 에어 조던 운동화를 탐내던 17세의 디메

트럭 워커의 총에 맞아 죽었다. 17세 소년이 종신형을 선고받을 때, 검사는 이렇게 말했다. "운동용품에 대해 사치품의 이미지를 만들어놓고, 그것을 두고 사람들이 서로 죽이도록 만든다면 죄악이다."[12]

비판자들은 조던이 젊은이들에게 다른 메시지를 주어야 한다고 주장했다. 즉, 그들이 절대 자신처럼 될 수는 없으므로, 학교에 나가야 미래를 위한 착실한 준비를 해야 살아남을 수 있다는 이야기를 해야 한다는 것이었다. 그러나 이런 이야기를 강조하면 에어 조던 농구화는 덜 팔리게 될 터이니, 그건 나이키의 간판 모델인 조던이 할 수 있는 말은 아니었다.[13]

창의적인 마케팅의 선두 주자인 나이키는 그런 말을 해줄 수 있는 다른 사람을 택했다. 해외 하청 공장에서 노동 착취 문제까지 터져 나이키에 대한 여론이 좋지 않던 상황에서 나이키는 미국 소비자운동의 기수인 랠프 네이더Ralph Nader에게 나이키 광고에 출연해줄 것을 요청했다. 랠프 네이더가 나이키 운동화를 들고 "신발을 팔기 위한 나이키의 파렴치한 시도"라고만 말하면 2만 5,000달러를 지불한다는 것이었는데, 네이더는 어이없어 하면서 이런 거절의 말을 남겼다. "이놈들의 뻔뻔스러움 좀 보게."[14]

네이더에게 그런 요청을 한 것도 'Just Do It' 정신의 실천에 따른 것이었을까? 사실 조던이 던진 메시지는 시종일관 "모든 것을 가능케 하는 힘, 그것은 이미 당신 안에 있다"라는 것이었다. 이 메시지의 힘을 다른 기업들은 모르겠는가. 나이키의 경쟁사인 독일 아디다스도 "불가능은 없다Impossible is nothing"는 슬로건을 내걸었다.[15]

이런 슬로건들에 넘어가 13만 5,800분의 1처럼 낮은 확률에도 자신의 꿈을 이룰 수 있다고 믿는 환상을 가리켜 '기저율의 무시neglect of base rate'라고 한다. '기저율의 무시'는 꿈을 꾸는 거의 모든 사람에게 일어나는 현상이다. 나만은 예외이겠거니 하는 심정으로 터무니없이 낮은 확률에 도전하는 사람이 좀 많은가. "당신은 결코 예외가 아니다"고 말해주어야 하지 않나?

하지만 그렇게 말하는 건 욕먹기 십상이다. 그렇잖아도 나이키의 'Just Do It'에 대해 너무 안 좋은 이야기만 했는데, 이번엔 반대로 옹호도 좀 해보자. 나오미 클라인Naomi Klein은 나이키에 대한 맹렬한 비판자 중 한 명이었는데, 여론은 결코 클라인의 편은 아니었다. 볼프강 울리히Wolfgang Ullrich가 잘 지적했듯이, "나오미 클라인과 그의 수많은 추종자와 후계자의 손가락질이 너무 거만하며 고상하다고 느끼는 사람들은 나이키에 연대감을 느낄 것이다".[16]

그렇다. 꿈 없인 살 수 없어서 꿈을 꾸는 사람들에게 그런 절박성이 떨어지는 사람들이 '기저율의 무시'니 뭐니 하면서 꿈 깨라고 말하는 건 욕먹기 십상이다. 경영학을 전공하는 학생들에게

목표로 하는 직업이 무엇이냐고 묻는다는 롤프 도벨리Rolf Dobelli
도 욕을 꽤 먹었을 것 같다. 그는 학생 대다수가 글로벌 기업의
최고 임원이라고 대답한다며, 학생들에게 기저율의 무시에 대한
이야기를 해주어야겠다는 의무감을 느꼈다고 한다. 그래서 특강
을 맡았을 때 이런 말을 했다나.

"이 학교에서 학사 학위를 따고서 어느 대기업의 간부 자리에
오를 확률은 1퍼센트도 안 됩니다. 여러분이 얼마나 지적이고 열
심히 노력하든 상관없이, 가장 개연성 있는 시나리오는 중간 관
리직에 머물러 있게 되리라는 것입니다."

도벨리는 "학생들의 큰 야망을 꺾으려는 의도는 아니었다"며
"다만 일찌감치 현실을 일깨워 미래의 중간층이 겪을 상대적 박
탈감과 인생의 위기를 완화시켜주고 싶었을 뿐이다"고 말한다.[17]
그러나 아무리 생각해도 그런 선의에 공감한 학생이 많았을 것
같진 않다. 사실 도벨리 같은 사람은 드물다. 대부분의 유명 인사
들은 그런 특강의 기회가 있으면 오히려 정반대로 꿈을 크게 가
지라고 선동하며, 그게 바람직하고 아름다운 것으로 간주되는
게 현실이다.

'기저율 무시'는 반드시 경계해야 할 함정이긴 하지만, 우리 인
간의 야망은 그런 통계 법칙을 자주 넘어선다. 요한 볼프강 폰
괴테Johann Wolfgang von Goethe, 1749-1832가 말하지 않았던가. "사람이 자
신에게 요구되는 모든 일을 이루기 위해서는 자신이 실제보다

위대하다고 믿어야만 한다"고 말이다.[18] 그러나 이런 말은 가급적 믿지 않는 게 좋다. 그건 속된 말로 '자백'이나 '자멸'로 가는 길일 수도 있으니 말이다.

왜 돈 벌었다는 사람들 이야기만 들리지?

학부모들이 자녀들에게 어려서부터 위인전이나 영웅전을 읽게 하는 건 한국 독서 문화의 오랜 전통이다. 자녀들이 훌륭하게 되기를 바라는 마음에서 그러는 것이겠지만, 그게 과연 좋기만 한 건지 다시 생각해볼 필요가 있다.

세월이 흐르면서 위인은 훌륭한 지도자에서 연예인, 운동선수, 사업가 등 유명 인사들로 바뀌었지만, 성공 스토리라는 점에선 다를 게 없다. 이런 책들은 한결같이 중도에 포기하지 않았기 때문에 성공할 수 있었다는 메시지를 전하고 있다.

그런 위인전 교육으로 인해 아이들이 이른바 '평범함에 대한 두려움과 수치심'을 갖게 된다면, 그게 아이를 위해 좋은 걸까? 성인이 되면서 자연스럽게 달라질 수도 있겠지만, 일부 자기계발 전문가들은 그렇게 될까봐 겁이 난다는 듯 '평범'에 난타를 가한다. 좋은 뜻에서 하는 말이겠지만, 목사이기도 한 조엘 오스틴Joel Osteen의 다음과 같은 주장처럼 말이다.

"신은 당신을 평범한 사람이 되도록 창조하지 않았습니다. 당신은 뛰어난 사람이 되기 위해 태어났습니다. 현 세대에 자취를 남기기 위해 이 세상에 나온 것입니다.……'나는 선택받은 특별한 사람, 승리하며 살 운명을 타고난 사람'이라는 걸 믿기 시작하십시오."[19]

한 사회의 모든 구성원이 뛰어나고 특별한 사람이 되는 게 가능하며 그게 바람직한 걸까? 윌 로저스Will Rogers, 1879~1935는 "우리는 모두 영웅이 될 수는 없다. 왜냐하면 누군가는 길가에 앉아 영웅이 지나갈 때 박수를 쳐줘야 하니까"라고 했는데, 아닌 게 아니라 그런 일이 벌어지면 도대체 박수는 누가 쳐줘야 하는 건지 모르겠다. 브레네 브라운Brené Brown은 '평범함에 대한 두려움과 수치심'은 우리 사회에서 너무도 흔하고 당연한 것이 되어버렸다고 개탄한다.

"우리는 진짜 삶의 보람과 기쁨이 아니라 대중이 얼마나 열광하느냐를 기준으로 사람의 가치를 측정하려 하고 있다. 그러는 동안 성실하고 근면한 보통 사람들은 아주 쉽게 무시되고 잊혀진다. 우리 중 상당수는 평범함을 '시시함'과 동일시하고, 심지어는 '무의미함'이나 '무가치함'과 동일시하기도 한다. 우리 자신의 삶을 무시하는 이런 사회문화적 현상은 '특별한' 존재가 되기 위해서는 어떤 일이든 감수하게 만든다."[20]

'특별한' 존재가 되기 위해 쏟은 땀과 피를 예찬하는 이야기는 모두 다 한결같이 '인간 승리'라는 점에서 아름답고 좋긴 하지만, 이 모든 이야기에는 한 가지 함정이 있다. 그건 바로 '생존 편향survivorship bias'이다. 생존 편향은 생존에 실패한 사람들이 눈에 잘 보이지 않는 가시성 결여로 인해 비교적 가시성이 두드러지는 생존자들의 사례에 집중함으로써 생기는 편향을 말한다. 실패 사례는 기록이 없거나 빈약한 반면, 성공 사례는 풍부한 기록이 남아 있으므로 본의 아니게 성공 사례를 일반화하는 오류에 빠질 가능성이 높다는 것이다.

생존 편향의 고전적 사례로 자주 언급되는 이야기가 있다. 제2차 세계대전 때 독일의 대공포 공격에 많은 전투기를 잃고 있던 연합군은 전투기의 생존율을 높이기 위한 방안에 골몰하고 있었다. 연합군은 적의 공격에 취약한 부분을 보강해 피해를 최소화하기 위해 작전을 마치고 돌아온 전투기들의 손상 부위를 조사했다. 분석 결과 파손 부위는 날개와 꼬리에 집중되어 있었기에 이들 부분에 철판을 덧대야 한다는 결정이 내려졌다.

그런데 수학자인 에이브러햄 월드Abraham Wald, 1902-1950는 탄흔이 발견되지 않은 부위를 철판으로 보호해야 한다는 정반대의 의견을 제시했다. "적 탄환에 손상될 확률은 전투기의 어느 부위나 똑같다. 그런데 날개와 꼬리 부분이 손상된 전투기가 많은 건 그들이 그나마 귀환이 가능했기 때문이다. 조종석이나 엔진 부위에 탄환을 맞은 전투기들은 치명상을 입고 추락한 것이다. 따라서 철판을 덧대야 할 곳은 조종석과 엔진 부위다." 결국 월드의 의견이 옳은 것으로 판명되었다.[21]

들고 보면 간단한 이치지만, 국가정책에서부터 개인의 행동에 이르기까지 생존 편향은 자주 저질러지는 과오 중의 하나다. 돌아오지 않은 전투기가 말이 없는 것처럼, 생존하지 못한 사람이나 사례들은 눈에 보이지 않기 때문이다.

"스티브 잡스는 대학을 자퇴했잖아. 그러니까 나도 자퇴해서 자수성가할 거야."

줄리아 쇼[Julia Shaw]는 이 말이 생존 편향의 폐해를 단적으로 보여주는 말이라고 했지만,[22] 결코 좋은 사례는 아니다. 그렇게 말할 아이들이 전혀 없지는 않겠지만, 우리는 이런 정도의 생존 편향은 쉽게 넘어설 수 있으니까 말이다. 정작 문제는 구조적인 것인데, 그건 바로 우리의 일상적 삶을 둘러싸고 있는 미디어가 생존 성공 사례를 '일용할 양식'으로 삼고 있다는 점이다.

미디어는 '성공 미담' 위주의 기사를 양산해낸다. 그렇게 하는 데엔 기사의 흥미성을 높이기 위한 의도도 있지만 '실패 사례'를 찾기가 어려운 탓도 있다. 실패를 한 사람이 뭐가 좋다고 자신이 나서서 "왜 나는 실패를 했는가"에 대해 말하고 싶어 하겠는가.

그런 기사들도 나오긴 하지만, 그건 예외적인 것일 뿐 성공보다 훨씬 많은 실패 사례는 언론의 취재와 보도에서 사장되기 마련이다. 언론은 '포기했기 때문에 행복해진 사람들'의 이야기는 외면함으로써 사실상 무한 경쟁론을 긍정하는 셈이다.

"왜 나는 실패를 했는가"에 관한 이야기가 출판에선 틈새시장을 형성할 수 있지 않을까? 이런 문제의식을 가진 어느 네티즌이 아주 좋은 제안을 했다. "솔직히 성공한 사람으로부턴 배울 게 없지만 망한 사람한테선 배울 게 있다. 그러니 출판사들은 자기계발서 같은 거 말고 폭망 사례집 같은 걸 내줬으면 한다."

그랬더니 지나가던 어느 출판사 관계자께서 이런 답을 남겼다. "저희 출판사에서는 『실패의 향연』과 『실패학의 법칙』을 10여 년 전에 이미 출간하여 폭망하였습니다."[23]

뒤늦게 이 책들을 구해서 읽어보았는데, 제법 괜찮았다. 그런데 왜? 이 책들이 번역서라서 폭망한 걸까? 그런 것 같진 않다. 잘 나가는 자기계발서들은 대부분 번역서이니 말이다. 대중이 '성공 미담'을 사랑하는 건 뭘 배우기 위해서라기보다는 '성공의 기氣'를 받으면서 성공의 결의를 다지는 자기 암시를 위해서가 아닌가 싶다.

그런 자기 암시는 생존 편향을 더욱 강화시키는 결과를 낳는다. 그래서 널리 알려진 비밀임에도 좀처럼 바뀌지 않는 것이 많은데, 그중의 하나는 바로 주식 투자(또는 투기)와 관련된 것이다.

주식 투자의 실패 요인 중 가장 중요한 것은 '생존 편향'이다.

주식 시장에서 승자는 자신의 승리를 과시하며, 큰 성공을 거둔 이들은 책을 쓰고 연사로 나선다. 이들의 성공 신화에 매료된 이들은 리스크에 눈이 멀게 되고, 주식 투자를 쉽게 여기며 가볍게 뛰어든다. '급등주'나 '대박주'의 환상에 젖어 자신의 전 재산을 거는 사람들마저 생겨난다. 반면 돈을 잃은 패자는 말이 없다. 아니 말이 없을 수밖에 없다. 이들은 책을 쓸 수도 없으며 강연도 할 수 없다. 이들의 경험이 더 보편적인 것임에도 승자들만 활개 치니 어떤 결과가 초래될 것인지 뻔하지 않은가.[24]

자신의 주변에서 큰돈 벌었다는 사람들 이야기만 들리고 큰돈을 벌기 위해 시도했다가 오히려 있던 재산마저 탕진했다는 이야기가 좀처럼 들리지 않는 것도 바로 그런 이유 때문이다. 이는 '네이버 뉴스'에서 검색을 해봐도 금방 알 수 있다. '대박'으로 검색을 하면 모두 86만 9,335건의 기사가 뜨지만, '쪽박'으로 검색을 해보면 '대박'의 1.7퍼센트인 1만 4,773건에 불과하다(2018년 2월 19일 검색).

포털사이트엔 「군인 월급으로 40억 번 20대 전역자 화제!」, 「아파트 경비원 A씨 2년 만에 40억 번 이유?」, 「8,000만 원으로 34억 벌었다? 비트코인 대박 인증샷 '눈길'」, 「비트코인으로 '대박' 친 청년…8만 원으로 280억을?」 등과 같은 기사들이 수시로 실린다. 행여 부러워하거나 상대적 박탈감을 느낄 필요가 전혀 없다. 모험을 시도했다가 쪽박을 찬 사람이 훨씬 더 많으니까 말이다.

실패를 두려워하지 말라는 말은 듣기엔 아름답지만, 이런 말을 그대로 믿으면 곤란하다. 다시 말하지만, 한국처럼 이른바 '패자부활전'이 없는 나라에서는 실패를 두려워하지 말라는 말은 믿지 않는 게 좋다. 한국이 세계 최고 수준의 자살율을 기록하는 것도 '패자부활전이 없는 사회구조' 탓이 크다.[25] 그래서 소심해져야 한다는 게 아니라 신중해져야 한다는 것이다. 성공에 대한 열병을 앓는 순간 평온과는 영영 작별을 고하게 된다는 것도 감안하는 게 좋겠다.

제6장 포기하지 않는 게 의지박약이다

"그간 이걸 위해 얼마나 많은 희생을 했는데"

1969년 프랑스와 영국이 합작 투자한 콩코드^{Concorde} 비행기가 탄생해 1976년부터 상업 비행을 시작했다. 콩코드는 최고 속도가 마하 2.2로 마하 1에 못 미치는 기존 보잉기보다 두 배 이상 빨라 파리-뉴욕 간 비행시간을 종전 7시간에서 3시간대로 단축시켰지만, 높은 생산비, 기체 결함, 소음과 대기 문제 등으로 전망은 매우 어두웠다. 가망이 없는데도 계속 투자하다가 총 190억 달러를 쏟아부은 끝에 2003년 4월에서야 운행을 중지했다. 남은 건 '콩코드 효과'라는 말이다.

'콩코드 효과'는 학술적으론 '매몰비용 효과^{sunk-cost effect}'라고 한다. 매몰비용은 이미 매몰埋沒되어버려서 되돌릴 수 없는 비용으로 '함몰비용'이라고도 한다. 우리 인간에겐 돈이나 노력, 시간

등을 일단 투입하면 그것을 지속하려는 강한 성향이 있는데, 이를 가리켜 매몰비용 효과라고 하는 것이다. 이는 낭비를 싫어하고 또 낭비하는 것으로 보이는 걸 싫어하는 동시에 자신의 과오를 인정하기 싫어하는 자기 합리화 욕구 때문에 발생한다.[26]

'콩코드 효과'가 있다면 그 정반대의 사례로 '크라이턴 효과'라는 말도 가능하겠다. 당신의 친구가 하버드대학 의학대학원을 졸업해 의사나 연구원으로 출세가 보장된 상황에서 모든 걸 포기하고 돌연 작가로 전업하겠다고 나서면 뭐라고 말하겠는가? 대부분 "다시 한번 생각해보라"고 말하지 않을까? 왜 그럴까? 하버드대학 의학대학원 졸업이라고 하는 매몰비용이 너무 크기 때문이다.

그러나 그런 매몰비용을 잊고 과감히 작가로 변신해 대성공을 거둔 이가 있으니, 그가 바로『쥬라기 공원』등과 같은 세계적인 베스트셀러를 쓴 과학 스릴러 작가 마이클 크라이턴Michael Crichton, 1942-2008이다. 이에 대해 세스 고딘Seth Godin은 "하버드 의학대학원은 포기 못하는 이유가 될 수 없다"며 "크라이턴이 포기할 수 있다면, 당신도 포기할 수 있지 않을까?"라고 묻는다.[27]

그렇게 예외적인 사례를 일반화해도 되느냐는 반문이 가능할 법하다. 하지만 동시에 우리 주변엔 매몰비용에 대한 미련을 경고하는 금언이나 속담이 많다는 것도 감안할 필요가 있겠다. "과거가 미래의 발목을 잡아서는 안 된다"는 말이나 "놓친 고기가 더 커 보인다"는 속담은 매몰비용에 집착하는 '매몰비용 오류 sunk-cost fallacy'를 지적한 것이다.[28]

대니얼 카너먼Daniel Kahneman은 입장권을 돈을 주고 샀다는 이유로 눈보라를 뚫고 야구 경기장으로 간다는 건 매몰비용 오류라며 이렇게 말한다. "이런 매몰비용 오류 때문에 사람들은 열악한 일자리, 불행한 결혼, 전망 없는 연구 프로젝트에 계속 집착하고 매달린다. 일찌감치 포기하고 새로운 프로젝트를 시작하면 더 좋으련만, 결과가 불 보듯 빤한 프로젝트를 살려보겠다고 안간힘을 쓰는 젊은 과학자들을 자주 본다."[29]

"내가 이걸 위해 얼마를 지불했는데……"라는 생각은 우리의 일상적 삶에 의외로 큰 영향을 미친다. 우리가 즐겨 쓰는 "본전 뽑아야 돼"라는 말이 바로 그런 심리를 잘 표현한 슬로건이라고 할 수 있겠다. 그래서 자신에게 어울리지 않는 옷이나 넥타이라도 큰 맘 먹고 거금을 주고 산 것이라면 악착같이 입거나 착용을 해야만 직성이 풀린다. 크리스토퍼 시Christopher K. Hsee는 자신의 경험담을 다음과 같이 털어놓는다.

"필자의 친구 중에 어울리지 않는 넥타이를 죽어라 매고 다니는 사람이 있었다. 도저히 참고 볼 수 없어 어느 날 '그 넥타이는 자네한테 정말 안 어울려'라고 말해주었다. 그런데 대답이 걸작이었다. '거금 10만 원을 주고 샀는데, 그냥 장롱 속에 잠재울 수는 없지 않은가? 그렇게 하면 10만 원을 낭비한 셈이 되니까 말야.' 우리 주변에 이런 일이 얼마나 비일비재한가!……심지어 어떤 사람들은 하루 종일 쇼핑하러 돌아다니면서 아직 하나도 사지 못했다는 이유만으로 구매를 결정하기도 한다."[30]

무료 문화 행사들을 기획하는 백화점들은 예약만 해놓고 행사장에는 나타나지 않는 소비자들 때문에 골치를 앓는다. 그래서 서울의 어느 백화점은 문화 행사를 유료화하는 전략을 도입했다. 예약 접수 날에 1,000원을 받고 티켓을 나누어주자 20퍼센트가 넘던 예약 부도율이 4퍼센트로 급감하는 놀라운 변화가 나타났다. 단돈 1,000원의 매몰비용을 잊지 못하는 사람이 그만큼 많았다는 뜻이다.[31]

매몰비용 효과는 인간관계, 특히 남녀관계에서도 발생한다. 흔히 하는 말로 '정情 때문에'라는 게 바로 그 효과다. 우리 주변을 보면 헤어지는 게 두 사람 모두에게 훨씬 좋을 것 같은데도 헤어지지 못하고 계속 관계를 유지하는 연인이 적지 않다. 이들에게 그 이유를 물으면 대부분 그간 두 사람이 같이 보낸 세월, 자신이 투자한 시간과 정열, 희로애락喜怒哀樂에 대한 추억 등과 같은 '본전 타령'을 하는 경우가 많다.

이혼도 마찬가지다. 늘 아내와 싸우면서도 이혼은 하지 않으려는 어떤 사람은 친구에게 이런 이유를 내세웠다. "내가 얼마나 힘들게 아내와 결혼했는데, 게다가 아직까지 아이가 없긴 하지만 그동안 노력은 또 얼마나 많이 했는지 알아? 이제 와서 이혼

하면 나의 모든 노력이 물거품이 되지 않겠어?"[32]

이런 매몰비용 오류는 국가정책 차원에서도 발생해 많은 사람을 고통과 죽음으로 몰아넣기도 한다. 미국의 이라크 전쟁이 그 대표적 사례다. 2006년 미국 대통령 조지 W. 부시[George W. Bush]는 독립기념일 연설에서 이렇게 말했다. "나는 전쟁이 종결되기 전에 철수함으로써 이라크에서 전사한 병사들의 희생을 헛되게 만들지 않을 것입니다."[33] '전사한 병사들의 희생'이라고 하는 매몰비용 때문에 계속 전쟁을 하겠다는 것이었지만, 이후 더 많은 병사의 목숨을 희생시켰을 뿐이다.

어른들은 아이들보다 훨씬 더 커다란 매몰비용 편향을 보인다. 왜 그럴까? 홀 아키스[Hal Arkes]가 이 물음에 대해 내린 결론은 나이를 먹을수록 "낭비하면 안 된다"는 명제를 중시하게 되고, 그 결과 낭비하는 것처럼 안 보이려는 성향이 더욱 자리 잡기 때문이라는 것이다. "많은 것을 투자한 어떤 프로젝트를 포기한다는 것은 거기에 투자한 모든 것을 버리는 것처럼 여겨지는데, 무언가를 버리는 것은 하지 말아야 할 낭비적인 행동으로 배워왔습니다."[34]

우리가 세상을 살아가면서 어떤 일을 포기하는 게 훨씬 나은데도 끝까지 그 일에 집착하는 건 매몰비용 효과 때문일 경우가 많다. "그간 내가 이 일을 위해 얼마나 많은 희생을 했는데, 이제 와서 포기를 해?"라는 생각이 다른 모든 고려 사항을 압도해버리는 것이다. 이걸 과연 불굴의 투지라고 부를 수 있는 걸까? 낭비를 할 땐 해야 하는 게 아닐까? 사람이건 일이건 떠나보낼 땐 보내주어야 한다. "안녕, 내 사랑!" 하면서 말이다.

기회는 두 번 오지 않는다

그 어느 날 너와 내가 심하게 다툰 그날 이후로

너와 내 친구는 연락도 없고 날 피하는 것 같아

그제서야 난 느낀 거야 모든 것이 잘못돼 있는 걸

너와 내 친구는 어느새 다정한 연인이 돼 있었지

있을 수 없는 일이라며 난 울었어

내 사랑과 우정을 모두 버려야 했기에

또 다른 내 친구는 내 어깰 두드리며

잊어버리라 했지만 잊지 못할 것 같아.

김건모의 명곡 〈잘못된 만남〉이다. 김건모의 입장에서 보면, 이 노래 속의 두 사람은 몹쓸 배신을 때린 거지만, 나는 이 노래를 들을 때마다 '너'의 생각이 몹시 궁금하다. 어느 여자 가수가 이 노래의 속편 격으로 왜 그래야 했는지 '너'의 생각을 말해주는 노래를 들려주면 좋겠다. 우리가 알고 있는 것과는 달리, '배신'이 아닐 수도 있잖은가.

배신이었건 배신이 아니었건, 그녀는 어느 한순간 김건모와 김건모의 친구를 놓고 고민했을 게 틀림없다. 두 사람의 장단점들을 비교하면서 이모저모 따져보지 않았을까? 태진아는 〈아랫마을 이쁜이〉라는 노래에서 "도랑 치고 가재 잡고 님도 보고 뽕도 따고 가는 날이 장날이야"라고 했는데, 우리 인생에 늘 그런 일만 일어난다면 얼마나 좋으랴. 하지만 우리의 삶은 늘 '일거양득一擧兩得'보다는 '양자택일兩者擇一'을 요구한다.

가수 엠블랙 지오도 2018년 2월 사회복무요원 대체 복무 소집 해제 후 그런 양자택일의 고민에 빠졌던 것 같다. 그는 텔레비전 방송 대신 아프리카TV BJ를 택했는데, 그렇게 한 이유에 대해 다음과 같이 말했다.

"가수 활동을 하면서 '이런 것까지 해야 하나' 싶은 것들이 많았다. 기회비용이라고 하기에는 포기해야 하는 것이 많았다. 하고 싶은 것을 위해서 많은 것을 포기하게 되면 진정 하고 싶은 게 아닌 것 같았다. 즐겁게 노래하고 소통하는 걸 하고 싶었다. 일반적인 엔터테인먼트에서 이뤄지는 가수 활동은 내가 원하는 것이 아니었다."[35]

그렇다. 모든 선택엔 반드시 기회비용이 있기 마련이다. 일반 텔레비전 방송을 선택하면 비교적 큰 영향력을 누릴 수 있지만, "이런 것까지 해야 하나"라는 생각이 들 정도로 방송사들의 요청에 따라주어야 할 것이 많다. 내키지 않는 일을 해야 하는 것, 이게 바로 일반 텔레비전 방송 출연의 기회비용이다. 반면 아프리카TV는 내가 원하는 방식대로 즐겁게 노래하고 소통할 수 있는 장점이 있지만, 일반 텔레비전 방송에 비해 영향력이 약하다. 많은 사람을 만나기 어렵다는 것, 이게 바로 아프리카TV의 기회비용이다.

김건모의 그녀는 어떤가. 그녀의 입장에서 김건모를 택하면 김건모의 친구가 기회비용이 되고, 김건모의 친구를 택하면 김건모가 기회비용이 된다. 그녀는 김건모의 친구를 택함으로써 김건모를 택했더라면 얻을 수 있었던 '천진난만한 순수성'을 가진 남자를 잃었다. 물론 그녀는 그것보다는 낫다고 생각되는 것을 김건모의 친구에게서 얻었겠지만 말이다.

'기회비용機會費用, opportunity cost'은 1914년 오스트리아 경제학자 프리드리히 폰 비저Friedrich von Wieser, 1851-1926가 만든 말로, 하나의 대안이 선택되었을 때 다른 대안들에서 얻을 수 있는 잠재적 이익의 상실을 뜻한다. 여러 가지 용도를 가진 경제재 또는 용역은 그것이 경제의 원칙에 따를 경우에는 가장 효율이 높은 용도에 이용되기 마련이다. 이때 차선의 용도는 이용되지 않고 희생된다. 이와 같이 희생되는 차선의 용도가 갖는 효용을 최선의 용도에서 얻어지는 효율의 기회비용이라 한다. 기회비용은 "어떤 행위를 하기 위해 포기해야 하는 다른 기회의 최대 가치"라는 점에서 '선택의 비용'이기도 하다. "산토끼 잡으려다 집토끼 놓친다"는 속담은 바로 기회비용의 문제를 지적한 것으로 볼 수 있다.

기회비용의 개념은 경제의 영역을 넘어 정치 또는 사회적 행위의 타당성을 판정하는 기준이 될 수도 있다. 그런가 하면 개인의 비경제적 행위에도 기회비용이 존재한다. 가령 어떤 사람이 결혼을 했을 경우 그 결혼의 기회비용은 독신으로서 누릴 수 있는 자유일 것이다. 실제로 이런 기회비용이 결혼으로 얻어지는 이익보다 크다고 믿어 일부러 결혼을 하지 않고 독신으로 지내는 사람들도 있다.

무릇 사람이란 어떤 행동을 취할 때에 그 행동의 기회비용을 따져보는 성향이 있으며, 그 성향은 구체적인 타산보다는 사회적 공감대를 통해 형성되기 마련이다. 비경제 분야에서 기회비용은 계량화할 수 없거니와 매우 추상적일 수밖에 없다. 또 인간의 행위를 수익과 비용의 관점에서 따진다고 하는 게 썩 내키지 않는 일이다. 그러나 수익과 비용을 물질적인 것이 아니라 정신적인 것으로 이해할 경우에 기회비용의 개념은 공익에 기여한 행위에 대한 사회적 보상을 평가하는 데에도 적용될 수 있다.[36]

"기회는 두 번 오지 않는다Opportunity knocks but once"는 말이 있다.

옛날부터 누구에게나 성공의 기회가 한 번은 있다는 속설에서 유래한 말이다. 기회는 사람의 집을 방문해 문을 두드리지만, 단한 번밖에 두드리지 않기 때문에 그걸 놓친 사람은 기회를 잃게된다는 이야기다. 그래서 "기회는 두 번 노크하지 않는다Opportunity never knocks twice"라고도 한다.[37] 그러니 지나간 세월은 더욱 아쉬울수밖에 없다. 오죽하면 가수 나훈아는 "청춘을 돌려다오"라고 절규했겠는가.

청춘을 돌려다오 젊음을 다오
흐르는 내 인생에 애원이란다
못 다한 그 사랑도 태산 같은데
가는 세월 막을 수는 없지 않느냐
청춘아 내 청춘아 어딜 가느냐
청춘을 돌려다오 젊음을 다오
흐르는 내 인생에 애원이란다
지나간 그 옛날이 어제 같은데
가는 세월 막을 수는 없지 않느냐
청춘아 내 청춘아 어딜 가느냐.

이처럼 기회비용은 누구나 쉽게 이해할 수 있는 개념이지만, 이걸 실제 생활에 적용하는 사람은 매우 드물다. 시드니 하워드

Sidney C. Howard, 1891-1939는 "자신이 무엇을 원하는지 아는 것의 절반은 그것을 얻기 위해 무엇을 포기해야 하는지 아는 것이다"고 했지만,[38] 대부분 이미 선택을 한 일에 집중한 나머지 그로 인해 포기한 다른 기회의 최대가치를 미처 생각할 겨를이 없다.

미국에서 지난 25년간 실패한 기업 750개의 사례를 분석한 결과에 따르면, 가장 심각한 문제가 '기회비용의 무시'인 것으로 나타났다. 특히 다른 기업의 인수·합병 시 시너지 효과synergy effect에 대한 환상으로 인해 과도한 기회비용을 지불하고 엄청난 손해를 입은 경우가 많았다고 한다. 즉, 시너지 운용 전략에 시간과 관심을 집중한 나머지 더 좋은 성과를 낼 수 있는 다른 기회를 놓치고 말았다는 것이다.[39]

우리 인생도 크게 다르지 않다. 자신의 선택에 대한 기회비용을 전혀 고려하지 않고 무조건 돌격만을 외치는 삶을 살다가 뒤늦게 "청춘을 돌려다오 젊음을 다오"라고 외치는 게 우리의 평균적인 모습이다.

가끔 여러 사람과 텔레비전 뉴스를 시청하다 보면 크게 출세해 뉴스에 오르내리는 사람에 대해 "잘나가네!"라면서 부러움 섞인 말을 하는 이들이 꼭 있기 마련이다. 하지만 그렇게 출세한 사람들은 자신의 개인적인 삶을 위해 시간을 거의 낼 수 없을 정도로 바쁘다. 그런 바쁨을 혐오하는 나 같은 사람에겐 그런 삶은 생각만 해도 끔찍하다. 출세와 한가함, 절대 이 두 가지를 동시에

다 누릴 수는 없는 법이다. 출세와 바쁨을 동시에 원할 사람들도 있겠지만, 그렇지 않다면 출세나 성공과는 거리가 좀 있는 삶의 축복을 한껏 만끽해보는 게 좋지 않을까?

제1장 평온한 삶을 위하여

1 송혜진, 「삶이 팍팍한 한국인들 '휘게'에 끌린다는데…」, 『조선일보』, 2016년 11
월 26일.

2 말레네 뤼달(Malene Rydahl), 강현주 옮김, 『덴마크 사람들처럼: 세상에서 가장
행복한 사람들에게서 찾은 행복의 열 가지 원리』(마일스톤, 2014/2015), 154쪽.

3 마이클 부스(Michael Booth), 김경영 옮김, 『거의 완벽에 가까운 사람들: 거의
미친 듯이 웃긴 북유럽 탐방기』(글항아리, 2018), 135쪽.

4 마이크 비킹(Meik Wiking), 정여진 옮김, 『휘게 라이프: 편안하게 함께 따뜻하
게』(위즈덤하우스, 2016), 27~78쪽.

5 박현영, 「'소확행 열풍'에 힘 받은 커피 · 디저트 카페 창업」, 『시사저널』, 2018
년 3월 9일.

6 마광수, 『행복 철학: 아무도 가르쳐주지 않던 행복론』(책읽는귀족, 2014), 67쪽.

7 에크하르트 톨레(Eckhart Tolle), 노혜숙 · 유영일 옮김, 『지금 이 순간을 살아
라』(양문, 1997/2008), 80쪽.

8 리처드 칼슨(Richard Carlson), 이창식 옮김, 『행복에 목숨 걸지 마라: 지금 당
장 버리면 행복해지는 사소한 것들』(한국경제신문, 2002/2010), 22쪽.

9 호르스트 코넨(Horst Conen), 한희진 옮김, 『나는 내가 소중하다: 스트레스와

화로부터 나를 지키는 Take Care 원칙』(북폴리오, 2005/2007), 244~245쪽.

10 한국기독교교회협의회 인권위원회, 『1970년대 민주화운동 (V)』(한국기독교교 회협의회, 1987), 2249~2251쪽.

11 롤프 도벨리(Rolf Dobelli), 유영미 옮김, 『불행 피하기 기술: 영리하게 인생을 움 직이는 52가지 비밀』(인플루엔셜, 2017/2018), 204쪽.

12 알랭 드 보통(Alain de Botton), 정영목 옮김, 『불안』(은행나무, 2004/2011), 65~67쪽.

13 군터 뒤크(Gunter Dueck), 김희상 옮김, 『왜 우리는 집단에서 바보가 되었는 가: 조직의 모든 어리석음에 대한 고찰』(비즈페이퍼, 2015/2016), 120쪽.

14 데이비드 실즈(David Shields), 김명남 옮김, 『우리는 언젠가 죽는다』(문학동네, 2008/2010), 208쪽.

15 김경, 『김훈은 김훈이고 싸이는 싸이다: 이 시대 가장 매혹적인 단독자들과의 인터뷰』(생각의나무, 2005), 21~22쪽.

16 David G. 『Myers, The Pursuit of Happiness: Discovering the Pathway to Fulfillment, Well-Being, and Enduring Personal Joy』(New York: Avon Books, 1992), p.66; 에이미 모린(Amy Morin), 유혜인 옮김, 『나는 상처받지 않기로 했 다』(비즈니스북스, 2014/2015), 46쪽.

17 스티븐 샤피로(Stephen M. Shapiro), 마도경 옮김, 『목표가 독이다: 삶의 유연 함이 주는 성공의 기회』(중앙위즈, 2006/2015), 107쪽.

18 리처드 칼슨(Richard Carlson), 이창식 옮김, 『행복에 목숨 걸지 마라: 지금 당 장 버리면 행복해지는 사소한 것들』(한국경제신문, 2002/2010), 23쪽.

19 에이미 모린(Amy Morin), 유혜인 옮김, 『나는 상처받지 않기로 했다』(비즈니스 북스, 2014/2015), 43~44쪽.

20 시셀라 복(Sissela Bok), 노상미 옮김, 『행복학 개론』(이매진, 2010/2012), 15~16쪽.

21 조성택, 「나를 비우고 경청하라…論爭 대신 對話를 하면 갈등이 풀린다」, 『조 선일보』, 2014년 11월 1일; 나토리 호겐, 전경아 옮김, 『포기하는 연습』(세종서 적, 2017), 5~9쪽.

22 칼 폴라니(Karl Polanyi), 홍기빈 옮김, 『거대한 전환: 우리 시대의 정치·경제 적 기원』(길, 1944/2009), 604쪽.

23 김용석, 『두 글자의 철학: 혼합의 시대를 즐기는 인간의 조건』(푸른숲, 2005), 274쪽.

24 마거릿 크룩섕크(Margaret Cruikshank), 이경미 옮김, 『나이듦을 배우다: 젠더, 문화, 노화』(동녘, 2013/2016), 53~78쪽.

25 임경선, 『태도에 관하여: 나를 살아가게 하는 가치들』(한겨레출판, 2015), 95쪽.

26 「Invictus」, 『Wikipedia』; 이보성, 「영화 '인빅터스(Invictus)'」, 『울산매일』, 2013년 1월 29일.

27 나폴레온 힐(Napoleon Hill), 권혁철 옮김, 『놓치고 싶지 않은 나의 꿈 나의 인생 1』(국일미디어, 1937/2010), 25쪽.

28 양병훈, 「만델라 "두려움을 정복하라"」, 『한국경제』, 2011년 8월 19일.

29 라이언 홀리데이(Ryan Holiday)·스티븐 핸슬먼(Stephen Hanselman), 장원철 옮김, 『하루 10분, 내 인생의 재발견: 그리스·로마의 현자들에게 배우는 삶의 지혜』(스몰빅라이프, 2016/2018), 185~186쪽.

30 라이언 홀리데이(Ryan Holiday)·스티븐 핸슬먼(Stephen Hanselman), 장원철 옮김, 『하루 10분, 내 인생의 재발견: 그리스·로마의 현자들에게 배우는 삶의 지혜』(스몰빅라이프, 2016/2018), 59쪽.

31 최창호, 『인간의 선택: 천년을 움직인 심리학 지성 35인』(학지사, 2000), 38~39쪽; 캔더스 퍼트(Candace B. Pert), 김미선 옮김, 『감정의 분자: 심신의 학을 넘어선 과학』(시스테마, 1997/2009), 184~187쪽.

32 리처드 와이즈먼(Richard Wiseman), 박세연 옮김, 『립잇업: 멋진 결과를 만드는 작은 행동들』(웅진지식하우스, 2012/2013), 238~240쪽; 티모시 윌슨 (Timothy D. Wilson), 정명진 옮김, 『내 안의 낯선 나』(부글북스, 2004/2012), 355~357쪽; David O. Sears, Jonathan L. Freedman·Letitia Anne Peplau, 홍대식 옮김, 『사회심리학』 개정판(박영사, 1985/1986), 195~196쪽; 한규석, 『사회심리학의 이해』(학지사, 1995), 59쪽; 이남석, 『무삭제 심리학』(예담, 2008), 178~180쪽.

33 올리버 버크먼(Oliver Burkeman), 김민주·송희령 옮김, 『행복 중독자: 사람들은 왜 돈, 성공, 관계에 목숨을 거는가』(생각연구소, 2011/2012), 80~82쪽.

34 스기자키 히토시, 신선희 옮김, 『부자 인생 가난한 인생』(혜림커뮤니케이션, 2002), 174~176쪽.

제2장 상처받지 않을 자유

1 A. C. 그레일링(A. C. Grayling), 남경태 옮김, 『미덕과 악덕에 관한 철학사전』 (에코의서재, 2001/2006), 64쪽.

2 Richard Sennett, 『The Fall of Public Man: On the Social Psychology of

Capitalism』(New York: Vintage Books, 1977/1978), pp.337~340; 스벤 브링크만(Svend Brinkmann), 강경이 옮김, 『스탠드펌: 시류에 휩쓸리지 않고 굳건히 서 있는 삶』(다산초당, 2014/2017), 134~137쪽.

3   스벤 브링크만(Svend Brinkmann), 강경이 옮김, 『스탠드펌: 시류에 휩쓸리지 않고 굳건히 서 있는 삶』(다산초당, 2014/2017), 135~136쪽.

4   최은주, 「대도시에서 상처받지 않고 살아남기」, 몸문화연구소, 『감정 있습니까?』(은행나무, 2017), 76~77쪽.

5   이영희, 「명절, "나는 너의 편이야"라고 말하는 날」, 『중앙일보』, 2015년 2월 18일.

6   양선희, 「화병을 부르는 명절」, 『중앙일보』, 2016년 2월 10일; 이재욱, 「명절인데 가족끼리 왜 이래?」, 『한겨레』, 2015년 2월 17일; 최해민, 「설 명절에 가정폭력 급증…하루 187건→설 연휴 268건」, 『연합뉴스』, 2016년 2월 6일.

7   롤프 도벨리(Rolf Dobelli), 유영미 옮김, 『불행 피하기 기술: 영리하게 인생을 움직이는 52가지 비밀』(인플루엔셜, 2017/2018), 66~72쪽.

8   샘 혼(Sam Horn), 이상원 옮김, 『적을 만들지 않는 대화법』(갈매나무, 1996/2008), 207~208쪽.

9   조종혁, 『커뮤니케이션학: 이론과 관점』(세영사, 1992), 336쪽.

10   어빙 고프먼(Erving Goffman), 김병서 옮김, 『자아 표현과 인상 관리: 연극적 사회분석론』(경문사, 1959/1987), 19~20쪽.

11   제프리 로즌(Jeffrey Rosen), 「당신의 사생활이 무너지고 있다」, 『동아일보』, 2000년 5월 3일, A23면.

12   일레인 아론(Elaine N. Aron), 노혜숙 옮김, 『타인보다 더 민감한 사람: 내 안의 새로운 가치를 발견하는 공감과 위로의 심리학』(웅진지식하우스, 1996/2011), 170쪽; 일자 샌드(Ilse Sand), 김유미 옮김, 『센서티브: 남들보다 민감한 사람을 위한 섬세한 심리학』(다산3.0, 2014/2017), 21, 54~56쪽.

13   일자 샌드(Ilse Sand), 김유미 옮김, 『센서티브: 남들보다 민감한 사람을 위한 섬세한 심리학』(다산3.0, 2014/2017), 53쪽.

14   올리버 버크먼(Oliver Burkeman), 김민주・송희령 옮김, 『행복 중독자: 사람들은 왜 돈, 성공, 관계에 목숨을 거는가』(생각연구소, 2011/2012), 219~220쪽.

15   일자 샌드(Ilse Sand), 김유미 옮김, 『센서티브: 남들보다 민감한 사람을 위한 섬세한 심리학』(다산3.0, 2014/2017), 53~54쪽.

16   수전 케인(Susan Cain), 김우열 옮김, 『콰이어트: 시끄러운 세상에서 조용히 세상을 움직이는 힘』(알에이치코리아, 2012), 21쪽.

17   와타나베 준이치, 정대형 옮김, 『둔감력』(형성라이프, 2007), 24~27쪽.

18   이시형, 『둔하게 삽시다』(한국경제신문, 2015), 70~71쪽.

19   오찬호, 「당신은 어떤 8년을 만든 사람인가」, 『경향신문』, 2018년 2월 19일.

20   손정빈, 「"조민기 잠들기를 기도했다" 추가 폭로…청주대 "성희롱 문제로 중 징계"」, 『뉴시스』, 2018년 2월 22일.

21   이영경, 「"저는 피해자입니다. 사람들은 왜 용서 못 하나고 저를 비난합니다"」, 『경향신문』, 2018년 3월 31일.

22   홍상지 · 여성국 · 김정연, 「여자는 꾸며야…예쁜데 일도 잘해…미투 키우는 작은 차별」, 『중앙일보』, 2018년 3월 26일.

23   일레인 아론(Elaine N. Aron), 고빛샘 옮김, 『사랑받을 권리: 상처 입은 나를 치유하는 심리학 프레임』(웅진지식하우스, 2010), 141~142쪽.

24   일자 샌드(Ilse Sand), 김유미 옮김, 『센서티브: 남들보다 민감한 사람을 위한 섬세한 심리학』(다산3.0, 2014/2017), 10~11쪽.

25   일자 샌드(Ilse Sand), 김유미 옮김, 『센서티브: 남들보다 민감한 사람을 위한 섬세한 심리학』(다산3.0, 2014/2017), 9, 43쪽.

26   이남석, 『편향: 나도 모르게 빠지는 생각의 함정』(옥당, 2013), 284쪽.

27   리처드 탈러(Richard H. Thaler) · 캐스 선스타인(Cass R. Sunstein), 안진환 옮김, 『넛지: 똑똑한 선택을 이끄는 힘』(리더스북, 2008/2009), 101~102쪽; 노진서, 『영단어, 지식을 삼키다』(이담, 2014), 182쪽; 「Spotlight effect」, 『Wikipedia』.

28   웨인 다이어(Wayne W. Dyer), 오현정 옮김, 『행복한 이기주의자』(21세기북스, 1976/2013), 186~187쪽.

29   마셜 로젠버그(Marshall B. Rosenberg), 캐서린 한 옮김, 『비폭력 대화: 일상에서 쓰는 평화의 언어, 삶의 언어』(한국NVC센터, 2004/2013), 41, 168쪽.

30   기시미 이치로 · 고가 후미타케, 전경아 옮김, 『미움받을 용기: 자유롭고 행복한 삶을 위한 아들러의 가르침』(인플루엔셜, 2013/2014), 111쪽.

31   Joseph A. DeVito, 『The Interpersonal Communication Book』 3rd ed.(New York: Harper · Row, 1983), p.177.

32   로버트 치알디니(Robert Cialdini) 외, 윤미나 옮김, 『설득의 심리학 2』(21세기북스, 2007/2008), 112~113쪽.

33   캐럴 드웩(Carol Dweck), 정명진 옮김, 『성공의 새로운 심리학: 마인드세트』(부글북스, 2006/2011), 19~27쪽.

34   브리짓 슐트(Brigid Schulte), 안진이 옮김, 『타임 푸어: 항상 시간에 쫓기는 현대인을 위한 일 · 가사 · 휴식 균형 잡기』(더퀘스트, 2014/2015), 333쪽.

35   헤이즐 로즈 마커스(Hazel Rose Markus) · 앨래나 코너(Alana Conner), 박세

연 옮김, 『우리는 왜 충돌하는가』(흐름출판, 2013/2015), 92쪽.

36   올리버 버크먼(Oliver Burkeman), 김민주·송희령 옮김, 『행복 중독자: 사람들
      은 왜 돈, 성공, 관계에 목숨을 거는가』(생각연구소, 2011/2012), 29~30쪽.

37   브리기테 로저(Brigitte Roser), 박정미 옮김, 『핑계의 심리학: 내 안의 핑계 본
      능과 이별하는 심리클리닉』(로그인, 2008/2010), 95쪽.

38   「Gaslighting」, 『Wikipedia』; http://www.yes24.com/24/goods/2808179?scode
      =032&OzSrank=1; 브레네 브라운(Brené Brown), 서현정 옮김, 『나는 왜 내 편
      이 아닌가: 나를 괴롭히는 완벽주의 신화로부터 자유로워지는 법』(북하이브,
      2007/2012), 189쪽.

39   로빈 스턴(Robin Stern), 신준영 옮김, 『가스등 이펙트: 지금 누군가 나를 조종
      하고 있다!』(랜덤하우스, 2007/2008), 55쪽.

40   브레네 브라운(Brené Brown), 서현정 옮김, 『나는 왜 내 편이 아닌가: 나를 괴
      롭히는 완벽주의 신화로부터 자유로워지는 법』(북하이브, 2007/2012), 189쪽.

41   정희진, 「누구 말을 믿어야 할지 모르겠어요」, 『한겨레』, 2016년 7월 2일.

42   양성희, 「우리는 왜 SNS에 중독되는가? 아마도 온라인 인정투쟁 중」, 『중앙일
      보』, 2013년 8월 17일.

43   김찬호, 『모멸감: 굴욕과 존엄의 감정사회학』(문학과지성사, 2014), 73~74쪽.

44   김찬호, 『모멸감: 굴욕과 존엄의 감정사회학』(문학과지성사, 2014), 293~294쪽.

45   김찬호, 『모멸감: 굴욕과 존엄의 감정사회학』(문학과지성사, 2014), 217~220,
      258쪽.

46   데이비드 즈와이그(David Zweig), 박슬라 옮김, 『인비저블: 자기 홍보의 시대,
      과시적 성공 문화를 거스르는 조용한 영웅들』(민음인, 2014/2015), 296~297쪽.

제3장 확신은 잔인하다

1   토머스 해리스(Thomas A. Harris), 조성숙 옮김, 『마음의 해부학: 친밀한 관계
      를 만드는 소통의 비밀』(21세기북스, 1967/2008), 82~85쪽.

2   에이미 해리스(Amy B. Harris)·토머스 해리스(Thomas A. Harris), 신유나 옮
      김, 『완전한 자기긍정 타인긍정: 교류분석이 말하는 지금 행복에 머무는 법』
      (엘로스톤, 1985/2014), 31쪽.

3   어빙 코피(Irving M. Copi)·칼 코헨(Carl Cohen), 박만준·박준건·류시열 옮
      김, 『논리학 입문』(경문사, 2000), 105~106쪽.

4	권혁웅, 「박지성과 역지사지」, 『중앙일보』, 2006년 3월 11일, 30면.

5	The School of Life, 이지연 옮김, 『평온』(와이즈베리, 2016/2017), 64~65쪽; 이 와이 도시노리, 김윤수 옮김, 『나는 더 이상 착하게만 살지 않기로 했다』(다산 3.0, 2014/2015), 55쪽.

6	맥스웰 몰츠(Maxwell Maltz), 공병호 옮김, 『맥스웰 몰츠 성공의 법칙』(비즈니 스북스, 2002/2010), 138쪽.

7	스튜어트 서덜랜드(Stuart Sutherland), 이세진 옮김, 『비합리성의 심리학: 왜 인간은 어처구니없는 실수를 반복하는가』(교양인, 1992/2008), 395쪽; 김헌식, 『의외의 선택, 뜻밖의 심리학』(위즈덤하우스, 2010), 172쪽.

8	캐서린 슐츠(Kathryn Schulz), 안은주 옮김, 『오류의 인문학: 실수투성이 인간 에 관한 유쾌한 고찰』(지식의날개, 2010/2014), 204쪽.

9	엘렌 랭어(Ellen J. Langer), 변용란 옮김, 『마음의 시계: 시간을 거꾸로 돌리는 매혹적인 생리 실험』(사이언스북스, 2009/2011), 44~45쪽.

10	움베르토 에코(Umberto Eco), 이세욱 옮김, 『세상의 바보들에게 웃으면서 화 내는 방법』(열린책들, 1992/1999), 17쪽.

11	리처드 칼슨(Richard Carlson), 이창식 옮김, 『행복에 목숨 걸지 마라: 지금 당 장 버리면 행복해지는 사소한 것들』(한국경제신문, 2002/2010), 262~263쪽.

12	박성창, 「신수사학 시대의 언어와 문학」, 『세계의문학』, 제120호(2006년 여름), 545쪽.

13	장강명, 『댓글부대』(은행나무, 2015), 82쪽.

14	미셸 몽테뉴(Michel de Montaigne), 손우성 옮김, 『몽테뉴 수상록』(동서문화사, 1583/2007), 1025쪽.

15	크리스 라반(Chris Ravan), 유진상 옮김, 『배려의 심리학』(스타북스, 2006), 35~36쪽.

16	데일 카네기(Dale Carnegie), 베스트트랜스 옮김, 『데일 카네기의 인간관계론』 (더클래식, 1936/2010), 146쪽.

17	클로드 레비스트로스(Claude Levi-Strauss), 송태현 옮김, 『가까이 그리고 멀 리서: 클로드 레비스트로스 회고록』(강, 1988/2003), 113~114쪽.

18	놈 촘스키(Noam Chomsky), 강주헌 옮김, 『촘스키, 누가 무엇으로 세상을 지 배하는가』(시대의창, 2002), 171쪽.

19	정여울, 「'거절의 윤리, 거절의 에티켓'」, 『중앙일보』, 2015년 8월 15일.

20	재키 마슨(Jacqui Marson), 정영은 옮김, 『모두에게 사랑받을 필요는 없다: 타 인의 기대에서 벗어나 당당하게 'No'하고 우아하게 거절하는 법』(윌컴퍼니,

2013/2014), 82, 141쪽.

21 김호, 『나는 왜 싫다는 말을 못할까: 삶이 심플해지는 거절의 힘』(위즈덤하우스, 2016), 86~87쪽.

22 지아 장(Jia Jiang), 임지연 옮김, 『거절당하기 연습: 100번을 거절당하니 실패가 두렵지 않았다』(한빛비즈, 2015/2017), 108쪽.

23 올리버 버크먼(Oliver Burkeman), 김민주·송희령 옮김, 『행복 중독자: 사람들은 왜 돈, 성공, 관계에 목숨을 거는가』(생각연구소, 2011/2012), 124~125쪽.

24 강준만, 『세계 문화의 겉과 속』(인물과사상사, 2012), 20쪽.

25 김호, 『나는 왜 싫다는 말을 못할까: 삶이 심플해지는 거절의 힘』(위즈덤하우스, 2016), 90~91쪽.

26 그렉 매커운(Greg McKeown), 김원호 옮김, 『에센셜리즘: 본질에 집중하는 힘』(알에이치코리아, 2014), 185쪽; 재키 마슨(Jacqui Marson), 정영은 옮김, 『모두에게 사랑받을 필요는 없다: 타인의 기대에서 벗어나 당당하게 'No'하고 우아하게 거절하는 법』(윌컴퍼니, 2013/2014), 181쪽.

27 이우근, 「만델라의 숨결」, 『중앙일보』, 2013년 7월 8일.

28 맥스웰 몰츠(Maxwell Maltz), 공병호 옮김, 『맥스웰 몰츠 성공의 법칙』(비즈니스북스, 2002/2010), 330쪽.

29 맥스웰 몰츠(Maxwell Maltz), 공병호 옮김, 『맥스웰 몰츠 성공의 법칙』(비즈니스북스, 2002/2010), 330~331쪽.

30 스티븐 체리(Stephen Cherry), 송연수 옮김, 『용서라는 고통』(황소자리, 2013), 200쪽.

31 정희진, 「용서?」, 『한겨레』, 2016년 11월 5일.

32 크리스토퍼 헤이즈(Christopher Hayes), 한진영 옮김, 『똑똑함의 숭배: 엘리트주의는 어떻게 사회를 실패로 이끄는가』(갈라파고스, 2013/2017), 107~162쪽.

33 리처드 칼슨(Richard Carlson), 이창식 옮김, 『행복에 목숨 걸지 마라: 지금 당장 버리면 행복해지는 사소한 것들』(한국경제신문, 2002/2010), 179~182쪽.

34 스티븐 체리(Stephen Cherry), 송연수 옮김, 『용서라는 고통』(황소자리, 2013), 27쪽.

35 오병상, 「작가 한수산 씨: "믿음의 글쓰기로 제2의 인생 출발"」, 『중앙일보』, 2000년 9월 8일, 13면; 배문성, 「"고문의 악몽…결국 나를 위해 그들을 용서했다"」, 『문화일보』, 2000년 8월 4일, 17면.

36 에이미 모린(Amy Morin), 유혜인 옮김, 『나는 상처받지 않기로 했다』(비즈니스북스, 2014/2015), 66쪽.

37   리처드 왓슨(Richard Watson), 이진원 옮김, 『퓨처 마인드: 디지털 문화와 함께
      진화하는 생각의 미래』(청림출판, 2010/2011), 134쪽.

38   울리히 슈나벨(Ulrich Schnabel), 김희상 옮김, 『행복의 중심 휴식』(걷는나무,
      2010/2011), 118쪽; 앤드루 스마트(Andrew Smart), 윤태경 옮김, 『뇌의 배신』(미
      디어윌, 2013/2014), 33쪽; 데이비드 디살보(David DiSalvo), 이은진 옮김, 『나는
      결심하지만 뇌는 비웃는다』(모멘텀, 2012), 102쪽.

39   호르스트 코넨(Horst Conen), 한희진 옮김, 『나는 내가 소중하다: 스트레스와
      화로부터 나를 지키는 Take Care 원칙』(북폴리오, 2005/2007), 80~85쪽.

40   크리스토프 라무르(Christophe Lamoure), 고아침 옮김, 『걷기의 철학』(개마
      고원, 2007), 60~61, 115~117쪽; 다비드 르 브르통(David Le Breton), 김화
      영 옮김, 『걷기 예찬』(현대문학, 2002), 94~95쪽; 브라이언 크리스천(Brian
      Christian)·톰 그리피스(Tom Griffiths), 이한음 옮김, 『알고리즘, 인생을 계산하
      다: 일상의 모든 문제를 단숨에 해결하는 생각의 혁명』(청림출판, 2016/2018),
      103쪽; 라이언 홀리데이(Ryan Holiday)·스티븐 핸슬먼(Stephen Hanselman),
      장원철 옮김, 『하루 10분, 내 인생의 재발견: 그리스·로마의 현자들에게 배우
      는 삶의 지혜』(스몰빅라이프, 2016/2018), 189쪽.

41   알렉스 A. 오스본(Alex A. Osborn), 이상훈 옮김, 『나보다 잘되는 놈의 비밀』(책
      빛, 2008), 40쪽.

42   데이비드 버커스(David Burkus), 박수철 옮김, 『창조성, 신화를 다시 쓰다: 창
      조성을 둘러싼 10가지 비밀』(시그마북스, 2014), 63쪽.

43   애덤 그랜트(Adam Grant), 홍지수 옮김, 『오리지널스: 어떻게 순응하지 않는
      사람들이 세상을 움직이는가』(한국경제신문, 2016), 22~23쪽.

44   해럴드 블룸(Harold Bloom), 양석원 옮김, 『영향에 대한 불안』(문학과지성사,
      1973/2012), 123쪽.

45   한스 베르텐스(Hans Bertens), 장성희·조현순 옮김, 『포스트모던 사상사』(현
      대미학사, 2000), 69쪽.

46   앤드루 포터(Andrew Potter), 노시내 옮김, 『진정성이라는 거짓말: 진정한 나를
      찾다가 길을 잃고 헤매는 이유』(마티, 2010/2016), 174~175쪽.

47   제이미 홈스(Jamie Holmes), 구계원 옮김, 『난센스: 불확실한 미래를 통제하는
      법』(문학동네, 2015/2017), 84쪽.

48   슈테판 츠바이크(Stefan Zweig), 안인희 옮김, 『위로하는 정신: 체념과 물
      러섬의 대가 몽테뉴』(유유, 1960/2012), 95~96쪽; 미셸 몽테뉴(Michel de
      Montaigne), 손우성 옮김, 『몽테뉴 수상록』(동서문화사, 1583/2007), 151쪽.

49 김정운, 『에디톨로지: 창조는 편집이다』(21세기북스, 2014), 21~22쪽.

50 데스 디어러브(Des Dearlove), 홍길표 옮김, 『빌 게이츠 성공에 감춰진 10가지 비밀』(영언문화사, 1999/2000), 70~71쪽.

제4장 나로 살기 위한 연습

1   엄기호, 「추천사/꿈은 이 시대 청춘의 덫이다」, 한윤형·최태섭·김정근, 『열정은 어떻게 노동이 되는가: 한국 사회를 움직이는 새로운 명령』(웅진지식하우스, 2011), 5쪽.

2   서동진, 『자유의 의지 자기계발의 의지: 신자유주의 한국 사회에서 자기계발하는 주체의 탄생』(돌베개, 2009), 270쪽.

3   미키 맥기(Micki McGee), 김상화 옮김, 『자기계발의 덫』(모요사, 2005/2011), 285, 295~299쪽.

4   박래군, 「인권운동, 나의 영원한 숙제」, 강홍구 외, 『그 삶이 내게 왔다: 나만의 길을 찾은 17인의 청춘 에세이』(인물과사상사, 2009), 53쪽.

5   남경태, 「편집–번역–집필의 트리클다운」, 강홍구 외, 『그 삶이 내게 왔다: 나만의 길을 찾은 17인의 청춘 에세이』(인물과사상사, 2009), 108쪽.

6   레베카 코스타(Rebecca Costa), 장세현 옮김, 『지금, 경계선에서: 오래된 믿음에 대한 낯선 성찰』(쌤앤파커스, 2010/2011), 159쪽.

7   정석영, 「'왕따 우려' 학교 늦게 보내기」, 『YTN』, 2004년 5월 24일.

8   맬컴 글래드웰(Malcolm Gladwell), 노정태 옮김, 『아웃라이어』(김영사, 2008/2009), 34~44쪽.

9   맬컴 글래드웰(Malcolm Gladwell), 노정태 옮김, 『아웃라이어』(김영사, 2008/2009), 74~75쪽.

10 맬컴 글래드웰(Malcolm Gladwell), 노정태 옮김, 『아웃라이어』(김영사, 2008/2009), 79~85쪽.

11 목정민, 「서울공대 86학번 3인방 '인터넷 지배'」, 『경향신문』, 2014년 5월 29일.

12 맬컴 글래드웰(Malcolm Gladwell), 노정태 옮김, 『아웃라이어』(김영사, 2008/2009), 102~103, 325쪽.

13 피터 틸(Peter Thiel)·블레이크 매스터스(Blake Masters), 이지연 옮김, 『제로 투 원』(한국경제신문, 2014), 81쪽; 마이클 모부신(Michael J. Mauboussin), 서정아 옮김, 『내가 다시 서른 살이 된다면』(토네이도, 2012/2013), 25쪽.

14   피터 틸(Peter Thiel) · 블레이크 매스터스(Blake Masters), 이지연 옮김, 『제로
     투 원』(한국경제신문, 2014/2014), 82쪽.

15   스티븐 맥나미(Stephen J. McNamee) · 로버트 밀러 주니어(Robert K. Miller
     Jr.), 김현정 옮김, 『능력주의는 허구다: 21세기에 능력주의는 어떻게 오작동되
     고 있는가』(사이, 2015), 24, 92~93쪽.

16   김선욱, 「들어가는 말」, 마이클 샌델(Michael Sandel), 김선욱 외 옮김, 『공동체
     주의와 공공성』(철학과현실사, 2008), 32쪽.

17   박상혁, 「자유주의 정의론에서 평등과 책임의 요구: 드워킨의 롤즈 비판에 대
     한 응답」, 『철학연구』, 95권(2011년 12월), 131~132쪽; 곽노완, 「좋은 삶과 기본
     소득: 기본소득을 향한 드워킨 분배 정의론의 재구성」, 『도시인문학연구』, 7권
     1호(2015년 4월), 65~66쪽.

18   줄리언 바지니(Jukian Baggini) · 안토니아 마카로(Antonia Macaro), 박근재 옮
     김, 『최고가 아니면 다 실패한 삶일까: 철학자와 심리학자의 인생질문 20』(아
     날로그, 2012/2014), 163쪽.

19   바버라 에런라이크(Barbara Ehrenreich), 전미영 옮김, 『긍정의 배신: 긍정적
     사고는 어떻게 우리의 발등을 찍는가』(부키, 2009/2011), 61~63, 69~72쪽; 바
     버라 에런라이크(Barbara Ehrenreich), 전미영 옮김, 『오! 당신들의 나라: 1%를
     위한, 1%에 의한, 1%의 세상』(부키, 2009/2011), 205~206쪽; 크리스티나 베른
     트(Christina Berndt), 유영미 옮김, 『번아웃: 다 타버린 몸과 마음이 보내는 구
     조 요청』(시공사, 2013/2014), 123~124쪽.

20   바버라 에런라이크(Barbara Ehrenreich), 전미영 옮김, 『긍정의 배신: 긍정적
     사고는 어떻게 우리의 발등을 찍는가』(부키, 2009/2011), 52~59쪽.

21   수전 손태그(Susan Sontag), 이재원 옮김, 『은유로서의 질병』(이후, 2002), 88쪽.

22   리처드 칼슨(Richard Carlson), 이창식 옮김, 『행복에 목숨 걸지 마라: 지금 당
     장 버리면 행복해지는 사소한 것들』(한국경제신문, 2002/2010), 66~67, 91쪽.

23   강진구 · 한소범, 「신입 간호사 길들이기 '태움 문화'가 비극 불렀나」, 『한국일
     보』, 2018년 2월 19일; 홍상지, 「'태움 금지' 배지에 담긴 뜻」, 『중앙일보』, 2018
     년 3월 16일.

24   강진구, 「[전국 8개 산업단지 첫 노동 실태조사] "기업들, 폭언 · 폭행을 노무
     관리 기법으로 생각"」, 『경향신문』, 2015년 6월 17일.

25   박태우, 「협박 면담으로 '찍퇴'…실적 따져 '내리갈굼'」, 『한겨레』, 2015년 11월
     26일.

26   존 메디나(John Medina), 서영조 옮김, 『브레인 룰스: 의식의 등장에서 생각의

실현까지』(프런티어, 2008/2009), 277쪽.

27 박권일, 「혼자 존엄할 수는 없다」, 『한겨레』, 2017년 2월 2일.

28 오찬호, 『우리는 차별에 찬성합니다: 괴물이 된 이십대의 자화상』(개마고원, 2013), 168쪽.

29 김하연, 「"지잡대 냄새 왜 이리 독해" 지방대생 보고 막말한 대학생」, 『온라인 중앙일보』, 2016년 10월 25일; 오로라, 「[카드뉴스] "지잡대 냄새 난다" 막말했던 분에게」, 『조선닷컴』, 2016년 10월 25일.

30 마광수, 『행복 철학: 아무도 가르쳐주지 않았던 행복론』(책읽는귀족, 2014), 82쪽.

31 오찬호, 『우리는 차별에 찬성합니다: 괴물이 된 이십대의 자화상』(개마고원, 2013), 163쪽.

32 알랭 드 보통(Alain de Botton), 정영목 옮김, 『불안』(은행나무, 2004/2011), 29~33쪽.

33 로버트 풀러(Robert W. Fuller), 안종설 옮김, 『신분의 종말: '특별한 자'와 '아무것도 아닌 자'의 경계를 넘어서』(열대림, 2003/2004), 123쪽.

34 페터 비에리(Peter Bieri), 문항심 옮김, 『삶의 격: 존엄성을 지키며 살아가는 방법』(은행나무, 2013/2014), 100~104쪽.

35 강준만, 『영혼이라도 팔아 취직하고 싶다: 한국 실업의 역사』(개마고원, 2010).

36 에리크 쉬르데주(Eric Surdej), 권지현 옮김, 『한국인은 미쳤다!』(북하우스, 2015).

37 이나미, 『한국 사회와 그 적들: 콤플렉스 덩어리 한국 사회에서 상처받지 않고 사는 법』(추수밭, 2013), 100쪽.

38 강원국, 「직장에서 나를 찾겠다고? 신기루일 뿐」, 『조선일보』, 2015년 9월 12일.

39 조효제, 『인권의 지평: 새로운 인권 이론을 위한 밑그림』(후마니타스, 2016), 83~85, 110~112쪽; 문성훈, 「폭력 개념의 인정이론적 재구성」, 『사회와철학』, 20권(2010년 10월), 69쪽.

40 Jack Welch, 『Winning』(New York: Harper, 2005), p.29.

41 수전 캠벨(Susan Campbell), 조경인 옮김, 『솔직함의 심리 버튼: 왜 당신은 솔직함이 어려울까』(애플북스, 2001/2008), 20, 247~248쪽.

42 키스 페라지(Keith Ferrazzi), 박미경 옮김, 『혼자 일하지 마라』(랜덤하우스, 2009/2010), 82~83쪽.

43 마커스 버킹엄(Marcus Buckingham)·도널드 클리프턴(Donald O. Clifton), 박정숙 옮김, 『위대한 나의 발견: 강점 혁명』(청림출판, 2001/2002), 184, 227쪽.

44 리처드 칼슨(Richard Calson), 강미경 옮김, 『우리는 사소한 것에 목숨을 건다』

(창작시대, 1997/2000), 262쪽.

제5장 '자기 합리화'가 나쁜가?

1   마크 맨슨(Mark Manson), 한재호 옮김, 『신경 끄기의 기술: 인생에서 가장 중
    요한 것만 남기는 힘』(갤리온, 2016/2017), 43쪽.

2   라이언 홀리데이(Ryan Holiday)·스티븐 핸슬먼(Stephen Hanselman), 장원철
    옮김, 『하루 10분, 내 인생의 재발견: 그리스·로마의 현자들에게 배우는 삶의
    지혜』(스몰빅라이프, 2016/2018), 24쪽.

3   Richard E. Neustadt, 『Presidential Power: The Politics of Leadership』(New
    York: John Wiley·Sons, 1960); 신동욱, 「[신동욱 앵커의 시선] 대한민국 대통
    령 잔혹사」, 『TV조선』, 2018년 3월 23일.

4   탈 벤-샤하르(Tal Ben-Shahar), 노혜숙 옮김, 『완벽의 추구』(위즈덤하우스,
    2009/2010), 258~262쪽; 세스 고딘(Seth Godin), 박세연 옮김, 『이카루스 이야
    기: 생각을 깨우는 변화의 힘』(한국경제신문, 2012/2014), 42쪽.

5   토머스 차모로-프레무지크(Tomas Chamorro-Premuzic), 이현정 옮김, 『위험
    한 자신감: 현실을 왜곡하는 아찔한 습관』(더퀘스트, 2013/2014), 216쪽.

6   김용석, 『두 글자의 철학: 혼합의 시대를 즐기는 인간의 조건』(푸른숲, 2005),
    271~272쪽.

7   리처드 와이즈먼(Richard Wiseman), 박세연 옮김, 『립잇업: 멋진 결과를 만드
    는 작은 행동들』(웅진지식하우스, 2012/2013), 254쪽; 왕상동, 강은영 옮김, 『심
    리학의 즐거움』(베이직북스, 2007/2013), 30~33쪽; 「Cognitive dissonance」,
    『Wikipedia』.

8   최보윤, 「행복하려 애쓰는 당신…피곤하지 않나요?」, 『조선일보』, 2018년 1월
    15일.

9   롤프 도벨리(Rolf Dobelli), 유영미 옮김, 『불행 피하기 기술: 영리하게 인생을 움
    직이는 52가지 비밀』(인플루엔셜, 2017/2018), 101쪽.

10 김재영, 『한국사상 오디세이』(인물과사상사, 2004), 312~313쪽.

11 도정일·최재천, 『대담: 인문학과 자연과학이 만나다』(휴머니스트, 2005), 107쪽.

12 한스 디터 겔페르트(Hans-Dieter Gelfert), 이미옥 옮김, 『전형적인 미국인: 미
    국과 미국인 제대로 알기』(에코리브르, 2002/2003), 47쪽; 데이비드 캘러헌
    (David Callahan), 강미경 옮김, 『치팅 컬처: 거짓과 편법을 부추기는 문화』(서

돌, 2004/2008), 156쪽.

13 브라이언 트레이시(Brian Tracy), 정범진 옮김, 『목표, 그 성취의 기술』(김영사, 2003/2009), 18~21쪽.

14 스티븐 샤피로(Stephen M. Shapiro), 마도경 옮김, 『목표가 독이다: 삶의 유연함이 주는 성공의 기회』(중앙위즈, 2006/2015), 25, 64~65쪽.

15 조르디 쿠아드박(Jordi Quoidbach), 박효은 옮김, 『행복한 사람들은 무엇이 다른가: 행복을 결정짓는 작은 차이』(북로드, 2010/2014), 184쪽.

16 롤프 도벨리(Rolf Dobelli), 유영미 옮김, 『불행 피하기 기술: 영리하게 인생을 움직이는 52가지 비밀』(인플루엔셜, 2017/2018), 138쪽.

17 김찬호, 『모멸감: 굴욕과 존엄의 감정사회학』(문학과지성사, 2014), 140쪽.

18 그렉 매커운(Greg McKeown), 김원호 옮김, 『에센셜리즘: 본질에 집중하는 힘』(알에이치코리아, 2014), 263쪽.

19 칩 히스(Chip Heath) · 댄 히스(Dan Heath), 안진환 옮김, 『스위치: 손쉽게 극적인 변화를 이끌어내는 행동설계의 힘』(웅진지식하우스, 2010), 209쪽.

20 임귀열, 「There never was a good war or a bad peace(좋은 전쟁 없고 나쁜 평화 없다)」, 『한국일보』, 2010년 12월 1일.

21 곽금주, 『20대 심리학』(알에이치코리아, 2008), 43~44쪽.

22 웨인 다이어(Wayne W. Dyer), 오현정 옮김, 『행복한 이기주의자』(21세기북스, 1976/2013), 160~162쪽.

23 로널드 드워킨(Ronald W. Dworkin), 박한선 · 이수인 옮김, 『행복의 역습: 행복 강박증 사회가 어떻게 개인을 병들게 하는가』(아로파, 2006/2014), 189쪽.

24 임귀열, 「2012 list of banished words(2012년의 금지어)」, 『한국일보』, 2012년 1월 4일.

25 임귀열, 「Satisfaction is the enemy of success(만족하지 않아야 성공한다)」, 『한국일보』, 2015년 4월 22일.

26 장하준, 김희정 옮김, 『장하준의 경제학 강의: 지금 우리를 위한 새로운 경제학 교과서』(부키, 2014), 161쪽.

27 배리 슈워츠(Barry Schwartz), 형선호 옮김, 『선택의 심리학』(웅진지식하우스, 2004/2005), 80~94쪽; 클라우스 페터 지몬(Claus Peter Simon), 장혜경 옮김, 『감정을 읽는 시간』(어크로스, 2013/2014), 39쪽.

28 올리버 버크먼(Oliver Burkeman), 김민주 · 송희령 옮김, 『행복 중독자: 사람들은 왜 돈, 성공, 관계에 목숨을 거는가』(생각연구소, 2011/2012), 42~44쪽.

29 호르스트 코넨(Horst Conen), 한희진 옮김, 『나는 내가 소중하다: 스트레스와

화로부터 나를 지키는 Take Care 원칙』(북폴리오, 2005/2007), 82〜83쪽.

30 올리버 버크먼(Oliver Burkeman), 김민주 · 송희령 옮김, 『행복 중독자: 사람들은 왜 돈, 성공, 관계에 목숨을 거는가』(생각연구소, 2011/2012), 44쪽.

31 탈 벤-샤하르(Tal Ben-Shahar), 노혜숙 옮김, 『완벽의 추구』(위즈덤하우스, 2009/2010), 66〜67쪽.

32 박진영, 『심리학 일주일』(시공사, 2014), 97쪽.

33 기시미 이치로 · 고가 후미타케, 전경아 옮김, 『미움받을 용기: 자유롭고 행복한 삶을 위한 아들러의 가르침』(인플루엔셜, 2013/2014).

34 브레네 브라운(Brené Brown), 최원규 옮김, 『완벽을 강요하는 세상의 틀에 대담하게 맞서기』(명진출판, 2012/2013), 135쪽.

35 박소영, 「최형우 "방출 당한 2005년, 난 피까지 바꿨다"」, 『중앙일보』, 2016년 12월 8일.

36 스펜서 존슨(Spencer Johnson), 이영진 옮김, 『누가 내 치즈를 옮겼을까?』(진명출판사, 1998/2000), 46쪽; 올리버 버크먼(Oliver Burkeman), 김민주 · 송희령 옮김, 『행복 중독자: 사람들은 왜 돈, 성공, 관계에 목숨을 거는가』(생각연구소, 2011/2012), 36쪽; 미키 맥기(Micki McGee), 김상화 옮김, 『자기계발의 덫』(모요사, 2005/2011), 119쪽; 한기호, 「아직도 자기계발의 덫에 빠져 계십니까?」, 『경향신문』, 2011년 9월 6일.

37 필립 코틀러(Philip Kotler), 김정구 옮김, 『미래형 마케팅』(세종연구원, 1999), 24쪽; 잭 웰치(Jack Welch) · 수지 웰치(Suzy Welch), 김주현 옮김, 『위대한 승리』(청림출판, 2005), 173쪽.

38 로버트 슬레터(Robert Slater), 강석진 · 이태복 옮김, 『잭 웰치와 GE방식』(물푸레, 1999), 348쪽.

39 올리버 버크먼(Oliver Burkeman), 김민주 · 송희령 옮김, 『행복 중독자: 사람들은 왜 돈, 성공, 관계에 목숨을 거는가』(생각연구소, 2011/2012), 42쪽.

40 스티븐 기즈(Stephen Guise), 구세희 옮김, 『습관의 재발견: 기적 같은 변화를 불러오는 작은 습관의 힘』(비즈니스북스, 2013/2014), 53쪽.

41 리처드 세넷(Richard Sennett), 조용 옮김, 『신자유주의와 인간성의 파괴』(문예출판사, 1998/2001), 33쪽.

42 수전 케인(Susan Cain), 김우열 옮김, 『콰이어트: 시끄러운 세상에서 조용히 세상을 움직이는 힘』(알에이치코리아, 2012), 339〜341쪽.

43 제임스 홀리스(James Hollis), 김현철 옮김, 『내가 누군지도 모른 채 마흔이 되었다: 인생의 중간항로에서 만나는 융 심리학』(더퀘스트, 1993/2018), 29쪽.

44   수전 케인(Susan Cain), 김우열 옮김, 『콰이어트: 시끄러운 세상에서 조용히 세
      상을 움직이는 힘』(알에이치코리아, 2012), 340쪽.

45   토니 부잔(Tony Buzan), 김성훈 옮김, 『너무 익숙한 세상에서 낯선 것과 친해
      지는 법』(비즈니스맵, 2006/2013), 279쪽.

46   로리 애슈너(Laurie Ashner) · 미치 메이어슨(Mitch Meyerson), 조영희 옮김,
      『사람은 왜 만족을 모르는가?』(에코의서재, 1996/2006), 244쪽.

제6장 포기하지 않는 게 의지박약이다

1   줄리언 바지니(Jukian Baggini) · 안토니아 마카로(Antonia Macaro), 박근재 옮
      김, 『최고가 아니면 다 실패한 삶일까: 철학자와 심리학자의 인생질문 20』(아
      날로그, 2012/2014), 8, 212~215쪽.

2   스티븐 브라이어스(Stephen Briers), 구계원 옮김, 『엉터리 심리학』(동양북스,
      2012/2014), 167~168쪽.

3   세스 고딘(Seth Godin), 안진환 옮김, 『더 딥: 포기할 것인가, 끝까지 버틸 것인
      가』(재인, 2007/2010), 37쪽.

4   세스 고딘(Seth Godin), 안진환 옮김, 『더 딥: 포기할 것인가, 끝까지 버틸 것인
      가』(재인, 2007/2010), 82~83쪽.

5   「요나 콤플렉스[Jonah complex]」, 『두산백과』(『네이버 지식백과』); 김재영, 「건
      강미 넘치는 허벅지가 섹시하다」, 『스포츠경향』, 2009년 10월 13일; 권재현,
      「지하에 살어리랏다…음습한 죽음의 공간서 활기찬 생명의 공간으로」, 『경향
      신문』, 2015년 1월 23일; 박민근, 「앞으로 나아갈 수 없는 사람의 심리학」, 『채
      널예스』, 2016년 4월 18일.

6   톰 버틀러 보던(Tom Butler-Bowdon), 이정은 옮김, 『내 인생의 탐나는 심리학
      50』(흐름출판, 2007/2008), 52~54쪽.

7   군터 뒤크(Gunter Dueck), 김희상 옮김, 『왜 우리는 집단에서 바보가 되었는
      가: 조직의 모든 어리석음에 대한 고찰』(비즈페이퍼, 2015/2016), 62쪽.

8   「[사설] 대입 제도 안정과 신뢰 확보가 시급하다」, 『중앙일보』, 2013년 8월 28일.

9   번트 슈미트(Bernd H. Schmitt), 박성연 · 윤성준 · 홍성태 옮김, 『체험 마케팅:
      품질이 아닌 체험 중심의 차별화 전략』(세종서적, 1999/2002), 242쪽.

10   김환영, 「나이키 성공 밑바탕엔 '무작정' 정신」, 『중앙일보』, 2016년 10월 15일.

11   Susan Linn, 『Consuming Kids: The Hostile Takeover of Childhood』(New

York: The New Press, 2004), p.191; 이언 데브루(Eoin Devereux), 심두보 옮김,
『미디어의 이해』, 3판(명인문화사, 2014), 96~97쪽.

12 월터 레이피버(Walter Lafeber), 이정엽 옮김, 『마이클 조던, 나이키, 지구 자본
주의』(문학과지성사, 1999/2001), 117쪽; 제임스 B. 트위첼(James B. Twitchell),
김철호 옮김, 『욕망, 광고, 소비의 문화사』(청년사, 2001), 311쪽.

13 월터 레이피버(Walter Lafeber), 이정엽 옮김, 『마이클 조던, 나이키, 지구 자본
주의』(문학과지성사, 1999/2001), 119~120쪽.

14 나오미 클라인(Naomi Klein), 정현경 · 김효명 옮김, 『NO LOGO: 브랜드 파워의
진실』(중앙M&B, 2000/2002), 348쪽.

15 카를로 스트렝거(Carlo Strenger), 최진우 옮김, 『멘탈붕괴』(하늘눈, 2011/2012),
45~46쪽.

16 볼프강 울리히(Wolfgang Ullrich), 김정근 · 조이한 옮김, 『모든 것은 소비: 상
품미학적 교육에 대한 비평』(문예출판사, 2013/2014), 182쪽.

17 롤프 도벨리(Rolf Dobelli), 두행숙 옮김, 『스마트한 생각들: 사람의 마음을 움직
이는 52가지 심리 법칙』(걷는나무, 2011/2012), 156쪽.

18 J. 에드워드 루소(J. Edward Russo) · 폴 슈메이커(Paul J. H. Schoemaker), 김
명언 · 최인철 옮김, 『이기는 결정』(학지사, 2001/2010), 161쪽.

19 데이비드 브룩스(David Brooks), 김희정 옮김, 『인간의 품격: 삶은 성공이 아닌
성장의 이야기다』(부키, 2015), 29~30쪽.

20 브레네 브라운(Brené Brown), 서현정 옮김, 『나는 왜 내 편이 아닌가: 나를 괴
롭히는 완벽주의 신화로부터 자유로워지는 법』(북하이브, 2007/2012), 217쪽.

21 이훈범, 「보수의 자살 유서」, 『중앙일보』, 2017년 12월 13일; 우형록, 「새해 포부
와 생존 편향」, 『경기일보』, 2017년 1월 9일.

22 줄리아 쇼(Julia Shaw), 이영아 옮김, 『몹쓸 기억력: 자기 자신마저 속이는 기억
의 착각』(현암사, 2016/2017), 183쪽.

23 마사오, 「[수기] 실패의 서 1: 40대의 나는 인생 실패를 선언한다」, 『딴지일보』,
2018년 3월 2일.

24 박정태, 「주식 투자의 어려움」, 『머니투데이』, 2012년 8월 17일; 송동근, 「[송
동근의 멘탈 투자 강의] '대박 신화' 결과만 보이고 과정은 안 보인다」, 『동
아일보』, 2009년 11월 9일; 롤프 도벨리(Rolf Dobelli), 두행숙 옮김, 『스마트
한 생각들: 사람의 마음을 움직이는 52가지 심리 법칙』(걷는나무, 2011/2012),
238~240쪽.

25 송수은, 「패자부활전 없는 사회 경쟁 구조…무서운 자살률 증가세의 원인」,

『경인일보』, 2011년 5월 26일.

26   황순영, 『우리만 모르고 있는 마케팅의 비밀』(범문사, 2003), 221쪽; 우형규, 『자장면 경제학』(좋은책만들기, 2010), 98~99쪽.

27   세스 고딘(Seth Godin), 안진환 옮김, 『더 딥: 포기할 것인가, 끝까지 버틸 것인가』(재인, 2007/2010), 82~86쪽.

28   홍은주, 『경제를 보는 눈』(개마고원, 2004), 77쪽; 김상규, 『속담으로 풀어보는 이야기 경제학』(오늘의책, 2005), 150~154쪽.

29   대니얼 카너먼(Daniel Kahneman), 이진원 옮김, 『생각에 관한 생각: 우리의 행동을 지배하는 생각의 반란』(김영사, 2011/2012), 279쪽.

30   크리스토퍼 시(Christopher K. Hsee), 양성희 옮김, 『결정적 순간에 써먹는 선택의 기술』(북돋움, 2011), 181쪽.

31   한진수, 『경제학 에센스』(더난출판, 2008), 74~75쪽.

32   크리스토퍼 시(Christopher K. Hsee), 양성희 옮김, 『결정적 순간에 써먹는 선택의 기술』(북돋움, 2011), 181쪽.

33   마이클 셔머(Michael Shermer), 박종성 옮김, 『경제학이 풀지 못한 시장의 비밀』(한국경제신문, 2008/2013), 177쪽.

34   그렉 매커운(Greg McKeown), 김원호 옮김, 『에센셜리즘: 본질에 집중하는 힘』(알에이치코리아, 2014), 192쪽.

35   김가영, 「엠블랙 지오, 왜 연예계 아닌 아프리카TV로 향했나」, 『TV리포트』, 2018년 2월 27일.

36   「Opportunity cost」, 『Wikipedia』; 홍은주, 『경제를 보는 눈』(개마고원, 2004), 70~71쪽; 김상규, 『속담으로 풀어보는 이야기 경제학』(오늘의책, 2005), 19~23쪽.

37   Georgia Hole, 『The Real McCoy: The True Stories Behind Our Everyday Phrases』(New York: Oxford University Press, 2005), pp.125~126.

38   게리 켈러(Gary Keller) · 제이 파파산(Jay Papasan), 구세희 옮김, 『원씽: 복잡한 세상을 이기는 단순함의 힘』(비즈니스북스, 2012/2013), 241쪽.

39   춘카 무이(Chunka Mui) · 폴 캐럴(Paul B. Carroll), 이진원 옮김, 『똑똑한 기업을 한순간에 무너뜨린 위험한 전략』(흐름출판, 2008/2009), 40~43쪽.

평온의 기술

ⓒ 강준만, 2018

초판 1쇄 2018년 5월 30일 펴냄
초판 2쇄 2018년 6월 20일 펴냄

지은이 | 강준만
펴낸이 | 강준우
기획·편집 | 박상문, 박효주, 김예진, 김환표
디자인 | 최원영
마케팅 | 이태준
관리 | 최수향
인쇄·제본 | 대정인쇄공사

펴낸곳 | 인물과사상사
출판등록 | 제17-204호 1998년 3월 11일

주소 | 04037 서울시 마포구 양화로7길 4(서교동) 2층
전화 | 02-325-6364
팩스 | 02-474-1413

www.inmul.co.kr | insa@inmul.co.kr

ISBN 978-89-5906-500-4 03300

값 14,000원

이 도서의 국립중앙도서관 출판예정도서목록(CIP)은 서지정보유통지원시스템 홈페이지
(http://seoji.nl.go.kr)와 국가자료공동목록시스템(http://www.nl.go.kr/kolisnet)에서
이용하실 수 있습니다. (CIP제어번호: CIP2018015474)